Histoire de la ville de Thouars, depuis l'an 759 jusqu'en 1815

Pierre de Bourniseaux

© 2024, Pierre de Bourniseaux (domaine public)
Édition : BoD - Books on Demand GmbH, In de Tarpen 42,
22848 Norderstedt (Allemagne)
Impression : Libri Plureos GmbH, Friedensallee 273,
22763 Hamburg (Allemagne)
ISBN : 978-2-3225-4395-3
Dépôt légal : Octobre 2024

PRÉFACE.

ECRIRE l'histoire particulière des villes, c'est compléter celle d'un Etat, c'est conserver des monumens précieux, c'est donner le dernier coup de pinceau aux mœurs d'une nation, c'est fournir à la postérité des matériaux importans, et un fil pour se tirer du labyrinthe inextricable de tant d'anachronismes et de contradictions historiques que l'on trouve dans les auteurs.

L'histoire de Thouars tient si essentiellement à celle du Poitou et de l'Aquitaine, qu'elle doit intéresser, d'une manière spéciale, tous les habitans de ces provinces. Les hommes de lettres et tous ceux qui s'attachent particulièrement à l'étude de l'histoire, y trouveront des faits et des renseignemens qu'ils chercheraient vainement ailleurs. Les citoyens de Thouars y rencontreront des événemens qui les intéressent, des détails précieux, des titres de famille. Ainsi, sous plusieurs rapports, cet Ouvrage ne peut manquer de lecteurs.

Ménage a écrit l'Histoire de Sablé, le Père Théodore de Blois celle de Rochefort, le sieur Du Moustier celle de Loudun, divers savans celles de plus de trente villes, mais Thouars n'avait point encore eu d'Historien. Il est vrai que le sieur Drouyneau de Brie, mort en 1754, a laissé un manuscrit, intitulé : Mémoires historiques de Thouars, mais cet écrit, quoique précieux par les recherches qu'il contient, n'a ni plan, ni méthode, et ne peut être regardé que comme un amas de matériaux préparés à celui qui voudrait un jour écrire l'Histoire de cette ville.

Le plan que j'ai suivi est très-simple. L'ouvrage entier est divisé en trois livres: le premier, composé de vingt chapitres, est destiné à faire connaître Thouars, ses habitants, ses institutions, ses ressources. On y voit l'antiquité de cette ville, ses accroissemens successifs, son château, ses fortifications, sa rivière, ses tribunaux, ses juridictions, ses chapitres, ses églises paroissiales, ses: couvens d'hommes et de filles, son collége, ses hôpitaux, l'abbaye de Saint-Jean, ses prisons, sa population comparée, ses manufactures, ses foires et marchés, le prix comparé des denrées, l'ancien revenu de la vicomté, ses droits honorifiques, les revenus et dépenses de son hôtel-de-ville, etc. etc. etc.

Le deuxième livre, contenant quatre chapitres, renferme l'Histoire de Thouars sous ses vicomtes et ses ducs, depuis le vicomte Arnoul, en 915, jusqu'en 1790. Cette histoire est ensuite continuée jusqu'en 1815. On voit, dans ce livre, le détail des troubles excités dans Thouars, lors de la guerre civile du 16.e siècle, et les guerres et assauts que cette ville a eus à soutenir lors de la guerre de la Vendée, en 1793 et en 1815.

Le troisième et dernier livre, contenant cinq chapitres, est consacré à un tableau comparatif de Thouars, aux mœurs de ses habitants, aux améliorations dont l'organisation de cette ville est susceptible, aux hommes célèbres qu'elle a produits, à quelques extraits de leurs ouvrages, et à un aperçu sur l'état actuel des sciences et des arts dans cette partie du Poitou.

Un dernier chapitre, qui a été ajouté à cette histoire, contient le récit de la conspiration du général Berton, les détails de son entreprise sur Thouars, le 24 février 1822, et le jugement de la cour d'assises de Poitiers.

En écrivant cette Histoire, je n'ai eu d'autre but que d'être utile, en plus d'une manière, à mes concitoyens. Je n'en attends aucun bénéfice ni gain, puisque le produit en est consacré aux pauvres presqu'en totalité.

Je n'en attends pas même cette gloire littéraire, cette vaine fumée qui console tant d'écrivains de tous leurs sacrifices. Si quelque Ministre du Roi adopte et fait exécuter une seule des mesures que je propose pour la restauration de cette ville infortunée, à laquelle la révolution a tout ôté jusqu'à sa population, je me croirai payé de tous mes travaux. De tous mes écrits, celui-ci me deviendra le plus cher, si le bonheur de ma patrie peut être son ouvrage .

AVANT-PROPOS.

L'HISTOIRE de Thouars est tellement liée à celle du Poitou, que je crois ne pouvoir me dispenser de donner ici une légère esquisse de cette dernière. Cette introduction me semble être indispensable à une certaine classe de lecteurs; elle ne sera pas sans agrément pour ceux mêmes qui sont les plus éclairés.

L'histoire du Poitou, avant la conquête de Jules-César, était enveloppée dans une nuit profonde: on ne connaît pas même l'ancien nom de cette province qui n'a été appelée Pictia qu'après l'arrivée des Pictones, nation Scytique qu'il ne faut pas confondre avec les Pictes, qui ne vinrent en Poitou que plus de douze cents ans après leurs devanciers.

Suivant une ancienne traduction, l'empire des Gaules, du temps de la fondation de Rome, et même avant cette époque, était divisé en douze royaumes. Celui des Pictones comprenait le Poitou, une partie de la Bretagne, du Limousin et du Berri. La tradition a conservé le nom de deux de ces rois, Galathès et Groffarios. On prétend que ce fut Galathès qui donna à son pays le nom d'Armoric, abondance d'eau. Cette province portait encore ce nom quand César vint dans les Gaules. En la nommant Aquitania, les Romains ne firent que traduire le mot celtique ou gaulois en latin.

Si l'on en juge par les anciens monumens que l'on trouve dans le haut Poitou et dans la Vendée, et dont la fondation paraît remonter à cette époque, ce royaume était alors florissant, sinon sous le rapport des sciences et des lettres, du moins sous celui de la puissance réelle, de la paix et peut-être du bonheur public. La mécanique, la sculpture n'y étaient pas dans leur enfance, et ceux qui ont pu tailler des pierres du poids de cent cinquante milliers, et les élever à des hauteurs considérables, ont dû connaître les ciseaux, les leviers, les poulies, et une partie des moyens qu'emploient aujourd'hui, avec plus d'étendue sans doute, nos mécaniciens et nos sculpteurs .

Quand Jules-César arriva dans la Gaule, une partie de cet empire avait déjà subi le joug des Romains, et tout porte à croire qu'il était dans un état de décadence. Il est certain du moins qu'on n'en voyait plus sortir périodiquement ces essaims de guerriers, aussi redoutables par leur nombre que par leur courage, qui allaient porter, dans toutes les parties de l'Europe et de l'Asie, le ravage et la mort. Le royaume des Pictones était alors déchu de son ancienne splendeur; depuis deux siècles, [1] les Pictes, unis aux Scots et aux Armoriques, y avaient porté leurs ravages, et s'étaient emparés des côtes maritimes et de la meilleure partie du bas Poitou.

L'arrivée de Jules-César, et le bruit de ses conquêtes leur firent ouvrir les yeux; tous se rallièrent contre l'ennemi commun. S'ils succombèrent dans la lutte, du moins leur chûte fut ennoblie par leur courage et par l'admiration même de leurs vainqueurs. Les Poitevins et les Gascons, réunis sous le commandement d'un brave général nommé Adcatuan, remportèrent deux glorieuses victoires; ils tuèrent dans le premier combat, Valerius, l'un des lieutenans de César, dans l'autre ils mirent en fuite le proconsul Manilius. Le jeune Crassus, plus heureux, parvint à forcer, un an après, leur camp dont ils avaient négligé de fermer l'une des portes; cinquante mille Poitevins ou Gascons restèrent étendus sur le champ de bataille. Un corps de braves, qui, comme le bataillon sacré des Thébains, était lié par des sermens et par une amitié réciproque, fut taillé en pièces sans vouloir accepter le pardon des Romains.

Cette victoire ôta à ces bons Gaulois toute idée d'une plus longue résistance. Ils baissèrent la tête sous le même joug qui accablait de son poids la meilleure partie de l'Univers.

Le Poitou resta sous la puissance des Romains, pendant cinq siècles, et ne fut plus qu'une partie de l'Aquitaine seconde. Il fut toujours fidèle à ses nouveaux maîtres et leur rendit souvent d'importans services. Une tradition ancienne porte, que ce fut pour récompenser les services que les Poitevins avaient rendus aux Romains, que l'empereur Claude, successeur de Caligula, leur permit de reconstruire leur capitale, qui avait été ruinée lors de la guerre de Jules-César, sur un nouveau terrain, et que l'on quitta alors le vieux Poitiers placé à une lieue de Châtellerault, pour s'établir au lieu où se trouve aujourd'hui la capitale du Poitou. Je crois que cette translation remonte à plus de dix siècles au-delà de cette époque, ou plutôt qu'elle se perd dans la nuit des temps.

Quelques empereurs se plûrent à embellir Poitiers. On cite entr'autres l'empereur Gallien, qui fit construire dans cette ville, un superbe palais et un amphithéâtre dont on voit encore les restes derrière l'auberge des Vreux.

Le Poitou fut éclairé de bonne heure du divin flambeau du Christianisme que lui porta, dans le 3.e siècle de l'ère vulgaire, Saint-Martial, et dans le 4.e, Saint-Martin: ce dernier est le fondateur du monastère de Ligugé, situé à une lieue de Poitiers, le premier couvent d'hommes qui ait été établi dans les Gaules.

Rome perdit en 418, sous Honorius, l'empire de toute l'Aquitaine, qui fut cédée, par cet indigne fils du Grand Théodore, au roi des Visigots. Clovis l'arracha à ces derniers en 507.

La victoire qu'il obtint à Vouillé, près de Poitiers, fut complette; il remporta des dépouilles opimes, en tuant, de sa main, le roi des Visigots. Il faut observer que nos rois de la première race n'étaient guère autre chose que des généraux d'armée, et qu'ils étaient couvaincus de cette maxime: Qu'un roi qui quitte l'épée doit en même temps quitter le sceptre. «Qui gladium dimittit, sceptrum dimittat».

Soixante ans après cette victoire, la Gascogne fut possédée par un prince issu d'un roi Mérovingien ; le reste de l'Aquitaine fut soumis aux rois de France. Sous les monarques fainéans, les princes de Gascogne firent de telles conquêtes, que, depuis le règne de Clotaire III jusqu'à Pépin, presque toute l'Aquitaine reconnut leur pouvoir. Pépin, qui avait détrôné les faibles descendant de Clovis, avait le plus haut intérêt d'exterminer les ducs d'Aquitaine qui avaient des droits à la couronne: il leur fit une guerre à outrance, qui ne se termina que par la mort de tous les membres de cette famille.

Charlemagne, en 781, fit couronner Louis-le-Débonnaire son fils, et lui donna le duché d'Aquitaine qu'il érigea en royaume; mais au lieu de lui conserver une autorité directe sur toutes les provinces de ce nouvel état, il nomma des ducs et des comtes qui, à la vérité, obéissaient à Louis et lui payaient tribut, mais dont les descendans ne tardèrent à affecter l'indépendance, lors des invasions des Normands, et des troubles causés par l'ineptie ou les fureurs des rois Carlovingiens.

Ranulphe, parent de Charlemagne, fut choisi par ce prince pour gouverner l'Aquitaine, sous les ordres du nouveau roi. Ce gouverneur se signala par plusieurs exploits qui affermirent son pouvoir. Son fils repoussa, en 863, les Normands, qui, débarqués au port des Sables, avaient ravagé le Poitou, pris la ville de Poitiers et brûlé l'église de St.-Hilaire.

Le roi Charles-le-Chauve nomma Ebles, petit-fils de Ranulphe, duc d'Aquitaine. Ebles donna à Arnoul, l'un de ses fils, la châtellenie de Thouars. Cet Arnoul est la tige des vicomtes de Thouars dont j'ai écrit l'histoire.

Vers la fin du 9.ᵉ siècle, celle de l'Aquitaine se couvre de nuages épais. On voit des ducs d'Aquitaine maîtres du Poitou, des comtes de Poitou indépendans; on en voit d'autres qui réunissent les deux titres, et qui paraissent avoir été souverains des deux parties de ce duché. Je n'entreprendrai point d'entrer dans ce dédale obscur, puisque cette matière ne tient qu'indirectement au sujet que je traite. Je me bornerai à donner une courte notice des comtes du Poitou.

Albon, I.ᵉʳ comte.

Albon, l'un des plus braves capitaines de Charlemagne, fut choisi, en 781, par ce prince pour gouverner le Poitou, sous les ordres de son fils et sous la direction de Ranulphe. Louis-le-Débonnaire fit, à son arrivée en Aquitaine, des dépenses folles qui firent crier son peuple. Charlemagne, son père, lui en fit des plaintes très-vives, et lui donna des espèces de tuteurs. La leçon produisit un effet salutaire; le jeune roi se corrigea, et devint un modèle de conduite. Il avait, dans son royaume, quatre maisons royales: celles de Doué, à 5 lieues de Thouars; de Casseneuil, en Agénois; d'Ebreuil, en Auvergne, et d'Andiac, en Saintonge.

Il passait une année dans chacune de ces maisons, afin que les mêmes provinces ne fussent pas toujours foulées par l'entretien d'une cour dispendieuse. Il trouva par son économie, le moyen, non-seulement de vivre de ses domaines, mais encore de payer la solde de ses troupes de l'excédant de ses revenus. Cette économie frappa tellement d'admiration l'empereur son père, qu'il le prit pour modèle, et ordonna qu'à l'avenir ses soldats seraient payés sur son propre trésor.

Girad.

Girad fut nommé comte de Poitou, en 852, par Charles-le-Chauve, Il s'était trouvé à la sanglante bataille de Fontenay en Bourgogne, où l'empereur Lothaire avait été battu par ses deux cadets. Il paraît que Charles, en lui donnant le Poitou, avait voulu récompenser à-la-fois son zèle et sa valeur.

Ebles.

Ce prince est le même que le roi Charles-le-Chauve nomma duc d'Aquitaine, et dont nous avons déjà parlé. Il paraît qu'il était en même temps comte de Poitou. Ce duc assista, en 911, au traité de paix que le roi Charles-le-Simple conclut avec Rollon, chef des Normands. Il fut témoin de l'humiliation du roi de France, lorsqu' au lieu de prendre son pied et de le baiser respectueusement, le fier Normand l'éleva si haut que le monarque faillit tomber, ce qui excita le rire, l'indignation ou la pitié des spectateurs, selon les divers degrés d'estime ou d'intérêt qu'ils ressentaient pour les deux princes. Ce fut sous le règne d'Ebles, que la ville de Melle, en Poitou, fut brûlée par les Normands. Cette ville était alors considérable; elle avait un hôtel des monnaies. (Voyez histoire de l'Eglise par Beraud-Bercastel, t. 5, p. 562).

Guillaume Hugues.

Il était fils du précédent comte. Il épousa la fille de Rollon, duc de Normandie, en 935 Il soutint, en 955, un siége contre Hugues-le-Grand, qui était venu, avec une armée de 40,000 hommes pour s'emparer de Poitiers. Une tempête horrible dispersa l'armée de Hugues qui fut battue par les Poitevins et obligée de lever le siége.

Guillaume-Fier-à-Bras, surnommé aussi Tête-d'Etoupes.

Il succéda à son père, l'an 970. Il eut quelques démêlés avec Hugues Capet, qu'il ne voulait pas reconnaître pour roi de France, mais il fut à la fin forcé de céder. Il fit bâtir un château à Maillezais qu'il se plut à embellir, et dont il fit son lieu de délices. Il y fonda un couvent dans lequel il plaça des moines de St.-Cyprien de Poitiers. Une aventure galante empoisonna le reste de ses jours.

En se rendant d'Ancenis à Poitiers, il passa à Thouars, où régnait alors le vicomte Trulle, marié à l'une des plus belles princesses de l'Europe. Le duc, dont les mœurs n'étaient pas très-pures, avait le cœur ouvert à toutes les passions. Il devint éperdument amoureux de la vicomtesse. L'histoire ne dit pas si la dame fut insensible à tant d'amour; quoiqu'il en soit, elle lui fit présent d'une écharpe, que le duc porta sur lui, et plaça sur son cœur. Ce prince était marié à une femme hautaine et jalouse. Emme, tel était le nom de la duchesse, voit l'écharpe; elle devine ou croit deviner le reste. L'imprudent Guillaume nomme la vicomtesse; sa femme, devenue pire qu'une furie, se rend à Thouars, avec une escorte, attire sa rivale dans la campagne, et la renversant elle-même de cheval, lui adresse mille reproches suivis de mille coups et de mille outrages sanglans. Exposée à la brutalité des satellites de la mégère, la dame infortunée cherche en vain à fléchir une femme impitoyable qui ne veut entendre aucune explication.

On la laisse enfin à demi-morte; la duchesse se retire dans une forteresse, d'où elle semble braver l'indignation de son époux. Ce dernier est si frappé de l'humiliation de l'aimable vicomtesse, qu'il s'abandonne au plus violent désespoir. Revenu à des idées plus saines, il dit un éternel adieu au monde, et se fait moine dans le couvent qu'il avait fondé à

Maillezais. Il y mourut en 1025, après avoir richement doté ce monastère qui fut depuis érigé en un siége épiscopal en 1317 et transféré à la Rochelle en 1666.

Guy.

Fils de Guillaume, n'est connu dans l'histoire, que par son mariage avec la fille de Raymond II, comte de Toulouse, et par la fondation du monastère de Sainte-Gemme.

Guillaume Geoffroi dit le Grand.

Il succéda à Guy son père, en 1086. Ce fut un prince plein de sagesse et de piété. Après avoir maintenu la paix dans ses états, et mérité l'estime et l'amour de son peuple, il voulut faire un pélerinage à Rome, c'était la dévotion de son temps. Il emmena avec lui un chanoine de Thouars; nommé Marc. Après avoir visité le tombeau des saints apôtres, il se rendit par Venise et traversa une partie de l'Allemagne. Il fut témoin de l'allégresse que son retour inspira à tous ses sujets. Ce bon prince, accablé de fatigues, mourut peu de temps après dans son château de Chizé. Il laissa deux fils, Guillaume, qui fut son successeur, et Raymond, qui fut à la première croisade et assiégea Jérusalem avec Godefroi-de-Bouillon. Il vendit le comté de Toulouse que sa mère lui avait laissé en héritage. C'est, a-t-on dit, le fameux Raymond, si célèbre dans l'histoire des croisades par sa prudence et par sa valeur. Nous avons des auteurs qui ont distingué deux Raymond, partis pour la croisade, l'un qui était comte de Saint-Gilles, et l'autre comte de Toulouse. Ce n'est pas ici le lieu de discuter de pareilles questions.

Guillaume-le-Saint.

Ce prince n'eut, dans le commencement de son règne, ni la piété ni la sagesse de son père. Il conçut une passion si forte pour la vicomtesse de Châtellerault, qu'il l'enleva à main armée, et la conduisit dans son palais. Pierre, évêque de Poitiers, après lui avoir fait des représentations inutiles, s'apprête à l'excommunier. Guillaume entre dans la cathédrale, suivi de quelques soldats, saisit l'évêque à la gorge d'une main, et de l'autre lui met un poignard sur le cœur, en lui disant: «Donne-moi l'absolution, ou je te tue.» — Laissez-moi respirer un moment.

Guillaume fait quelques pas en arrière: l'évêque prononce la formule de l'excommunication, et découvrant sa poitrine: «Frappez, seigneur, j'ai
» fait mon devoir: apprenez qu'un évêque
» qui craint Dieu, dédaigne les fureurs des
» hommes.» Le prince, frappé de tant de grandeur d'âme, se retire en disant: «Je ne
» vous aime pas assez pour vous envoyer en para-
» dis.» Il se borna à exiler l'évêque à Chauvigny.

Guillaume, en 1130, embrassa le schisme d'Anaclet, mais il se rendit, au bout d'un an, aux sollicitations pressantes de Saint-Bernard, et reconnut, avec le roi de France et la meilleure partie de l'Europe, Innocent II pour le vrai successeur de Saint-Pierre. Il conçut tant de scrupule des désordes de sa vie passée et des troubles que son obstination avait causés dans l'église d'Aquitaine, qu'il prit la plus étrange résolution.

Il fait d'abord son testament. Il avait deux filles, Aliénor et Alix; il donne à la première son duché d'Aquitaine, et à la seconde quelques comtés en Bourgogne. Il envoie au roi Louis-le-Gros, une copie de ce testament, en le priant de marier l'aînée de ses filles au prince Louis qui devait succéder à la couronne de France, et la cadette à quelque autre seigneur qu'il croirait digne d'une telle alliance. Il part aussitôt après, avec une suite peu nombreuse, pour faire le pélerinage de Saint-Jacques en Galice, l'an 1137. Après avoir accompli son vœu, Guillaume rassemble ses serviteurs et leur déclare qu'il veut renoncer au monde, se faire passer pour mort, et finir le reste de sa vie dans quelque désert de la Palestine. On cherche vainement à ébranler sa résulution. Guillaume feint de mourir, on met une bûche dans un cercueil que l'on enterre avec pompe; tandis que le duc, suivi d'un seul secrétaire nommé Albert, se rend en Palestine et court le monde, habillé en pélerin. On prétend qu'il ne mourut que dans l'année 1156. On le regarde comme fondateur de l'ordre des Blancs-Manteaux ou Guillemites. Tels sont les détails que nous ont fournis sur ce prince, les annales de Bouchet; nous laissons bien volontiers le lecteur juger du degré de confiance qu'on peut leur accorder.

Louis-le-Jeune, roi de France.

Après la mort, feinte ou réelle du duc Guillaume, Louis-le-Gros fit partir, pour Poitiers, son fils aîné qui épousa Aliénor. Alix la cadette fut mariée à Raoul, comte de Vermandois. Le roi mourut peu de temps après ce mariage.

Aliénor était une des plus belles princesses de l'Europe, mais elle était inconstante et coquette. Le roi se plaignait déjà de la conduite indiscrète de sa femme, lorsqu'en 1148. il partit pour la croisade. La reine voulut, par dévotion, être de la partie, mais dans le désordre et la confusion qu'entraîne un long voyagea elle eut mille facilités de se livrer à sa coquetterie. On l'accusa d'avoir manqué à la foi conjugale. Au lieu d'approfondir cette accusation, de l'absoudre si elle était innocente, ou de la punir si on la jugeait coupable, le roi la répudia sous prétexte de parenté. Pour se délivrer d'une femme galante, il abandonna le quart de son royaume, et ne crut pas payer trop cher son honneur et son repos. On prétend que le surnom de Jeune qu'on lui donna dans le temps, était synonime de malavisé. Il est du moins certain qu'il consulta plus son intérêt que celui de son royaume. Cette gaucherie royale a fait à la patrie des plaies mortelles, et a causé cette funeste rivalité entre l'Angleterre et la France qui n'est peut-être pas aujourd'hui même entièrement éteinte. Ce dernier royaume, dans plus de vingt guerres, a dépensé plus de quarante milliards, a perdu plus d'un million d'hommes, parce qu'un de ses monarques voulait, disait-il, être sûr de la lignée qui sortirait de sa femme.

Henri II épousa Aliénor et posséda son riche héritage, qui passa à Richard-Cœur-de-Lion et à Jean-Sans-Terre ses successeurs. Louis VIII, roi de France, s'empara, en 1224, de la meilleure partie de ce duché, et fut couronné duc d'Aquitaine, mais Aimeri, vicomte de Thouars, et Savari de Mauléon, l'un des plus grands capitaines de son siècle, s'opposèrent avec tant d'énergie à ses entreprises, que ce ne fut qu'en 1227 qu'il devint paisible possesseur du Poitou; les Anglais conservèrent la Guienne, et l'ancien royaume d'Aquitaine fut divisé en deux parts inégales .

Les successeurs de Louis VIII furent possesseurs du Poitou jusqu'au traité de Bretigny, en 1360, par lequel le roi Jean céda, à Edouard roi d'Angleterre, le Poitou, la Saintonge, plusieurs autres provinces et seigneuries, et notamment le fief de Thouars.

Les Anglais perdirent le Poitou, en 1371; il leur fut enlevé par le connétable Duguesclin . Charles V, roi de France, donna le comté du Poitou à Jean, duc de Berri, son frère. Ce prince maria Jeanne de Sully, veuve du prince de Montpensier son fils, à Guy de la Tremouille, porte-oriflamme, et épousa lui-même la fille du duc de Lancastre. Il mourut, sans enfans, en 1415, et son appanage fut réuni à la couronne d'une manière irrévocable, en 1436.

En 1789, le Poitou a formé trois départemens: celui de la Vienne, des Deux-Sèvres et de la Vendée. Ce dernier a donné à l'Univers, en 1793, le spectacle d'un dévouement héroïque pour son Dieu et pour son Roi, Thouars a eu beaucoup à souffrir dans cette guerre. On peut dire que la révolution lui a ôté ses établissemens, son importance et jusqu'à sa population. Placée par ses fondateurs sur un rocher; entourée par une rivière qui pourrait devenir navigable; située au milieu d'une campagne fertile et romantique; propre à devenir à-la-fois, forteresse, place de commerce, et grenier d'abondance, cette ville ne possède aucun de ces avantages, et l'on peut dire que ce délaissement impolitique accuse tous les gouvernemens postiches qui ont précédé le retour de la légitimité. Espérons que, remise par la Providence sous la puissance paternelle des Bourbons, elle pourra sortir de sa léthargie funeste et renaître encore au bonheur.

FIN DE L'AVANT-PROPOS.

LIVRE PREMIER.

CHAPITRE I.er

Antiquité de la Ville de Thouars.

IL n'est pas aisé de déterminer, d'une manière précise, l'antiquité de la ville de Thouars. Les Anglais, dans le douzième siècle, ont transporté dans la tour de Londres, ses titres, chartres et monumens historiques, avec ceux de plusieurs autres villes du Poitou.

Ce que l'on peut avancer de plus vraisemblable, c'est qu'antérieurement à la conquête des Gaules par Jules-César, dans le temps que les Pictones étaient gouvernés par des rois de leur nation, Thouars était une place extrêmement forte, connue alors sous le nom de Childoac, qu'un auteur a traduit par les mots berceau d'enfant; je ne sais sur quel fondement une pareille traduction est appuyée.

Sous le règne de Tibère, cette ville prit un nom latin de la rivière qui l'arrose et que les Romains avaient nommée Tueda, d'où se forme le nom de Tuedae arx, et par corruption de Tuars, Toarcium, Tuarcium, Touars, et Thouars. Tuedae arx signifie citadelle du Thoué, et non pas du Thouet, comme l'écrivent mal-à-propos plusieurs auteurs.

Fournier, dans sa géographie, appelle cette ville Duratium Lemovicum, et prétend qu'elle a été bâtie en 424, par des Limousins retirés en Bretagne, Lemovices veneti. Cette conjecture est trop dénuée de preuves pour que l'on puisse s'y arrêter. Je me bornerai à dire que le mot Duratium que l'on trouve dans quelques dictionnaires modernes, ne se lit dans aucun des auteurs des huitième, neuvième et dixième siècles. Dans une chartre de l'an 954, dont Jean de la Haie nous a conservé le texte (page 24), Guy, vicomte de Thouars, nomme sa ville Thoarcium, ego guidio de Thoarcio, ce qui ne laisse aucun doute sur le véritable nom de cette ville. Dans les chartres du même siècle, Bressuire est nommé Bresurium; Argenton, Argentonium; Montreuil, Monasteriolum; Parthenay, Parthenacum.

Depuis la conquête des Gaules par les Francs, il n'est fait mention, dans nos chroniques, de la ville de Thouars qu'en 759 de l'ère chrétienne, sous le règne de Pépin. Ce prince vint à Thouars, avec une nombreuse armée, pour réduire Gaïfre, ou Waïfre, duc d'Aquitaine. Ce duc était issu, comme nous l'avons dit, de Charibert, frère du roi Dagobert; il était ainsi prince du sang des rois Mérovingiens, auxquels Pépin était, en quelque manière, étranger. Gaïfre ne voyait, dans le roi Pépin, qu'un heureux usurpateur, qu'un soldat couronné qui s'était emparé de l'héritage de Childéric son maître. Il résista long-temps avec courage et avec succès à tous les efforts de son compétiteur maître du reste de la France. Trahi par son oncle Remistan, il perdit enfin la plupart de ses places fortes. Le traître, méprisé par Pépin, se relira vers son neveu, et rentra en grâce avec lui; après avoir réuni toutes leurs troupes, ils osèrent livrer bataille au nouveau roi de France, près la foret de Ver, en Périgord. Battus et écrasés par des forces supérieures, ils perdirent bientôt après leurs états avec la vie. Remistan fut pendu par le vainqueur, Gaïfre fut assassiné par un traître qui fut comblé de présens. Pépin chercha à flétrir la mémoire de sa victime. Il éleva un monument, dans l'église de Saint-Martial de Limoges, où il représenta le duc sous la forme d'un lionceau qui se révolte contre sa mère, avec cette inscription:

«Alma leona duces sævos parit atque coronat,
» Opprimit hanc natus Waïfer male sanus alumnam,
» Sed pressus gravitate luit sub pondere pœnas.»

Les historiens, les hommes de lettres ont vanté Pépin et célébré sa victoire, comme si la véritable grandeur consistait à s'emparer du bien d'autrui; le vrai sage ne voit, dans ces brillans exploits, qu'un glorieux brigandage.

Cette disgression m'a entraîné un instant hors de mon sujet, j'y reviens.

Il paraît que Thouars, en 759, se rendit à Pépin par une capitulation qui fut suivie d'un traité de paix désavantageux au duc d'Aquitaine, qui le rompit quatre ans après, en 762. Le duc, à la tête d'une armée de Poitevins, rentra alors dans Thouars, dont les habitans lui ouvrirent les portes sans coup férir.

Ce que rapportent les historiens, sur l'expédition de Pépin, paraît dénué de vraisemblance. A les en croire, Pépin, indigné, rassembla une nombreuse armée, fit le siége de Bourges, et après la prise de cette place, il vint, en droite ligne, à Thouars qu'il emporta d'assaut, brûla, saccagea et rasa; de-là il se rendit à Nevers pour y tenir son parlement.

Ici les objections se présentent en foule. Comment Pépin vint-il directement d'Arvaricum (Bourges) à Thoarcium (Thouars); il y a entre ces deux villes une distance de plus de 45 lieues? Comment retourna-t-il de Thouars à Nevers, sans profiter de ses victoires pour réduire l'Aquitaine? On pourrait répondre que le siége de Thouars qui avait duré quatre mois, cette ville n'ayant été prise que le 5 août 762, avait ruiné l'armée de Pépin, et que ce fut pour la refaire qu'il rentra dans ses états. Il est inutile au reste de s'attacher plus long-temps à ces objections. Il doit suffire au lecteur que la ville attaquée et détruite par Pépin soit bien réellement celle dont j'écris l'histoire.

Thouars est situé au dix-septième degré dix-huit minutes de longitude, au quarante-sixième degré cinquante-neuf minutes de latitude septentrionale, ancien méridien. Sa distance de Paris est de quatre-vingt-quatre lieues communes, de Poitiers de douze lieues, de Saumur de sept lieues, d'Argenton de trois lieues, de Bressuire de cinq lieues, de Parthenay de sept lieues, de Niort de seize lieues.

CHAPITRE II.

Accroissemens successifs de la ville de Thouars; anciennes Fortifications; son 1.er Vicomte.

La ville de Thouars, dans le principe, n'avait de maisons que le long des bords du Thoué qui l'arrose. Ses édifices formaient alors deux arcs parfaits; c'est ce qui a fait croire à quelques hommes instruits que le vrai nom de cette ville est Tuedae arcus, arcs formés par le Thoué. Elle consistait alors en deux rues situées dans la basse ville qui se prolongeaient le long du rocher sur lequel a été depuis élevé le château, et s'unissaient à deux autres rues qui occupaient le quartier Saint-André et le Châtelet, situés sur les terrasses du même château: le reste de la colline, jusqu'au moulin du Vicomte, était garni de maisons. Les murs de ville étaient alors bâtis à mi-côte. Il est à croire qu'ils étaient fortifiés par des fossés profonds, et par tous les moyens que l'art et la nature du terrain pouvaient alors fournir.

Un château très-fort, placé à l'orient de Thouars, près de l'ancien couvent des Cordeliers, commandait à la rivière et à toute la ville, L'emplacement ou se trouve à présent l'ancien presbytère de Saint-Médard, faisait partie de celui qu'occupait ce château.

Ce presbytère est habité aujourd'hui par le sieur Robin, instituteur. En 1740, on voyait encore des vestiges de ce château. Dans le dernier siècle, le duc de Thouars fit présent au roi de France d'une coulevrine d'une grosseur prodigieuse, qui s'y trouvait au milieu des ruines.

Il y avait en outre un fort bâti près du moulin du Vicomte, qui défendait la partie occidentale de la ville et le trajet de la rivière en cette partie. On en voyait, il y a quatre-vingts ans, les fondemens placés au bord de l'eau.

Deux ponts joignaient alors la ville aux bourgs de Saint-Jeau-de-Bonneval et de Saint-Jacques-de-Montauban. On voit aujourd'hui des vestiges du premier; en 1740 on en voyait du second; il est à croire que ces bourgs faisaient, il y a quinze cents ans, partie de la cité.

Thouars n'avait, au septième siècle, que deux églises, la paroisse de Saint-André, et le Châtelet ou ancien chapitre de Saint-Pierre; elles étaient situées dans les quartiers de ce nom dont nous avons parlé.

Tel était l'état de la ville Thouars, lorsque Pépin la prit et la rasa en 762. Cette place n'était pas alors très-considérable, puisque Eginard, auteur contemporain, l'appelle, dans ses Annales, Castellum Thoarcis. Il est à croire qu'elle avait été précédemment ruinée, lors de la conquête des Francs, ou peut-être lors de l'invasion des Sarrasins. Elle était déjà déchue de la splendeur qu'elle avait eue sous le nom de Childoac. On peut dire qu'au huitième siècle, elle avait plus de réputation que de force réelle, et que Pépin, en venant directemeut de Bourges pour l'assiéger. lui fit beaucoup trop d'honneur. Quoiqu'il en soit, elle ne tarda pas à sortir de ses ruines et à se dédommager avantageusement de ses pertes.

Charles-le-Chauve avait conquis ou pacifié l'Aquitaine, par le secours d'un célèbre capitaine nommé Eble, issu d'un parent de Charlemagne, appelé Ranulphe, à qui ce prince avait confié le gouvernement de cette province. Il ne crut pouvoir mieux signaler sa reconnaissance qu'en lui donnant la qualité de duc de ce pays . Cette charge n'était encore qu'un bénéfice révocable à la volonté du prince. Les troubles qui suivirent la mort de Charles-le-Chauve, les ravages continuels des Normands, l'anarchie qui fut la suite de ces invasions, tout contribua à rendre, bientôt après, ces grands bénéfices héréditaires. On chercherait peut-être vainement ailleurs la véritable origine du gouvernement féodal.

Eble eut, d'Adèle de Saxe, son épouse, trois enfans: Eble qui fut, après son père, duc d'Aquitaine, Arnoul qui n'eut en partage que la châtellenie de Thouars, et Thiètberge qui épousa, suivant certains auteurs, Lothaire roi de Lorraine ou d'Austrasie. D'autres écrivains ont cru que cette reine était fille du duc Boson.

Arnoul vint à Thouars; il sut augmenter son héritage par les moyens, que nous détaillerons ailleurs. Il reste encore, de ce même Arnoul, des descendans par les femmes. Il n'est pas, dans toute l'Europe, trois maisons qui puissent offrir une noblesse plus ancienne, et une généalogie moins suspecte de flatterie, d'erreurs ou de falsifications officieuses.

Ce fut en 885 qu'Arnoul s'établit à Thouars. Son premier soin fut d'agrandir et de fortifier sa ville. Il y trouva la meilleure partie des édifices que Pépin avait ruinés presque entièrement réparée. Néanmoins la plupart des coteaux qui font face aux deux bourgs dont nous avons parlée avaient été négligés; les habitans, dégoûtés d'une situation incommode, avaient bâti la plupart de leurs maisons à l'ouest, au-dessus du pré du Vicomte, dans le terrain qui est compris entre les écuries actuelles du château et le couvent des Ursulines. Le reste de l'emplacement qu'occupent aujourd'hui St.-Médard, la Grand'rue, les Jacobins, l'ancien Collége, continuait d'être cultivé en jardins et en terres labourables.

Cet état de choses dura jusqu'à la fin du dixième siècle, où l'on transféra le corps de Saint-Laon, de Cursay à Thouars, dans une chapelle construite par le vicomte qui régnait alors, sur la même place où a été depuis bâtie l'église paroissiale de ce nom.

Un grand nombre de malades venait de toutes parts pour invoquer le saint, et recourir à son intercession pour la guérison de la folie ou débilité du cerveau. On voit encore dans l'église de Saint-Laon la chapelle des Fous. La rue de Jérusalem et celles adjacentes furent alors bâties pour mettre à couvert l'affluence des pélerins.

Bientôt après, la puissance des vicomtes recevant chaque jour de nouveaux accroissemens, leur ville prit une nouvelle face et une plus grande étendue. La plupart des vassaux, et ces vassaux étaient eux-mêmes de grands seigneurs, bâtirent des hôtels où ils venaient passer un tiers de l'année: une foule d'artisans s'établit à côté de ces seigneurs, et la ville devint méconnaissable.

Au douzième siècle, les rois d'Angleterre, dont les vicomtes de Thouars étaient les vassaux, y bâtirent un palais et deux tours, l'une appelée tour au Prévôt, pour le logement de leurs gardes et la sûreté de leurs personnes; l'autre nommée tour du prince de Galles (aujourd'hui tour Grenetière), pour être occupée par leurs enfans et les principaux officiers de leur maison . Ces tours subsistent encore aujourd'hui dans un état de dégradation. La tour au Prévôt, plus dégradée que l'autre, est, dans sa partie supérieure, prête à tomber. La ville en reclame la propriété que les anciens seigneurs lui contestent. On prétend que ces derniers veulent la faire démolir et en faire vendre les matériaux. S'ils réussissent dans ce projet, Thouars perdra, dans cette tour, que l'on voit de sept lieues de distance, un de ses plus beaux ornemens et un de ses principaux moyens de défense. La plus grande partie du palais des rois d'Angleterre est démolie, il n'en reste que le tiers de la façade. On a nommé ce palais l'hôtel du Président, depuis que Louis XI l'a donné au sieur Tinteau, président au parlement de Bordeaux. En 1793, on força madame de Bourniseaux, qui l'occupe aujourd'hui, de faire effacer les armoiries des rois d'Angleterre, dont il reste encore quelques vestiges.

Dans le même siècle, on commença à construire les remparts de la ville, qui ne furent achevés que sous le règne de Jean-le-Bon. Thouars, dès ce moment, n'a plus reçu d'accroissement on se borna à couvrir d'édifices les nombreux jardins, et les terres labourables que renfermait sa partie septentrionale. La figure de cette ville est celle d'une ellipse dont les deux extrémités sont, au nord, la porte de Paris, et, au midi, le château. Les deux autres points cardinaux sont à l'est, le couvent des Cordeliers, et, à l'ouest, celui des Ursulines, (aujourd'hui l'Hôtel-de-Ville). Du nord au midi, la ville a cinq cent dix mètres d'étendue; de l'orient à l'occident, elle en a quatre cent cinquante. Sa circonférence, prise hors des murailles, est de douze cents pas géométriques. Je parlerai ailleurs des changemens qu'elle a éprouvés dans sa population, et des causes de la décadence où elle est tombée.

La plupart des rues de Thouars sont obliques, étroites et tortueuses. Ses maisons, presque toutes construites en bois, offrent un aspect désagréable; la propreté et les décorations des hôtels ne paraissent guères à l'extérieur; quelques-uns sont très-habitables; il y en a de meublés avec une sorte de somptuosité.

CHAPITRE III.

Château moderne. — Anecdote.

LE château de Thouars est bâti sur un banc de granit connu des savans sous le nom de Gneiss. Ce roc, dur, noirâtre et compact, a plus de trente mètres d'élévation; à partir du pavé de la Basse-Rue qui conduit au Pont-Neuf, jusqu'au rez-de-chaussée du bâtiment; il est sec et aride; on n'y voit guères d'autres plantes que l'ortie romaine, (ortica pilulifera), et le concombre sauvage, (momordica elaterium).

Ce château fut bâti en 1635, par Marie de la Tour-d'Auvergne, épouse de Henri de la Trémouille, duc de Thouars . M. Drouyneau de Brie, dans ses Mémoires historiques manuscrits, prétend qu'une jalousie conçue par Marie de la Tour, contre le cardinal de Richelieu, hâta la construction de ce superbe édifice. Voici comment l'auteur s'exprime à ce sujet:

«Le cardinal de Richelieu, qui n'était pas
» encore premier ministre, mais qui n'était
» guères moins puissant que s'il l'eût déjà été,
» eut envie d'avoir une terre titrée, et visait à
» celle de Thouars, se flattant de pouvoir l'ache-;
» ter mais il ne s'en était encore ouvert à per-
«sonne, parce qu'ayant de grandes idées d'em-
» bellissement, il était bien aise de savoir si le

» lieu y était propre. Ayant envoyé des gens pour
» l'examiner et lui en apporter le plan, ils furent
» pris sur le fait et menés à la duchesse. Marie
» de la Tour, femme d'esprit, mais de la dernière
» hauteur, ayant appris le sujet de leur voyage,
» fut vivement piquée contre le cardinal, dans
» le procédé duquel elle crut entrevoir du mépris.
» C'est pourquoi, dans la vue de se venger, elle
» fit jeter les fondemens du château dans l'en-
» droit même qui avait été marqué par les
» émissaires du cardinal. Elle n'en fit d'abord
» achever qu'un pavillon; depuis elle le fit
» reprendre et le fit perfectionner autant qu'elle
» le put de son vivant»

Je ne prétends point attester ici la vérité de cette anecdote, mais je ne puis m'empêcher d'observer que si le cardinal, qui disposait alors de tous les trésors de la monarchie, avait acheté la terre de Thouars, il est à croire que cette ville serait aujourd'hui la seconde cité du Poitou. Sa rivière, devenue navigable, l'eût rendue l'entrepôt de tout le commerce que fait aujourd'hui Saumur; de beaux établissemens, des grandes routes, de riches manufactures, et la moitié des sommes dépensées presqu'inutilement à Richelieu, auraient doublé sa population et augmenté son importance. Quoiqu'il en soit, Thouars n'a qu'à se louer de ses seigneurs qui, sans avoir jamais joui d'une grande faveur à la cour, n'ont pas laissé d'aider de leur crédit et même de leur argent, la ville et les habitans toutes les fois qu'ils l'ont pu faire.

Marie de la Tour, en construisant son château, paraît avoir suivi le plan que Philibert de Lorme avait donné à Cathérine de Médecis pour bâtir le palais des Tuileries.

Ce château est composé d'un gros corps de logis surmonté d'un dôme et de quatre pavillons, le tout sur une même ligne de cent vingt mètres de longueur et de vingt-sept mètres de largeur. Le Thoué décrit un arc autour des terrasses du château, et l'enveloppe à l'orient, au midi et à l'occident. Les terrasses forment quatre jardins en amphithéâtre, placés, en quelque manière, les uns sur les autres. La plus élevée forme le parterre composé de terres rapportées sur un roc qui avait dans l'origine la forme d'un cône tronqué . Ce seul travail ne pourrait s'effectuer aujourd'hui à moins d'une dépense de deux cent cinquante mille francs.

Chaque terrasse est revêtue de murs en talus, et garnie d'un escalier de plus de vingt-cinq mètres de hauteur, et de douze mètres de largeur. Les angles saillans sont flanqués de guérites en cul-de-lampe, qui étaient autrefois très-décorées dans l'intérieur. L'extrémité du parterre est pavée et voûtée en-dessous; sous cette voûte est une serre qui contenait, avant la révolution, plus de deux cents pieds de grands orangers. C'était, sans aucune exception, la plus belle orangerie de toute la Franee.

La façade du château est à l'occident. Elle est masquée par une cour carrée à portiques voûtés sur les deux aîles et à balustrades par-dessus. Sur le haut de ces portiques règne une galerie découverte, où l'on se promène; quelques architectes trouvent qu'elle est trop étroite. L'escalier qui conduit aux appartemens du premier étage, est couvert d'un donjon à balustrades qui forme une coupole en-dedans; lesappuiset les rampes sont de marbre jaspé. Cet escalier est très-bien éclairé ; il a beaucoup de rapport à celui du palais des Tuileries. Les appartemens, qui sont en grand nombre, sont très-vastes et très-bien distribués. Avant la révolution, on voyait dans les meubles quelques restes de magnificence; mais très-peu de dorures, de peintures, et point de statues. On peut dire qu'il tirait son ornement d'une majestueuse simplicité.

Les offices sont sous le rez-de-chaussée, taillées dans le roc où l'on a creusé deux puits qui ne manquent jamais d'eau. Elles sont très-vastes et trés-bien éclairées.

Au nord du château est une chapelle fort grande et fort belle, qui offre une assez rare singularité. Quatre églises se trouvent perpendiculairement les unes sur les autres. La plus basse est une chapelle taillée dans le granit qui servait à la sépulture des ducs de Thouars. On y voyait, en 1793, leurs cercueils en plomb rangés sur des tables. Ces illustres personnages s'étaient flattés sans doute d'avoir acquis, à force de soins et de dépenses, une sépulture magnifique, et d'avoir assuré à leurs os un repos honorable, mais rien n'est stable devant les passions humaines, et la cupidité peut être excitée à la vue même d'un cercueil. Le 4 mai 1793, des forcenés, la plupart étrangers à la ville, sous le prétexte de faire des balles pour se défendre de l'armée vendéenne, portèrent une main profane sur ces cendres respectables, les jetèrent au vent et s'emparèrent des cercueils. Ivres de fureur et d'orgueil, ces fanatiques zélateurs de l'égalité, à défaut de têtes illustres à abattre, allaient, jusques dans la poussière des tombeaux, chercher des grandeurs imaginaires à fouler aux pieds. Une partie du plomb fut vendu à des hommes avides qui le payèrent un sol la livre. Je ne dois pas oublier que de l'un de ces monumens funèbres, il sortit une vapeur si forte et si fétide, que deux de ces lâches profanateurs, tombèrent par terre comme asphyxiés, et qu'il fallut les emporter à l'hôpital privés de sentiment. Les cendres des duchesses Barbautine de Nassau et Marie de la Tour, qui, en qualité de protestantes, n'avaient point été mises dans cette chapelle, échappèrent aux profanations de ces sacriléges violateurs de tombeaux, ainsi que nous le rapporterons ailleurs.

La seconde chapelle formait l'église paroissiale de Notre-Dame-du-Château, dont le dernier curé a été l'infortuné et vertueux Nauleau, massacré en 1792 dans une sédition populaire à Thouars.

La troisième était appelée chapelle de la Vraie-Croix. On y conservait sur un autel, incrusté dans un crucifix de vermeil enrichi de pierres brillantes et de prix, un morceau de la vraie croix que le cardinal de la Trémouille avait apporté de Rome en 1506, et dont il avait fait présent à l'église du château. Ce morceau précieux a été dérobé en 1793, le même jour que les tombeaux des ducs furent violés; on n'a jamais pu savoir depuis ce qu'il est devenu. On s'était flatté, pendant long-temps, que quelque personne pieuse avait soustrait cette relique vénérable au vandalisme révolutionnaire; on craint aujourd'hui, que l'on n'en découvre aucune trace, qu'elle n'ait été la proie de quelque profanateur impie ou de quelque voleur sacrilége.

La quatrième église est la plus vaste et la plus belle. C'est la chapelle ducale érigée depuis en chapitre. Elle est bâtie dans un genre gothique moderne, très-régulière, et très-bien éclairée. La principale porte, qui est d'une sculpture hardie et délicate, était autrefois ornée de figures en relief d'un assez bon goût et d'une ciselure parfaite. Le vandalisme de 1793 a singulièrement défiguré ce monument.

Ce château, l'un des plus beaux qui existent dans toute l'Europe, a coûté à Marie de la Tour, d'après les comptes et mémoires qui sont restés aux archives, douze cent vingt mille livres, valeur du dix-septième siècle. Tous les remblais, les transports et une partie de la main-d'œuvre ont été faits par des corvées gratuites. Le parc Chalon, situé à sept kilomètres de Thouars, a fourni tout le bois de construction. Tous les matériaux, les pierres de taille, les tufs étaient à vil prix. Des fours construits par Marie de la Tour, lui fournirent la chaux, la tuile, la brique et les carreaux de toute espèce. Les principaux ouvriers ne recevaient, par jour, que six sous ou un boisseau de méteil du poids de dix-sept livres. On estime aujourd'hui qu'une somme de douze millions, valeur actuelle, ne suffirait pas pour faire un pareil ouvrage. Charles Belgique, petit-fils de Marie de la Tour, a souvent déploré les tristes suites de l'orgueil de son aïeule, et a regretté plus d'une fois les sommes énormes employées à la construction d'un palais, qui depuis l'abolition par degrés de la féodalité réelle, n'était plus pour la famille ducale qu'une maison de campagne et de plaisance.

Ce beau château n'a pas eu deux siècles d'existence. La faulx du temps l'eût épargné très-long-temps; le sceptre de plomb de l'anarchie, sans l'abattre entièrement, lui a fait de tous côtés des brèches presqu'irréparables. Ce n'est plus aujourd'hui qu'un cadavre qui conserve encore de nobles proportions, mais qui a perdu sa fraîcheur, son éclat, sa beauté et sa couleur de vie. Nous raconterons ailleurs comment ont eu lieu successivement ces dégradations moins dues encore à la cupidité et au vandalisme, qu'à l'esprit philosophique qui ne veut plus de châteaux, et qui cherche encore, même aujourd' hui, à promener, sinon sur toutes les têtes, du moins sur tous les édifices, le niveau anarchique de l'égalité.

En 1815, l'un des agens du gouvernement des cent jours, sous le prétexte de défendre la ville contre les Vendéens, a, par des fortifications intempestives, achevé la dégradation de ce beau monument; on estime qu'une somme de trente mille écus ne pourrait réparer les ruines qu'il a faites. L'Hôtel-de-Ville a été obligé d'augmenter le produits des octrois pour payer ces dépenses inutiles.

On conservait au château les titres de la duché-pairie , et ceux de dix-sept cents gentilshommes vassaux des ducs de Thouars. Ses principaux fiefs étaient:

    Airvault.
Apremont.
Argenton-Château.

Beauvoir-sur-Mer.
Belleville-en-Thouarçais.
Bressuire.
Bournezeaux.
Le Brandois de la Maurière
Chantonnay.
Château-Mur.
Château-neuf-en-Gâtine.
La Chaise-le-Vicomte.
Chavannes
Commequiers.
Chalans.
Les Essarts.
La Forêt-sur-Sèvre.
La Garnache.
Saint-Gervais.
Saint-Gilles-sur-Vie.
La Grise.
Saint-Hermine.
La Jarrie.
La Merlatière.
La Ralière.
Saint-Jouin.
La Fougereuse et Breuil-Baret.
Mareuil.
Moncoutant.
Montaigu.
Mortagne.

Les Mothes-Boëmé.
La Chapelle-St.-Laurent.
Mouchant.
Oiron.
Palluau.
Le Parc.
Pouzauge.
Noirmoutier (Isle de).
Le Puy-Béliard.
Tiffauge.
Vigournay, etc. etc.

Quelques-uns de ces titres ont été perdus dans le cours de la révolution, mais la majeure partie a été conservée dans le trésor.

CHAPITRE IV.

Fortifications.

Thouars est situé sur le penchant d'une colline, dont le sommet est de niveau avec la plaine, et dont l'extrémité touche au rocher qui couvrait l'ancien Childoac et le dominait, ce qui lui donne la forme d'un amphithéâtre. Le Thoué, en se courbant en arc vers le midi et l'occident, en enferme plus de la moitié et lui sert ainsi de fortification naturelle.

Tout ce qui n'est pas enfermé par la rivière, est fortifié de murs bâtis dans le treizième siècle, flanqués de grosses tours à la distance de quinze mètres les unes des autres. Les murs ont presque par tout neuf mètres de hauteur et deux de largeur. Ils sont bâtis de moëllons choisis et piqués; quelques tours même sont construites en entier de pierres de taille. Quatre cents ans de vétusté, les sièges, les tremblemens de terre, que ces murailles ont essuyés, ne les empêchent pas de rester encore debout, sans qu'elles aient presque jamais été réparées. On doit regretter la perte du secretdu ciment que les maçons employaient dans des siècles que nous regardons comme barbares. Quels murs bâtis de nos jours subsisteront quatre-cents ans!

Ces murailles autrefois étaient environnées d'un double fossé coupé en talus, au milieu duquel était une fausse braye. Il avait au moins quatorze mètres de profondeur et quarante-six de largeur. Ce large et profond fossé a été comblé, peu d'années avant la révolution de 1789, pour élargir le champ de foire. On a démoli un calvaire bâti sur une élévation, qui était situé entre les murs de ville et l'auberge du Dauphin. Ces travaux ont procuré à la ville de Thouars un des plus beaux champs de foire qu'il y ait dans tout le Poitou. Il est planté de noyers, de tilleuls et d'arbres de plusieurs autres espèces, qui en font une très-jolie promenade.

La ville avait autrefois six portes, savoir: celles de St.-André, de St.-Jacques, de Chavanes, du Prévôt, du prince de Galles et du Pont-Neuf. Les deux premières, étant situées dans l'intérieur de la ville, du côté de la rivière, n'avaient aucune fortification; la première, renfermée aujourd'hui dans l'enceinte du château, subsiste encore; la seconde a été démolie en 1812; elle était située au haut de la colline qui descend de Thouars au bateau de St.-Jacques. La porte Chavanes a été transportée, dans le seizième siècle, à l'endroit où est aujourd'hui la porte de Paris.

La porte au Prévôt (autrement de Poitiers) est la plus belle et la plus fréquentée de la ville. Sa construction semble être toute particulière. Elle est composée de deux tours adossées l'une à l'autre, dans le même genre que celles de la Bastille; chaque tour a quarante mètres de hauteur et huit de diamètre. Elles ont chacune un pavillon carré de même proportion, qui les arcboute et forme un avant-corps en-dedans de la ville; le tout est surmonté d'un couronnement ou lanterne de trois mètres de hauteur. Cette lanterne, couverte en ardoise, est dans un tel état de dégradation, qu'elle est sur le point de tomber. Autrefois il y avait dans ce donjon une grosse cloche que l'on sonnait pour annoncer l'approche de l'ennemi et pour donner l'alarme. La voûte de cet édifice a six mètres d'épaisseur; on voit dans les jambages plusieurs coulisses destinées à lever et à abaisser la herse. Un pont-levis défendait cette porte; c'est à présent un pont en pierres. Au-devant est une autre porte défendue autrefois par un fossé à fond de cuve et un pont-levis sur le fossé . Elle est couverte d'une plate-forme; ses jambages ont douze mètres d'épaisseur. Cette porte est assez moderne; on y lit cette inscription:

C. L. D. L. T. R.
1592. V̄ æd.

Ce qui signifie Claude de la Trémouille a bâti cette porte en 1592. Sur la droite; on voit les restes d'un boulevard qui paraît fort ancien.

La porte du prince de Galles était beaucoup plus étroite que celle du Prévôt; elle faisait corps avec les murs de ville, et n'était défendue que par le fossé et un pont-levis. Elle est murée depuis deux siècles.

La porte du Pont-Neuf défendait l'entrée d'un pont de pierres très-ancien, situé au midi de la ville. Elle n'avait d'autres fortifications qu'une espèce de tête de pont, et une redoute garnie de canons, dont il ne reste aujourd'hui que des ruines.

Ajoutez à ces fortifications, un château presque inabordable, revêtu de toutes les défenses que l'art pouvait alors ajouter à l'avantage du site, et l'on n'aura aucune peine à concevoir qu'avant l'usage du canon, Thouars devait être la plus forte place du Poitou.

CHAPITRE V.

Thoué.

Le Thoué (en latin Tueda) prend sa source à la Pointerie, commune de Beugnon, à un kilomètre de la source de la Sèvre Nantaise. Il reçoit, avant d'arriver à Secondigny, plusieurs filets d'eau; il passe à Parthenay et se rend à St.-Loup, grossi par les rivières du Palais, du pont Soudan, du Cèbron, et du cours des trois étangs de Lorgère, de Pont-Burret et de Tennesue. Il passe de là à Airvault, à Thouars, à Montreuil-Bellay et auprès de Saumur, où il se jette dans la Loire, au-dessous du couvent de St.-Florent. Outre les ruisseaux dont nous avons parlé, il en est d'autres qui servent à le grossir. Voici l'état, par ordre alphabétique, de ceux qu'il reçoit dans son cours, sur le territoire du département des Deux-Sèvres:

L'Argenton.
L'Arsenau.
Le Champeau.
La Dive .
La Garronnière.
Le Geais.
Le Gourgé.
La Jaubertière.
La Losse.
Le Mauzé.

La Peyratte.
Le Rivaut.
La Rocherie.
Le Thouaré.
La Verninière.
La Viette.

Sa largeur moyenne est de dix-huit mètres; elle s'étend quelquefois au-delà de quarante-cinq mètres. Sa profondeur moyenne est de deux mètres. Sa pente réduite est de vingt-quatre centimètres par cent mètres; son encaissement est de dix-huit mètres sur trois mètres. Depuis sa source jusqu'à Thouars, cette rivière coule sur des rochers; des rocs escarpés la contiennent dans son lit. Pendant l'hiver elle est sujette à des débordemens considérables; ses eaux alors s'élèvent à plus d'un mètre au-dessus des plus hautes chaussées. Ses bords sont pittoresques; rien n'est gracieux comme le tableau que présente l'aspect des prairies qui l'avoisinent et des vallons qu'elle arrose. Il y a sur le Thoué treize ponts assez considérables construits en pierres, dont les arches sont en ogive ou en plein ceintre; on y compte aussi quatre-vingt-quatre moulins à farine, à foulon ou à tan, dont toutes les roues sont à aubes, et une forge dont les roues sont à godets.

Il est très-dangereux de se baigner dans le Thoué ; le roc qui en garnit le fond, cause, chaque année, des accidens dont on perd trop tôt le souvenir, et dont de jeunes imprudens devraient mieux profiter.

Je parlerai ici des divers projets que l'on a présentés pour rendre cette rivière navigable .

CHAPITRE VI.

Tribunaux et Juridictions.

Thouars avait, avant la révolution de 1789, trois juridictions ou tribunaux: 1.° la sénéchaussée; 2°. l'élection; 3.° la cour du grenier à sel.

Sénéchaussée,

La sénéchaussée connaissait en première instance de toutes les causes et procès qui naissaient dans la châtellenie de Thouars, et, concurremment avec les tribunaux de Saumur et de Montreuil-Bellay, des causes des paroisses des marches communes de Poitou et d'Anjou. Elle connaissait aussi, par appel, des procès nés dans les baronies qui relevaient du château de Thouars. Sa juridiction pouvait ainsi être regardée comme très-belle et très-étendue, mais la majeure partie des appels étaient portés directement au présidial de Poitiers, omisso medio.

Quatre officiers composaient la sénéchaussée. Je donnerai ici les noms de ceux qui occupaient ces charges au moment de la révolution:

1.° Un sénéchal, M. Leroux de la Girardrie.

2.° Un lieutenant, M. Villenau.

3.° Un avocat ducal, M. Jacques Bodin.

4.° Un procureur ducal, M. Redon de Beaupreau.

Il y avait en outre un lieutenant de police, M. Angignard.

Auprès du tribunal de la sénéchaussée, on voyait sept avocats, dont les plus célèbres par leurs talens étaient:

MM. Noiraut de la Coindrie; Louis Jounaut; Trotouin; Martin de la Martinière; Chatellier.

On y comptait pareillement huit procureurs. Les plus occupés étaient:

MM. Audebert; Bardon; Doré.

Le greffier de la sénéchaussée était le sieur Thibault, qui était en même temps notaire.

Il y avait, près le tribunal, six huisiers audienciers. Les plus connus étaient:

MM. Delavau; Thibaut; Dumas; Dubosc.

Les procureurs étaient tenus de prendre des provisions du duc de Thouars; lès avocats n'y étaient pas obligés. Seuls, ils plaidaient dans les causes d'appel; du reste ils instruisaient et postulaient concurremment avec les procureurs. Avant l'édit du Roussillon, il y avait à Thouars deux juridictions: celle du Châtelain et celle du Sénéchal.

Election.

L'élection de Thouars avait une très-grande étendue. Sa juridiction embrassait cent six paroisses . Elle était bornée par celles de Niort, de Châtillon, de Montreuil-Bellay et de Loudun. Elle avait plus de quatre-vingt-quatre lieues de contour.

Ce tribunal était composé :

1.° D'un subdelégué de l'intendant.

2.° De deux receveurs des tailles, l'un pour l'exercice des années impaires, et l'autre des années paires.

3.° D'un président,

4.° D'un lieutenant.

5.° De deux élus.

6.° D'un procureur du roi.

7.° D'un greffier en chef.

Tels étaient les officiers qui faisaient, avec l'intendant de la province, la répartition des impôts, ce qu'on appelait alors faire le département. Je donnerai ici le tableau de ce tribunal tel qu'il existait en 1781 :

1.° Subdelégué, M. Brossier-de-la-Charpagne,

2.° Receveurs des tailles, dont les charges étaient chacune de 76,000 liv., MM. Berthre-de-Bourniseaux, troisième receveur des tailles de ce nom; Brossier -de- la- Charpagne, deuxième receveur des tailles de ce nom.

3.° Président, dont l'office était de 15000 liv., M. Thomas-de-Rase.

4.° Lieutenant, dont l'office était de 6000 liv., M. Roquet-Desvannes (ancien garde-du-corps).

5.° Procureur du roi, office de 8000 liv., M. Annibal Orré (quatrième du même nom).

6.° Élus, office de 6000 liv., MM. Menoust; Redon de Cursais.

7.° Greffier, office de 8000 liv., M. Bertrand.

Il y avait en outre, près le tribunal, six procureurs en titre, qui prenaient leurs provisions du roi, et dont les offices étaient estimés chacun à la somme de 1000 fr., MM. Caillard; Boussi; Courbilly Chatellier; les Jagaut; Bardon.

L'objet de la juridiction des élections est trop connu pour que je veuille ici m'en occuper. Je me bornerai à dire que l'on doit regretter l'usage des chevauchées que les officiers de l'élection étaient obligés de faire quatre fois par an, dans les paroisses de leur ressort, pour vérifier les accidens causés par les inondations, les grêles, les ouragans, les animaux malfaisans, les épi–zooties, les maladies épidémiques, etc., ce qui mettait le gouvernement à même d'accorder les décharges nécessaires et de porter des secours aux malheureux.

Grenier à sel.

Le troisième tribunal était celui du grenier à sel.

Il était composé d'un président, dont l'office était du prix de 6000 liv.; d'un lieutenant (office 5000 liv.); d'un procureur du roi (office 6000 liv.; et d'un greffier (office 3000 liv.)

Ce tribunal était principalement chargé d'appliquer les ordonnances contre les contraventions au débit des sels, tabacs, etc. etc.

Il y avait à Thouars un entrepôt de sels et de tabacs, dirigé par deux contrôleurs.

Les derniers officiers qui ont joui de ces places ou charges ont été :

Président, M. Maigrot.

Lieutenant, N.....

Procureur du roi, M. Chaillou.

Greffier, M. Gaschignard.

Contrôleurs, MM. Guille-des-Buttes; Delagarde.

Autres Établissemens.

Thouars avait, outre ces trois tribunaux, une direction des aides, ce qui renfermait:

1.° Un directeur (en 1789), M. Dutheil.

2.° Un receveur principal, M. Duclos.

3.° Un contrôleur ambulant, M. Godeau.

4.° Un receveur à cheval, M. Clément.

5.° Un contrôleur de ville, M. Rostaing.

Il y avait plusieurs commis à cheval et à pied.

Le bureau du contrôle des actes était tenu (1789) par M. de Saint-André.

Celui de la poste avait pour directeur M. Demége.

La recette annuelle de ce dernier bureau n'excédait pas 4500 liv.

Thouars avait anciennement un prévôt provincial, qui avait le titre de prévôt de Thouars et du Bas-Poitou. Cette place était, depuis un siècle, héréditaire dans la maison de M. Drouyneau-de-Brie. Outre le prévôt, il y avait encore un lieutenant, qui était en même temps commissaire et contrôleur aux montres, un exempt et onze archers. Une ordonnance de 1720 ayant supprimé toutes ces places, Thouars n'avait, en 1790, qu'un lieutenant, le sieur Prié, et quatre cavaliers.

Il y avait aussi un tribunal subordonné à MM. les maréchaux de France, connu sous le nom d'officiers du point d'honneur. Ce tribunal était composé :

1.° D'un lieutenant des maréchaux de France (1789), le baron de Brémont-d'Ars.

2.° D'un greffier du point d'honneur, le sieur Roi-Bretignoles.

CHAPITRE VII.

Chapitres et Canonicats,

Thouars avait autrefois trois chapitres: celui de St.-Pierre-du-Châtelet, celui de St.-Laon, et celui de Notre-Dame-du-Château.

St.-Pierre-du- Châtelet.

Les chanoines de St.-Pierre étaient les plus anciens ecclésiastiques de Thouars. Il est certain que leur doyen était autrefois curé de la paroisse de St.-André. D'après une déclaration que ce chapitre rendit au roi en 1547, il paraît que sa fondation remontait jusqu'au septième siècle. Ses titres et chartes ayant été brûlés avec la ville, lors de la conquête de Pépin, il n'a jamais pu justifier de son origine. Les chanoines prétendaient être de fondation royale; cette prétention n'était guère appuyée que sur l'écusson royal qui se trouvait placé au frontispice de leur chœur; d'autres croyaient, avec plus de vraisemblance, que les chanoines s'étaient fondés eux-mêmes on citait à cette occasion une chartre de 1098, signée de Pierre II, évoque de Poitiers, par laquelle ce prélat reconnaissait que les vrais fondateurs de ce chapitre, inceptores et authores, étaient les sieurs Gosbert, doyen; Aimeri, Aymard, etc., chanoines.

D'un autre côté, les seigneurs de Thouars ont prétendu au titre de fondateurs de ce chapitre. Il est certain que Geoffroy, vicomte de

Thouars, l'a comblé de biens; mais la chartre qui fait mention de ces bienfaits, paraît favorable aux prétentions de ceux qui croient que les chanoines se sont fondés eux-mêmes; car, loin de prétendre au titre de fondateur, le vicomte avoue que ses prédécesseurs n'ont fait du bien au chapitre qu'après sa fondation.

Ces diverses prétentions avaient occasionné un très-long procès entre les seigneurs et le chapitre. Ce dernier, après vingt-deux ans de contestations, lassé de lutter contre des forces inégales, finit, en 1740, par reconnaître, par une transaction, le duc de Thouars pour son fondateur.

Ce chapitre est composé d'un doyen qui avait autrefois de grands privilèges . Il était regardé comme le premier baron des vicomtes; son sceau donnait de l'authenticité aux actes, comme celui de tous les grands seigneurs de ce temps-là ; il tenait une cour de justice et nommait les notaireso Depuis quatre cents ans, les doyens avaient, on ne sait trop comment, perdu ces prérogatives; il ne leur restait que le titre de doyen de Thouars et d'archi-prêtre, et la nomination aux cures de St.-Macaire et de Genneton, sans compter celles qui vaquaient dans leur semaine canoniale. Leur revenu ne s'élevait point, dans les derniers temps, au-delà de 1100 liv.; mais presque tous les doyens jouissaient de quelques bénéfices simples qui servaient à augmenter leur traitement.

Outre le doyen, seul dignitaire du chapitre, on comptait dix chanoines dont les revenus ne s'élevaient pas au-delà de 800 liv.; quatre hebdomadiersdont les bénéfices valaient 250 liv., quatre chapelains dont le traitement n'excédait pas 180 liv., et un maître de psallette chargé d'instruire les enfans de choeur, qui recevait annuellement 700 liv.

Les chanoines seuls nommaient à plus de quarante cures ou bénéfices situés dans différens diocèses.

Ce chapitre a été souvent en butte aux traits de la fortune. Dans le huitième siècle, l'église et les maisons canoniales furent rasées par Pépin. Ils essuyèrent le même désastre en 1561. Ils furent en outre chassés de Thouars par les calvinistes, et obligés de se travestir pour se sauver. Leur chartrier fut brûlé avec leur église; les cendres des chanoines morts et enterrés dans le chœur furent profanées et jetées au vent, ainsi que les reliques des saints qu'ils conservaient, et entr'autres le corps entier de St.-Hermès. Les chanoines, dans ce temps de trouble, se retirèrent les uns à Mortagne, les autres à Mon treuil-Bellay.

Ils ne rentrèrent à Thouars qu'en 1602. Ils furent réduits à faire leur office dans une petite chapelle située-rue St.-Vincent, jusqu'en 1686, époque où le roi leur fit présent du temple des protestans. Cet édifice, qui subsiste encore et qui sert aujourd'hui à faire un magasin de bois, est un bâtiment octogone, très-bien éclairé, mais non voûté. Il a été vendu, en 1791, ainsi que les autres biens des chanoines.

Je donnerai ici l'état du chapitre, tel qu'il subsistait au moment de sa destruction.

Doyen, M. Jean- Kincent Demége.

Chanoines, MM. Raymond; André Nauleau; Pierre Nauleau; André Demége; Devaux; Orré ; Chassereau; de la Missardière; de Coumes; d'Houdan.

Il ne reste plus aujourd'hui de ce chapitre qu'un seul chanoine, M. Orré.

Les autres sont morts en exil, deux ont été massacrés dans une émeute populaire. Leur doyen, d'une ancienne famille noble du comtat Venaissin alliée à la maison Capranica, est mort en 1793, à la suite de l'armée Vendéenne, regretté de tous les gens de bien, pour toutes les vertus qui peuvent rendre un prêtre estimable.

Chapitre de St.-Laon.

Le fondateur de ce chapitre est Achard-de-la-Roscie. Au commencement du onzième siècle, il fit transférer d'une maison de campagne qu'il avait au bourg de Cursais le corps de St.-Laon, qu'il plaça à Thouars dans une chapelle qui était sous l'invocation de Notre-Dame. L'affluence des pélerins rendit bientôt cet édifice trop petit. On éleva, sur ses ruines, l'église qui porte aujourd'hui le nom de St.-Laon. Quelques savans, entr'autres Baillet, prétendent que ce saint est le même que St.-Lau, évêque de Coutances; ce qui a besoin d'être mieux prouvé et n'est pas vraisemblable. Comment le corps de St.-Lau aurait-il été déposé à Cursais?

Le clocher de cette église était autrefois bien plus élevé qu'il ne l'est aujourd'hui; l'église elle-même avait plus d'élévation, ce que l'on aperçoit d'abord par la seule inspection des pignons qui s'élèvent au-dessus des couvertures. L'ancien clocher était placé sur une des voûtes de l'église; sa hauteur était de quarante-quatre mètres, et faisait l'admiration des voyageurs. Un ouragan survenu, le 10 décembre 1711, au moment que les chanoines faisaient l'office, rasa entièrement la flèche et la partie supérieure du clocher; cette masse en tombant creva une des voûtes du chœur, ébranla celles qui résistèrent au choc, et transporta une croix de fer de six mètres de hauteur, et du poids de deux quintaux métriques, au milieu du cimetière alors adjacent à l'église, et situé au même endroit, où par les soins de l'ancien maire de Thouars, M. Richou, se trouve une charmante promenade plantée en tilleuls.

Le fondateur Achard établit et dota d'abord quatre chanoines, pour desservir la nouvelle église. Ce nombre fut bientôt augmenté et porté jusqu'à douze, par Chanvalon, fils d'Achard. Les donations se multiplièrent; la piété des fidèles enrichit les nouveaux chanoines, et cet établissement prit une forme régulière.

Au commencement du douzième siècle, les moines bénédictins de St.-Florent prirent ombrage du nouveau chapitre dont les chanoines portaient l'habit et pratiquaient la règle de St-Augustin. Ils prétendirent avoir eu un ancien droit sur la chapelle de Notre-Dame, et soutinrent que la desserte de l'église et du chapitre leur appartenait. Ils gagnèrent d'abord leur procès, mais les chanoines eurent recours à la protection du pape Calixte, du vicomte Aimeri, et du chapitre de la cathédrale de Poitiers, et ils vinrent à bout de se maintenir à leur poste.

Dans le principe, ces chanoines vivaient en commun; mais bientôt la cohabitation leur parut pénible, ils s'en affranchirent, et, divisant entre eux le revenu, ils vécurent en séculiers. Cet état de choses a duré plus de 520 ans.

En 1440, Nicolas Gadart était abbé de St.-Laon. Il fit connaissance de Marguerite d'Ecosse, femme de Louis XI, alors dauphin. Ce prince était venu du Bonrbonnois où il s'était retiré pour éviter la colère de son père, à Thouars, qu'il se flattait de réunir un jour à son domaine.

En visitant l'église de St.-Laon, la dauphine conçut le projet d'y faire ajouter une vaste chapelle, où elle voulait que son corps fût déposé après sa mort.

L'état de sa fortune et celle de son mari qui avait vécu quelque temps en exil, et qui ne venait que de rentrer en grace, ne lui permettaient guères une pareille dépense; néanmoins la princesse voulut que l'on mît de suite la main à l'œuvre. Elle chargea l'abbé Gadart de faire tous les frais de l'entreprise, en lui mettant en dépôt son livre de prières richement décoré, et en l'assurant qu'elle ne tarderait pas à retirer ce gage et à lui rembourser toutes ses avances.

Sur la parole de la dauphine, Gadart fit bâtir la chapelle que l'on voit aujourd'hui. Elle est située à l'orient de l'église, et est adjacente au chœur; sa voûte est assez belle, et sa construction paraît digne de la princesse qui l'avait ordonnée.

Cet édifice était à peine fini, que la dauphine mourut d'une pleurésie à Chalons-sur-Marne; elle fut enterrée dans la cathédrale de cette ville en 1445, quoique par son testament elle eût désigné l'église de St.-Laon de Thouars pour le le lieu de sa sépulture. La calomnie n'épargna pas cette princesse, qui réunissait, en sa personne, la délicatesse et la justesse de l'esprit, la noblesse du sentiment, la bonté du cœur et la douceur du caractère. Les graces de sa figure donnaient un nouvel éclat à ses vertus. Protectrice déclarée des arts, elle ne cessa de les encourager. On connaît le baiser qu'elle donna à Alain Chartier. Un nommé Jamets-du-Tillay l'accusa d'avoir écouté avec trop de complaisance un sire de Mainville. Cette noire calomnie empoisonna les derniers momens de cette princesse. Un médecin, voulant lui rendre l'espérance, assurait que sa maladie n'était pas mortelle. — Ah! fi de la vie, s'écria-t-elle, qu'on ne m'en parle plus!

Gadart demanda long-temps, sans succès, les six cents écus d'or qu'il avait déboursés sur la foi de la dauphine; enfin, en 1459, Charles VII lui fit payer cette somme et retira les heures de la princesse.

Cette première négociation terminée, l'abbé de St.-Laon demanda que le corps de la dauphine fût transféré de Châlons à Thouars. Il n'obtint sa juste requête qu'en 1479. Il partit de Thouars, le 19 octobre, accompagné de ses chanoines et de vingt gentilshommes. Arrivé à Châlons, on lui fit d'abord quelques difficultés que l'évêque fit lever par son autorité. Le corps fut mis sur un corbillard revêtu de drap d'or, tiré par six chevaux couverts de velours noir; le convoi arriva à St.-Laon, le 13 novembre de la même année. Après un service solennel, où l'abbé officia pontificalement, et qui fut répété trente jours de suite, le cercueil de plomb, qui contenait les cendres de la dauphine, fut déposé dans un caveau creusé pour cela dans la chapelle qu'elle avait fait construire. Ce même cercueil a été mis en pièces par les profanateurs de 1793, et les cendres de la princesse ont été jetées au vent, avec celles des vicomtes et des ducs de Thouars.

Gadart mourut trois mois après cette translation, qu'il avait sollicitée pendant trente-quatre ans. Il est enterré dans le sanctuaire, près du principal autel, sous une petite arcade placée sur la gauche. Il a été le dernier abbé régulier de St.-Laon.

Ce chapitre a eu beaucoup à souffrir des troubles et des guerres civiles qu'excitèrent les calvinistes dans le seizième siècle. Il a perdu une partie de ses titres et de ses biens.

En 1653, il s'y fit une grande réforme. Abraham Ribier, abbé, fit réunir en une manse tous les bénéfices claustraux; il eut assez d'adresse pour y faire joindre plusieurs prieurés et bénéfices simples, sous le prétexte des pertes qu'avait fait le chapitre . Par ses soins, l'église fut réparée, embellie et voûtée dans les endroits où elle ne l'était pas encore. Il eut assez d'autorité pour faire enlever, du chœur, le tombeau de Louis d'Amboise, vicomte de Thouars, où il était devenu un masque plutôt qu'un ornement. En 1655, les chanoines réguliers de la congrégation de France, appelés vulgairement Génovenfins, prirent à St.-Laon la place des anciens chanoines de l'ordre de St.-Augustin. Cette maison était composée, en 1790:

1.° D'un prieur-curé, M. Abel Goirand.

2.° Cinq chanoines, MM. Loret; Cordier; Lefèvre; Varnier; Senilles .

Deux de ces chanoines remplissaient les fonctions de vicaires.

Le prieur, après avoir été long-temps exilé en Espagne, est revenu à Thouars, il y est mort en 1812, revêtu du titre et des fonctions de curé, archi-prêtre de St. Médard. Un seul des chanoines a survécu à la révolution.

La maison qu'ils occupaient est encore la plus belle et la plus régulière de toutes celles de la ville. Elle a été construite en 1702; depuis six ans on y a placé le collége.

Le revenu de St.-Laon ne s'élevait pas au-delà de 5000 liv.; celui de l'abbé commendataire était de 3500 liv. La paroisse de St.-Laon est aujourd'hui une succursale de celle de Saint-Médard.

Chapitre de Notre-Dame-du-Château.

Le chapitre de Notre-Dame-du-Château fut fondé, en 1500, par Gabrielle de Bourbon, femme de Louis II, duc de la Trimouille. Elle eut quelques obstacles à vaincre de la part du prieur de St.-Nicolas. Ce dernier se rendit enfin, à condition qu'il conserverait le droit de prendre la seconde place au chœur, après le trésorier, avec celui de réciter à matines la dernière leçon, et de dire la messe de minuit le jour de Noël. C'était à ces misérables prérogatives que tenait alors la petite vanité de nos devanciers.

Gabrielle fit bâtir, en 1503, l'église du Château, telle qu'elle existe aujourd'hui; j'en ai déjà donné la description. Il est inutile de me répéter.

Quand l'édifice fut bâti, la duchesse obtint du pape Léon X, une bulle sous la date du 18 janvier 1515, par laquelle cette église fut érigée en collégiale et en corps de chapitre, à l'instar de celle de St.-Martin de Tours et de la sainte chapelle de Paris. Le pape, dans cette bulle, donne au trésorier et au chapitre le droit de préséance dans toutes les assemblées publiques; il n'ont jamais joui de ces priviléges, parce qu'ils n'ont pu justifier de l'enregistrement et de la vérification de ce titre.

Le chapitre n'était composé, dans le principe, que de quatre chanoines, outre le trésorier et trois hebdomadiers; mais, quelques années après, Gabrielle y ajouta trois autres chanoines et quelques chapelains.

Avant la révolution, on voyait dans cette église, trois mausolées en marbre noir avec des figures en relief en marbre blanc. Le premier était celui de Gabrielle et du duc de la Trimouille, son mari; le second du jeune prince de Talmont et de Louise de Coëtivi sa femme; le troisième du cardinal de la Trimouille.

Les revenus de ce chapitre étaient très-médiocres.

Le Trésorier (revenu 1000 liv.), (1791), M. de la Haye.

Chanoines (revenu 380 liv.), MM. de la Sorinière; de la Chassée; Marillet; Dallais; Brion; Pommier; Villeneau.

Il est vrai que tous les chanoines joignaient, à leurs canonicats, des bénéfices simples que les ducs de Thouars leur conféraient. L'un d'eux prenait la qualité de chantre, mais cette prétention ne paraît jamais avoir été fondée en titre.

Les trois chapitres de Thouars ont souvent eu des procès pour la préséance; enfin par un concordat passé en 1536, il fut convenu 1.° que l'abbé de St.-Laon et le doyen de Thouars fermeraient les rangs dans les processions publiques, l'abbé à droite, et le doyen à gauche; 2.° que chaque chapitre aurait la préséance à son tour; 3.° qu'ils s'asembleraient et feraient l'office dans l'église de St.-Médard.

Depuis 1791, l'église du château est abandonnée; chaque jour ajoute à la dégradation de ce beau monument. Les mausolées ont été brisés en 1793, au même moment que les tombeaux furent profanés. Elle a été bâtie dans la forme de la sainte chapelle de Paris, mais elle a plus de largeur. Le style de son architecture est gothique, ses proportions sont parfaites, et toute délabrée qu'elle est, elle fait encore l'admiration des connaisseurs. Le marteau du temps va, dans quelques années, consommer la ruine de ce bel édifice que la hache du vandalisme avait épargné : on ne fait plus de mal en France, mais on ne peut pas encore réparer celui qu'on a fait.

CHAPITRE VIII.

Eglises paroissiales.

Thouars, avant la révolution de 1789, avait trois paroisses: St.-Médard, St.-Laon et Notre-Dame-du-Château.

Saint-Médard.

Il est certain que St-Médard a été bâti par les vicomtes de Thouars; mais on ignore l'époque précise de sa construction. Il paraît néanmoins qu'elle a eu lieu peu de temps après celle de l'église de Saint-Laon; on trouve, dans une chartre, un Tibaud, curé de St.-Médard, en 1120. C'était, dans le principe, une paroisse destinée aux habitans des hameaux de Vrinc, Belleville, Fertevaut, Crevant, etc. etc.; aussi l'appelait-on alors St.-Médard-des-Champs. Elle était isolée au milieu des jardins, des prés, et des cimetières des deux autres paroisses. On a trouvé, en 1740, dans l'endroit où est maintenant la place Saint-Médard, des ossemens, des tombes et tout ce qui constitue un véritable cimetière. La partie de la ville, située entre la grand'rue, la porte de Paris, celle du Prévôt et le couvent des Cordeliers, paraît avoir été la dernière bâtie et la dernière habitée. St.-Médard est aujourd'hui placé au milieu de la ville; c'est pourquoi la chaire du prédicateur de l'avent et du carême y était autrefois établie. L'église est vaste et construite dans le même style que celle de St.-

Etienne-du-Mont de Paris. Elle a quarante-quatre mètres de longueur, sa voûte, qui est très-hardie et en plein ceintre, a de hauteur vingt mètres. La largeur de l'église est de dix-sept mètres.

En 1510, Gabrielle de Bourbon l'augmenta de deux grandes voûtes qui forment, sur la gauche, la vaste chapelle de St.-Louis. Elle avait le dessein d'en faire construire une autre parallèle à celle dont on vient de parler. Si ce dessein eût été exécuté, St.-Médard serait aujourd'hui une très-belle église; la mort inopinée de cette princesse l'empêcha de mettre la dernière main à son entreprise, et l'édifice est demeuré imparfait.

Cette paroisse est desservie par un curé et un vicaire. Avant la révolution, le curé était aidé par trois chapelains qui, mal payés, remplissaient très-mal leur devoir, et laissaient au pasteur et au vicaire tout le fardeau d'une paroisse considérable; car, indépendamment des hameaux qui contiennent une population de 900 individus, St.-Médard comprenait, dans son ressort, les trois sixièmes de la ville, St-Laon en avait deux, et Notre-Dame-du-Château avait le dernier.

Le curé, quelque pénibles que fussent ses fonctions, n'en était pas mieux payé. Sa cure était une portion congrue, qu'il recevait du chapitre de St.-Hilaire de Poitiers, décimateur général de la paroisse. Le vicaire avait 450 liv. et le curé 1100 liv. y compris le casuel. La cure était à la présentation de l'abbesse de St.Jean de Bonneval. Pendant la révolution, l'église de St.-Médard, abondonnée, a beaucoup souffert; elle a long-temps servi de magasin et de fenil. Rendue au culte, elle a été parfaitement réparée et même embellie par M. René Jagault, curé actuel, qui a fait pour elle tous les sacrifices que sa modique fortune lui permettait de faire. On peut dire que jamais elle n'a été si bien décorée qu'aujourd' hui, on regrette seulement l'orgue et deux belles cloches que le vandalisme a brisées, et qu'on ne s'occupe point de rétablir .

En 1709 St.-Médard avait pour curé M. Quetin.

Il y avait alors deux vicaires: MM. Boussi et d'Orléans.

Le curé est mort en 1790; le dernier vicaire a été guillotiné dans le cours de la révolution; le sieur Boussi, après avoir été exilé long-temps en Angleterre, est aujourd'hui (1815) desservant de la succursale de St.-Laon.

Notre-Dame-du- Château.

La paroisse de Notre-Dame-du-Château n'existe plus aujourd'hui; c'était la plus petite et la plus ancienne de celles de Thouars. Elle dépendait, dans son origine, du prieuré de St.-Nicolas-du-Roc, ordre de St.-Benoît, situé dans le faubourg St.-Jacques. Il paraît qu'elle comprenait, dans son arrondissement, la basse ville et tout ce qui reste de l'ancien Childoac. La cure était à portion congrue; l'église paroissiale, aujourd'hui déserte, est située sous celle du chapitre du château. Cette paroisse était, au quinzième siècle, assez considérable; c'était celle des ducs souverains de Thouars.

Le dernier curé M. Nauleau, ecclésiastique estimé et respectable, a été massacré dans une émeute populaire, dont je parlerai ailleurs; il était en même temps curé du château et chanoine de St.-Pierre.

Saint-Laon.

J'ai déjà décrit cette église paroissiale; je n'ai rien à ajouter à ce que j'en ai dit.

CHAPITRE IX.

Couvens d'hommes.

Thouars avait, en 1789, trois couvens d'hommes, des Jacobins, des Cordeliers, des Capucins.

Jacobins.

Les Jacobins ou Dominicains s'établirent à Thouars en 1359. Un gentilhomme, nommé Pierre Dufault, leur donna son hôtel appelé Soussais, avec d'assez vastes jardins, et une somme d'argent assez considérable. Ces religieux furent d'abord assez mal accueillis de Hugues, vicomte de Thouars, mais ils trouvèrent d'autres protecteurs, dont les aumônes les mirent à même de bâtir un couvent et une église. Le clocher était remarquable par ses proportions et sa hauteur; il n'avait pas moins de cinquante-quatre mètres d'élévation. Les révolutions du seizième siècle leur enlevèrent une partie de leurs revenus. En 1720, ils perdirent encore 600 liv. de rente. En 1789, il ne leur restait que 900 liv. de revenu. Ces frères prêcheurs étaient assez mal avec Mgr l'évêque de Poitiers, M. de Beaupoil, qui leur avait interdit la chaire et le confessionnal.

En 1790, le couvent avait un prieur et deux religieux. Ils vivaient d'aumônes et de quelques dessertes de chapelles.

Cette maison, vendue en 1791, a été démolie; l'église est aujourd'hui changée en une pièce de luzerne. Il ne reste plus que quelques vestiges de bâtimens, la cour d'entrée est un jardin. Le vandalisme a tout renversé, tout détruit, tout profané.

Cordeliers.

Les cordeliers furent invités, en 1330, par le vicomte de Thouars, à venir s'établir dans sa ville, où il promettait de leur faire bâtir un monastère et une église. Ces bons religieux déjà établis à Saumur et à Loudun, refusèrent cette offre, et se firent prier plus de vingt ans, Ils se rendirent enfin aux instances de Louis, vicomte, et vinrent à Thouars en 1352; on leur bâtit le couvent et l'église qu'on leur avait promis; l'église ne fut néanmoins entièrement finie qu'en 1380.

La vicomtesse prit les cordeliers en une telle affection, qu'elle voulut être enterrée dans leur église et en habit monastique; telle était la dévotion du siècle. Ce qu'il y eut de mieux, c'est qu'elle leur légua en mourant une rente de cent septiers de froment (1140 myriag.) à prendre sur son domaine, et mille écus d'or pour achever leur église et acheter de très-riches ornemens pour leur sacristie. Le vicomte imita l'exemple de son épouse. A sa mort, il légua à ces moines une douzaine de froment par semaine (84 kilogrames pesant) et une rente de quatre barriques de vin (8 hectolitres 56 litres). Il voulut aussi être enterré dans leur église en habit de cordelier.

En 1376, le pape Grégoire XI accorda des indulgences à ceux qui visiteraient l'église des frères mineurs de Thouars.

Ces religieux ont joui de ces donations ou rentes, jusqu'au moment des guerres civiles causées par le calvinisme; depuis cet instant, on a cessé de les leur payer. Au moment de la révolution de 1789, leur revenu direct n'excédait pas 600 liv., mais les aumônes ont toujours été fort abondantes; le couvent n'a pas éprouvé de disette et n'a jamais manqué du nécessaire.

En 1790, cette maison était habitée par un gardien et trois religieux. Un seul, le père Valère, a survécu à la révolution.

Ce couvent, en 1791, a été occupé par les administrateurs du district de Thouars, ce qui l'a préservé des dégradations si ordinaires aux maisons non habitées. En 1796 cette maison a été vendue, et les acquéreurs l'ont, à l'aide de quelques réparations, changée en une très-belle auberge qui porte l'enseigne de la boule d'or; l'église sert aujourd'hui de principale remise, les autels sont entièrement dégradés: le temple du Dieu vivant est devenu une espèce d'écurie.

Capucins.

Les capucins furent appelés à Thouars en 1616, par Uriel Falloux, conseiller du Roi en l'élection, et par Prudence Ogeron, sa femme. La croix du couvent ne fut plantée que le 3 octobre 1620. Falloux leur fit bâtir une petite chapelle qu'il décora de son mieux; on commença à y dire la messe en 1621.

Louis XIII, cette même année, vint à Thouars, et fit donner à ces religieux des lettres patentes pour confirmer leur établissement. Il est à croire qu'il y ajouta une somme assez considérable, puisque, l'année suivante, les capucins se trouvèrent en état de bâtir leur couvent et leur église sur le terrain que Falloux leur avait concédé. La chapelle que ce dernier avait bâtie fait partie de l'église dont le sieur de Chausseraye posa la première pierre. Il méritait cet honneur, puisqu'il fournissait gratis tout le bois de construction pour l'église et le monastère.

On sait que ces religieux ne vivaient que d'aumônes. Cette maison était habitée par un gardien, trois moines et un frère convers.

Peu d'années avant la révolution de 1789, ces bons pères, trouvant la charité des fidèles très-refroidie et manquant de sujets pour placer dans leurs couvens, prirent le parti d'abandonner Thouars. Ils vendirent leur maison à M. Dallais, principal du collége, ainsi que leur enclôture qui est très-vaste et très-belle. Cette maison est aujourd'hui tombée entre les mains du sieur Millau; les bàtimens sont dans une dégradation totale; une partie a été démolie: l'église est devenue une grange.

A l'occident du monastère, il y avait autrefois une superbe promenade plantée en ormeaux, dont l'horison était très-étendu. On y découvrait, à l'œil nu, le château de Saumur distant de plus de trois myriamètres, les clochers de Montreuil, de Notre-Daule-du-Puy, et de plus de douze paroisses rurales. On a fait arracher les ormeaux et labourer le terrain, ce qui a fait entièrement abandonner la promenade. La cupidité des agriculteurs a aussi son espèce de vandalisme. «L'argent, l'argent, sans lui tout est stérile.»

CHAPITRE X.

Couvens de filles.

Thouars avait, en 1746, trois couvens de filles: des Ursulines, des Filles de St.-Thomas-de-Villeneuve, et des Clairettes.

Ursulines.

Henri de la Trimouille, duc de Thouars, appela, de la ville de Laval, trois religieuses Ursulines qu'il établit à Thouars, pour apprendre à lire et à écrire aux jeunes filles indigentes. Il leur donna l'emplacement qu'occupent encore le couvent, le jardin et la chapelle. Tous ces bâtimens se firent en 1630 du produit d'une quête faite dans le duché et des libéralités du seigneur de Thouars. La chapelle fut bénie en 1632. L'économie des religieuses, les charités qu'elles reçurent y les dots des récipiendaires, firent à la longue un fonds assez considérable, qu'elles placèrent d'une manière avantageuse en terres dont elles firent l'acquisition. Malgré les pertes qu'elles éprouvèrent en 1720, à cause des remboursemens de leurs rentes en billets de banque de nulle valeur, elles jouissaient encore, en 1790, d'un revenu de plus de 2700 liv. Avant 1720, celle maison comptait vingt religieuses de chœur et trois sœurs converses. En 1791 le couvent n'avait pas plus de six religieuses. Les services qu'elles rendaient à la jeunesse du sexe, étaient inappréciables, et la perte que la ville a faite au moment ou ces dames ont été contraintes de la quitter, a été jusqu'à ce jour irréparable. Leur maison, en partie démolie, sert aujourd'hui d'hôtel-de-ville; elle est dans un état de dégradation presque complette. Toutes les terres et métairies qui dépendaient de cette communauté ont été vendues en 1791.

Filles de Saint-Thomas.

La maison de charité, autrement l'hôpital des malades, a été fondée en 1645 par Anne de Rais, veuve d'un gentilhomme nommé Jean Goulard de la Vernière. Le duc Henri de la Trimouille lui fit un legs d'une assez grosse somme d'argent. En 1652, Louis XIV, par des lettres patentes, donna à cet hôpital le titre d'Hôtel-Dieu. Son revenu, avant 1720, était de 2800 liv.; l'annullation des billets de banque lui ôta la moitié de ses rentes. En 1775, M. de Grammont lui fit don d'une somme de 6000 livres. La révolution de 1789 lui a été d'abord funeste. Une partie de ses rentes lui a été remboursée en assignats de nulle valeur, mais depuis elle en a recouvré d'autres qui lui ont été concédées; son revenu actuel peut se monter à 4300 fr.

Cet hôpital a deux salles, une pour les hommes, et l'autre pour les femmes. Entre les deux salles, est une chapelle assez bien décorée, desservie par un aumônier. A l'ouest des appartemens destinés aux malades, on voit des bâtimens réservés au logement des sœurs, à l'apothicairerie et à des servitudes de toute espèce. Un jardin assez vaste fournit à la maison les légumes nécessaires.

Cet établissement est gouverné par cinq administrateurs, et dirigé par un receveur appointé. Les malades sont soignés par deux ou trois religieuses de St.-Thomas, dont une est supérieure. Ces dames sont nourries aux dépens de la maison. Elles reçoivent chacune un traitement de 100 fr.

Cet hôpital n'a dans ce moment (1815) que deux religieuses, Mesd. de Saint-Maurice, supérieure; Valeray.

Il y a en outre une sœur converse et trois domestiques .

En 1789, cent cinquante-neuf malades y sont entrés vingt-sept seulement y sont morts. En 1801, ce même hôpital a reçu cent quarante-neuf malades, dont vingt-quatre sont morts.

En 1814, le nombre des malades était de soixante-trois, dont dix sont morts. Le prix moyen de l'entretien d'un malade par jour est de 80 cent.

Les Dames de St.-Thomas-de-Villeneuve ont été établies en 1660 par le père Ange Proust, Augustin de la réforme de Bourges. Elles sont hospitalières, et suivent la règle de St.-Augustin. Leurs vœux sont simples, et quand elles les prononcent, on leur met un anneau d'argent au doigt; elles portent un crucifix sur leur poitrine.

Clairettes.

Des religieuses de l'ordre de St.-François, sous la seconde règle de Sle.-Claire, connues sous le nom de Clairettes, habitaient, en 1620, le bourg de Cursais, quand elles furent appelées an château de Lucinge, situé sur la Dive, par Angélique de Lucinge, veuve du sieur Jean de Sacconnay. Cette dame leur donna son château, et s'engagea de les nourrir tant qu'elle vivrait . Ces religieuses acceptèrent cette offre, et se rendirent à leur nouveau domicile. Trois ans après, leur protectrice mourut, les vivres leurmanquèrent, et elles formèrent le dessein de changer de logement. Elles y trouvèrent des obstacles qui retardèrent l'exécution de leur projet; ce ne fut qu'en 1652, que, munies de lettres patentes de

Louis XIV, elles vinrent s'établir à Thouars. Les Ursulines s'opposèrent à leur établissement, et leur firent un procès ridicule qu'elles perdirent. Les Clairettes victorieuses achetèrent un emplacement en face des Jacobins, et firent construire un très-beau couvent qui, malgré les aumônes dont elles furent aidées, absorba le peu de fonds qu'elles pouvaient avoir. Cette indiscrétion les réduisit à une extrême misère; très-souvent, à l'heure du midi, elles sonnaient leurs cloches pour avertir les ames pieuses qu'elles n'avaient pas de quoi dîner. On y courait alors, et des provisions de toute espèce étaient portées au couvent; mais bientôt après la charité se refroidit, et quoiqu'elles fussent réduites au nombre de quatre, elles ne pouvaient subsister. Elles ne firent que languir, jusqu'à l'année 1746, que leur couvent fut supprimé par un arrêt du Couseil. Elles furent obligées de se retirer à Nantes, au monastère de Ste.-Élizabeth, et leur maison fut convertie en un collége. Depuis la révolution elle a été démolie. Elle formait un équerre de deux gros pavillons qui se coupaient en angle droit, et qui avaient chacun trois étages; sous ces pavillons régnait un vaste cloître qui conduisait aux offices, à l'église, et dans une cour étroite, au bout de laquelle était un vaste jardin. La chapelle était remarquable par le chœur, dont l'extrémité supérieure formait un dôme, dans le même style que celui de l'Hôtel des Invalides, et décoré des portraits en grand des douze apôtres; mais la coupole était trop surbaissée et n'avait pas assez de majesté. Cette chapelle a été démolie jusqu'aux fondemens il y a dix-sept ans; on en a vendu les matériaux au profit de la ville .

CHAPITRE XI.

Abbaye de Saint-Jean de Bonneval.

Au midi de Thouars, dans le bourg de St.-Jean, était une abbaye ou monastère de filles de l'ordre de St.-Benoist, nommé le couvent de St.-Jean de Bonneval. Ce dernier nom lui venait d'une vallée très-fertile arrosée par un ruisseau et par des fontaines, au haut de laquelle le monastère était situé.

Onattribue sa fondation à Louis-le-Débonnaire, lorsqu'il n'était encore que roi d'Aquitaine; quelques auteurs la reculent à une époque plus ancienne. Cette maison a perdu ses anciens titres; ce qui force de recourir aux conjectures. Ce qu'on a de plus certain, c'est une chartre du roi Lothaire, datée de Poitiers, le 17 juin 973, par laquelle ce prince donne à Albert, vicomte de Thouars, plusieurs domaines en Poitou, à condition qu'après la mort du donataire, ils appartiendront à l'abbesse et aux religieuses qui servaient Dieu sous l'invocation de St.-André et de St.-Jean-Baptiste. Les domaines dont il est question dans la chartre appartenaient encore à ce couvent en 1789. Ils sont situés dans les communes de Missé et de Faye-l'Abbesse. Cette chartre était en original aux archives de l'abbaye.

Ce couvent était très-vaste et très-bien bâti; l'enclôture contient plus de neuf hectares. Il a essuyé plusieurs révolutions, et a été réformé plus d'une fois.

En 1531, François 1er nomma, pour abbesse de St. Jean, Louise de Chateigner. Les religieuses qui ne voulaient pas admettre le concordat, prétendirent avoir le droit d'en nommer une autre, en vertu de la pragmatique. L'abbesse l'emporta, mais elle fut en guerre ouverte avec ses religieuses qui lui causèrent mille désagrémens. De son côté elle voulut les assujettir à une réforme rigoureuse qu'elle ne put jamais faire adopter. Louise de Chateigner avait fait faire à son couvent de grandes réparations, et même des augmentations très-importantes. C'est elle qui avait fait bâtir le palais abbatial, le réfectoire et le dortoir des religieuses; l'église et le chapitre avaient été par elle reparés et mis à neuf.

Elle combla de bienfaits ses religieuses qui ne la payèrent jamais que de la plus noire ingratitude. Elles n'avaient cependant qu'un reproche à lui faire, celui d'avoir été nommée en vertu du concordat. Cette seule tache effaçait à leurs yeux tout l'éclat de ses vertus.

«Tant de fiel entre-t-il dans l'ame des dévotes.»

L'abbesse mourut en 1543; Philippine de Chateigner, sa sœur, fut choisie pour la remplacer. Elle s'attacha d'abord à alléger le joug pesant que sa sœur avait voulu imposer; mais sa trop grande facilité donna bientôt lieu aux plus funestes abus. A la tiédeur succéda le relâchement, au relâchement le libertinage de cœur et d'esprit. Les prédicans calvinistes acquirent chaque jour, par leurs insinuations, plus de crédit auprès de ces vierges folles, qui bientôt après, foulant aux pieds leurs vœux et leurs sermens, pillèrent leur couvent, se firent des robes mondaines de leurs ornemens d'autel, fondirent les vases sacrés, et se rendirent à Genève pour y abjurer la religion de leurs pères et peut-être pour y chercher des maris.

Une sœur converse fut la seule qui échappa à la contagion; seule elle resta dans son monastère. D'autres religieuses de divers couvens se joignirent à elle, et composèrent un corps de communauté ; mais le roi ne jugea pas à propos de leur nommer une abbesse; il leur donna pour directeur l'abbé de Clermont-Tonnerre, qui les gouverna pendant cinquante ans, avec autant de douceur que de sagesse.

Voici le tableau des abbesses qui ont succédé à M. de Clermont-Tonnerre:

Elizabeth de Vivône,	morte en 1631.
Louise de Châtillon,	en 1646.
Elizabeth de Châtillon,	en 1658.
Marie-Yolande de Châtillon,	en 1666.
Madelaine-Angéliq. de Châtillon,	en 1708 (1).
Franç.-Marianne de Châtillon,	en 1729.
Elizabeth Lepicard,	en 1734.
Henriette Foucaut,	en 1750.
Charlotte de St.-Chamans,	en 1773.
Marie de la Guiche donna sa démission	en 1777.
Françoise de Monbas,	morte en 1781.
Jeanne de Barton,	en 1786.
Louise de This (dernière abbesse),	en 1790.

Les revenus de l'abbaye de St.-Jean montaient à la somme de 14000 liv.; 5000 liv. étaient attribuées exclusivement à l'abbesse, le reste était pour l'entretien et les réparations du couvent.

On comptait, en 1700, quarante religieuses de chœur; en 1790, il n'y en avait plus qu'une vingtaine, avec cinq sœurs converses. Ces dames étaient en très-mauvaise intelligence avec leur abbesse, et avaient soutenu contre elle des procès scandaleux. L'abbesse avait d'excellentes qualités, mais on lui reprochait de n'avoir ni dignité ni manières, et de ne savoir pas garder la gravité et les dehors qui convenaient à son rang.

Au moment où ces religieuses furent contraintes de sortir de leur communauté, elles se choisirent divers asiles. Presque toutes ont vécu misérablement; l'abbesse retirée chez un paysan, avait à peine assez de pain pour soutenir sa déplorable existence. Elle est morte, deux ans après, de misère, j'ai pensé dire de faim . L'on ne compte aujourd'hui que trois religieuses qui aient survécu à la révolution.

Leur couvent aurait pu servir à une manufacture quelconque, de vastes bâtimens, des eaux vives, des nappes d'eau, une immense étendue de terrain, tels étaient les avantages que cet édifice présentait. Il a été vendu à vil prix, en 1791. Le propriétaire n'a cru pouvoir mieux faire que de démolir ce monastère, il en a vendu en détail tous les matériaux, les pierres ont été converties en chaux, et les promenades en vignobles, l'église entièrement découverte est devenue un cloaque. On n'a conservé que l'avant-corps de logis que la dernière abbesse avait fait bâtir, ainsi que quelques servitudes.

«..... Que la philosophie
» A répandu de fleurs, d'agrémens sur la vie!»

(PALISSOT).

CHAPITRE XII.

Collége.

On ignore l'époque précise de l'établissement d'un collége à Thouars. Il paraît qu'elle remonte au milieu du quatorzième siècle, mais on est forcé de s'en tenir, sur cet article, à de simples conjectures.

En 1590, Claude de la Trimouille, duc de Thouars, donna à Claude Leriche, principal, une prébende au château. Le duc Henri dota le collége, en 1629, d'une rente de 300 liv. Les habitans firent, de leur côté, au principal un traitement de 280 liv. Celui-ci ayant négligé de faire vérifier et homologuer tous ces dons, n'en put jouir long-temps. En 1722, il ne recevait par an qu'une somme de 100 liv. sur les deniers de l'octroi; l'année suivante on y ajouta 50 liv. Outre cela, une prébende du chapitre de St.-Pierre, nommée la Préceptoriale, lui payait annuellement 50 liv. Le principal n'avait donc alors d'autre revenu qu'une somme de 200 liv. et les rétributions qu'il pouvait retirer de ses écoliers; il était en outre logé aux dépens de la ville.

La maison qu'il occupait en 1740, était située vers la porte de Paris. Cette maison avait autrefois le titre d'hôtel de Monfermier. Il paraît que la ville avait arrenté cet hôtel; elle en payait tous les ans 47 liv. Depuis cette maison a été vendue au profit de la ville. Elle est aujourd'hui occupée par M. Allard, ancien aide-de-camp de M. Henri de-la-Rochejacquelin, et entreposeur des tabacs de la régie.

En 1752, après que les Clairettes eurent quitté leur couvent de Thouars, l'hôtel-de-ville en fit l'acquisition et y établit le collége, dont la principale direction fut confiée à un bureau d'administration. Le premier principal fut le sieur Quetin, qui avait été long-temps préfet du collége de Baupreau; il a été dans la suite curé de St.-Médard. Au sieur Quetin, succéda le sieur Boisard, qui quitta cette place pour prendre la cure de Voutegon. M. Dallais eut après lui la direction du collége qu'il a gardée vingt-cinq ans. Il a été fusillé en 1794, près de Nantes, par les républicains; il avait suivi l'armée Vendéenne.

Le latin, les mathématiques, la géographie, l'histoire, telles étaient les principales parties de l'enseignement, et dont la religion formait la la base. Les études étaient dirigées d'après le règlement du parlement de Paris en 1765. Le prix de la pension n'était que de 280 liv. Les écoliers étaient logés, nourris, instruits, fournis de linge, à l'exception de celui de corps. Les élèves n'y étaient reçus que depuis l'âge de six ans jusqu'à quatorze. Outre le principal, il y avait cinq régens qui ne recevaient, avec la nourriture et le logement, que le modique salaire de 160 liv. Le collége comptait, en 1782, quatre-vingt-quatre pensionnaires et quarante externes; ces derniers payaient chacun, au principal, trente sous par mois pour toute rétribution.

Il est sorti de ce collége d'excellens sujets. Je citerai entr'autres le sieur Sabourain, qui, cinq ans après avoir fini ses classes, fut jugé capable d'occuper la place de principal du collége de Poitiers . Le sieur Dallais a été le dernier principal de ce collége qui a été démoli après la révolution, ainsi que nous l'avons dit, après avoir existé soixante-trois ans.

Les régens les plus distingués de cette maison, ont été MM. Gibaud; Métivier; Rique; Pallu; L'Huillier; Besson; Renou; Pacaud; et Berger, aujourd'hui curé de Cursais.

En 1806, un nouveau collége a été établi à Thouars dans la maison qu'occupaient autrefois les chanoines réguliers de St.-Laon. Il est aujourd' hui sous la direction de M. Pontois, homme de mérite, qui est secondé par quatre régens dont l'un enseigne les mathématiques. On compte dans cette maison trente pensionnaires, et dix-huit externes: le prix de la pension est de 480 liv.; l'enseignement a pour objet les mathématiques, la grammaire française, la géographie et le latin. Le maître et les régens ont beaucoup de zèle et de talens, et tout porte à croire que ce collége se soutiendra d'une manière avantageuse et prendra de nouveaux accroissemens. Les externes paient 5 fr. par mois de rétribution au principal, qui reçoit en outre de la ville 3400 fr. par an; cette somme est prise annuellement sur le produit des octrois. L'extrême confiance que les talens et la moralité bien connue du sieur Pontois, inspirent à tous les pères de famille, fait espérer que le nombre des pensionnaires ne tardera pas à s'augmenter.

CHAPITRE XIII.

Hôpitaux.

Thouars n'a aujourd'hui que deux hôpitaux, la Charité ou hôpital des malades, et l'hospice de St.-Michel, destiné à l'entretien des enfans trouvés et des orphelins. Tous deux sont administrés par la même commission, les revenus sont perçus par un même receveur.

La Charité.

Voyez ce que j'en ai dit à l'article des filles de St.-Thomas.

Hospice de St.-Michel.

En 1742, St.-Michel était un prieuré à la nomination du roi, de la valeur de 1200 liv., Il y avait six places de chapelains qui s'en partageaient le revenu. Ils portaient autrefois le nom de Frères hospitaliers; ils étaient tenus de recevoir gratis les pauvres passans, et de donner le couvert et la tableaux voyageurs étrangers qui se trouvaient dans l'indigence, ou qui arrivaient après la fermeture des portes de la ville.

En 1776, par les soins de MM. Nauleau, chanoines du chapitre de St.-Pierre, on réunit, à ce prieuré, une maison de charité, connue alors à Thouars sous le nom de Providence, où l'on nourrissait des orphelins et de pauvres vieillards infirmes. Elle avait été établie par des personnes pieuses en 1717, et soutenue depuis par les aumônes et les quêtes. Cet établissement occupait alors une vaste maison, près la porte de Paris, où loge aujourd'hui le sieur Chaillou. Deux sœurs grises étaient à la tête de cette communauté.

Le gouvernement de cet hospice est, depuis quelques années, réuni à celui de la charité. Leur revenu total n'excède pas 12,000 fr. Il consiste en plusieurs corps de ferme, en rentes, en terrages, etc. etc.

Il y a pour desservir ce dernier hospice trois dames de l'ordre des sœurs grises; elles reçoivent chacune 100 fr. de traitement annuel.

La destination de cet hôpital est aujourd'hui de recevoir des orphelins et des enfans abandonnés.

En 1814, le nombre des élèves a été de soixante-cinq. Leur dépense moyenne par jour a été, par élève, de la somme de 60 cent.

Vingt sortent chaque année pour être valets de laboureurs ou artisans. Les enfans abandonnés meurent annuellement dans la proportion de trente-deux à cent, dans les quatre premières années de leur naissance.

La maison, quoique réparée à neuf, est peu solide et mal construite. Il y a un vaste jardin. Les élèves ne prennent pas assez d'exercice, et languissent dans des ateliers fétides et mal aérés. Les administrateurs ne peuvent trop tôt remédier à cet abus assez généralement reconnu dans les maisons où des jeunes gens actifs sont dirigés par des femmes sédentaires,

On a trouvé, avant la révolution, dans le cimetière de cet hôpital, une tombe sur laquelle était gravée celte épitaphe singulière:

«Hic jacet corpus Mathurini Ragot, presbyteri.
» Abiit, et non obiit, recessit et non decessit.

Anno-millesim. sexcent...»

Jusqu'à présent cette énigme n'a pu trouver un Œdipe pour l'expliquer. En 1789, on en lisait une pareille sur le tombeau d'une abbesse, dans l'église des religieuses de Vitry-le-Français.

CHAPITRE XIII.

Prisons.

Thouars avait autrefois deux prisons, la tour au Prévôt, et la tour du prince de Galles (autrement tour Grenetière). Cette dernière ne servait qu'à la réclusion des contrebandiers et des faux-sauniers. Toutes deux sont mal aérées, mal saines, et remplies de vermines. La première a été entièrement abandonnée il y sept ans; elle se dégrade chaque jour davantage. La seconde, depuis la translation du tribunal à Bressuire, ne sert plus guères que de dépôt; elle est si peu habitée que le geolier lui-même avait en 1814, un autre domicile. La ville prétend qu'elle a la propriété de ces deux prisons, ce qui lui est contesté par l'ancien seigneur. Nous avons déjà parlé de ces prétentions opposées.

CHAPITRE XIV.

Population comparée.

Quelques auteurs ont prétendu que, lors du siége de Thouars, par le connétable du Gueselin, la ville contenait, indépendamment de la garnison, plus de 10,000 individus . Ce calcul peut être exagéré, mais il est certain que cette ville était alors, ainsi que ses vicomtes, au plus haut degré de sa prospérité moderne.

En 1742, Thouars renfermait cinq cent soixante-dix feux de gens taillables, cinquante de privilégiés, cinquante de mendians. Total six cent soixante-dix feux. Les hameaux en contenaient deux cent quatre-vingts. En comptant cinq individus par feu, la population de la ville ne se montait qu'à trois mille trois cent cinquante habitans.

En 1684, il y eut à Thouars deux cent cinquante-six baptêmes, quarante mariages, cent cinquante-six morts.

En 1700, cent soixante-seize baptêmes, quarante-huit mariages, cent quatre-vingt-seize morts.

En 1740, cent vingt-cinq baptêmes, vingt mariages, cent cinquante-un morts .

En 1816, il y a eu cinquante-un baptêmes, vingt-un mariages, cinquante-cinq morts .

Le déclin rapide de la population que présente ce tableau fut causé par la révocation de l'édit de Nantes, en 1685. Thouars avait alors beaucoup de familles protestantes qui furent porter dans les pays étrangers leur industrie et leurs capitaux. D'un autre côté, Thouars a toujours été trop grevé d'impositions, ce qui en a fait sortir beaucoup d'habitans. On peut aussi donner, pour motif de sa prompte dépopulation, une espèce de peste qui en 1710 emporta le dixième des habitans; le même fléau reparut en 1740 et causa les mêmes ravages, non seulement dans la ville, mais encore dans les paroisses qui forment aujourd'hui les cantons de Thouars et de St.-Varent.

Cette ville était autrefois sujette à ces terribles maladies. En 1562, une peste bien caractérisée emporta le tiers des citoyens; Loudun, où cette calamité étendit ses ravages, vit mourir en trois mois, trois mille six cent vingt-trois malades . On prétend que l'on mit pendant la contagion un drap mortuaire au clocher de St.-Médard, pour avertir les étrangers et les empêcher d'entrer dans la ville. Ce qu'il y a de certain, c'est que depuis un temps immémorial, l'hôtel-de-ville possédait une espèce d'hôpital, connu sous le nom de Sanita, placé hors des murs de ville, au-dessus du prieuré de la Madelaine. C'était dans ce lieu écarté que l'on transférait les habitans attaqués de maladies contagieuses. On en voit encore les ruines au bas du cimetière de la Tremblaie.

En 1774, la population de Thouars s'était singulièrement accrue. Si l'on en juge par le tableau inséré dans les affiches du Poitou du 26 janvier 1775, la paroisse de St.-Médard avait trois mille communians(y compris les hameaux), St.-Laon douze cents, Notre-Dame-du-Château cent, ce qui, d'après les calculs les plus modérés, élèverait la population de la ville à plus de sept mille habitans; mais il y a, je l'imagine, de l'exagération dans cet aperçu. En 1789, la population de la ville n'était que de quatre mille deux cents individus, elle n'est aujourd'hui que de dix-huit cents. Il est à croire qu'elle diminuera encore et que Thouars deviendra un simple village.

La révolution lui a enlevé tous ses établissemens, et avec eux la majeure partie de ses citoyens. L'incendie de Bressuire lui a été funeste; la commisération que l'on a eue pour ses malheurs, a fait transférer le tribunal et la sous-préfecture au milieu de ses ruines, et pour réparer une ville brûlée, on en laisse dépérir une autre toute bâtie. Au milieu des révolutions qui depuis vingt-cinq ans ont bouleversé la France, Thouars n'a pu trouver un seul protecteur puissant qui ait voulu sérieusement s'occuper de sa situation déplorable.

CHAPITRE XV.

Manufactures.

Avant la révocation de l'édit de Nantes, Thouars avait une manufacture considérable de serges et d'étamines, qui occupait plus de trois cents ouvriers, et dont elle avait un débit très-avantageux. Depuis la retraite des protestans, cette manufacture n'a fait que décliner. En 1740, elle faisait encore vivre toute la classe indigente, qu'elle occupait à filer la laine, à la carder, et à en tirer l'étaim. Les marchands sergers étaient tous maîtres et avaient des jurés entre eux. Le nombre des pièces de serges vendues en Poitou, en Normandie et pour l'Amérique, était encore de cinq mille pièces . On comptait quinze fabricans maîtres. En 1775, on en comptait plus que sept qui n'exportèrent que deux mille quatre cents pièces. En 1805, le nombre de fabricans n'était plus que de cinq, dont trois seulement avaient chacun un compagnon; le nombre des pièces fabriquées fut de quatorze cents. En 1815, on n'en compte plus que trois qui n'ont pas même de compagnons, et qui ne pourront fabriquer au-delà de sept cent cinquante pièces. Le commerce est tellement déchu à Thouars, et le découragement y est porté à un tel point, que si le Gouvernement ne vient à son secours, cette utile profession va s'éteindre entièrement,

Ce travail n'est pas au reste à présent très-lucratif. Chaque ouvrier peut faire sept à huit aunes par jour, et il ne gagne que dix-sept centimes par aune de produit net.

CHAPITRE XVI.

Foires, Marchés, Prix des Denrées.

Thouars, avant 1750, n'avait que quatre foires, celles du 18 octobre (jour de St.-Luc), du premier lundi de l'Avent, du jour de St.-Médard (8 juin) et du jour de la Madelaine (22 juillet). Depuis cette époque on y a ajouté trois autres foires, celles du 6 janvier, du premier jeudi de mars, et du 15 avril. On y vend des chevaux de selle, des jumens poulinières? des bœufs de labour, des bœufs d'engrais, dont les Normands distinguent trois sortes: les bœufs chollets, les bœufs bourets et ceux de marais; la première espèce est la seule que l'on vende aux foires de Thouars. Les plus grands de ces bœufs ne passent pas cinq pieds; ils sont bien construits, d'un poil rouge-brun, le ventre gros et descendu ainsi que le fanon, la tête courte, le front large, les cornes bien posées et assez blanches, le tour des yeux et du mufle blanc.

On y veud aussi des vaches, des génisses, des veaux, des mules et des mulets, et des bêtes asines de toutes grandeurs. Les porcs gras et les jeunes qu'on appelle nóurrains, s'y vendent aussi fort avantageusement. On n'y voit presque jamais de chèvres et encore moins de brebis et de moutons.

Dans l'intérieur de la ville, sous les halles, on voyait, avant 1792, un grand nombre de marchands qui vendaient de la mercerie, de la quincaillerie, des bijoux, des rouenneries, des toiles, des indiennes, des draps de Berri, d'Elbeuf, de Louviers, des draps minces de Carcassonne, de Silésie, etc. etc. Aujourd'hui ce commerce est presqu'entièrement tombé. Il est rare de voir aux meilleures foires (celles du 8 juin et du premier lundi de l'Avent) plus de six marchands sous les halles; il y en avait autrefois, tant dans la salle basse que dans la salle haute, plus de quarante.

Le commerce des bestiaux s'est beaucoup mieux soutenu; ils se vendent encore assez avantageusement. Le prix moyen d'une paire de bœufs de travail, de l'âge de cinq ans, est de 380 fr. Deux bœufs gras y valent 600 fr. Une bonne vache s'y vend 130 fr. Un cheval de selle, de cinq ans, 240fr. Une belle jument poulinière, de sept ans, 300 fr.

Thouars, outre ces foires, a, tous les vendredis, un marché. La rue du Minage qui touche à la placé de St.-Médard, est le lieu où l'on vend le blé. Cette rue est beaucoup trop étroite, les marchands y sont exposés à toutes les intempéries de Pair, et dès qu'il vient à pleuvoir avec force, les marchands et les acheteurs sont forcés de se retirer, ce qui fait également tort aux uns et aux autres. Il serait à désirer que ce local incommode fût changé et que le marché pût se tenir à couvert; mais il y a tant de petits intérêts à combattre, tant de petites passions qui s'opposent au bien général, qu'il est à croire que les choses resteront encore long-temps dans le même état.

Le prix moyen des productions céréales, en 1815, offre le tableau suivant:

Froment, . .	15 fr.	00 c. l'hectolitre.
Seigle, . . .	10	00.
Méteil, . . .	11	50.
Baillarge, . .	7	40.
Avoine, . . .	9	00.

Le lin peigné vaut 3 fr. le kilogramme; le chanvre en poil, 1 fr. 60 cent. Le foin vaut 6 fr. le quintal métrique, la paille 4 fr. Les haricots secs 2 fr. 50 cent. le myriagrame, les lentilles 4 fr.

Prix des Comestibles.

Le prix moyen de la livre de pain blanc (de seize onces) est (en 1815) de 12 cent.^{es} 1/2.

La viande, 35 cent. la livre.

Le vin blanc de pays, 22 fr. l'hectolitre.

La livre de sel (à cause des impôts qui sont de 15 cent. par liv.) 20 cent. .

La corde de bois (rondin) rendue à Thouars, 18 fr.

Le cent de gros fagots, rendu à Thouars, 20 f.

La corde de bûches (4 ruortées rendues) bois chêne, 19 fr.

La livre de beurre, 65 cent.

La treizaine d'œufs, 30 cent.

La livre de savon, 1 fr. 5 cent.

La livre d'huile d'holive, 1 fr. 70 cent.

La livre d'huile de noix, 75 cent.

La livre de chandelle, 75 cent.

Le décalitre de pommes de terre, 20 cent.

Le litre de vinaigre, 35 cent.

Les tables d'hôte dans les auberges sont, par repas, à 2 fr. 25 cent.

Sommes nécessaires à chaque individu pour son existence.

1.ʳᵉ CLASSE. — Riches propriétaires.

	par an	par jour
Nourriture	3000 f.	8 f. 22 c.
Logement	300	0 80
Vêtemens	600	1 65
Blanchissage	100	0 27
Bois et lumière	300	0 80
Perruquier	42	0 11
Gages de quatre domestiques	450	1 24
Leur nourriture	500	1 34
Entretien et nourriture de deux chevaux.	300	0 80
TOTAUX	5592 f.	15 f. 23 c.

2.ᵉ CLASSE. — Petits Propriétaires; Marchands.

	par an	par jour
Nourriture	600 f.	1 f. 65 c.
Logement	120	0 33
Vêtemens	240	0 65
Blanchissage	50	0 14
Bois et lumière	180	0 49
Perruquier	20	0 7
Gages et nourriture d'une servante.	130	0 34
TOTAUX	1340 f.	3 f. 67 c.

3.ᵉ CLASSE. — Artisans maîtres.

	par an	par jour
Nourriture	280 f.	0 f. 75 c.
Logement	60	0 19
Vêtemens et blanchissage	130	0 34
P. arbier	10	0 3
Chauffage	40	0 10
TOTAUX	520 f.	1 f. 41 c.

En descendant aux classes inférieures, on trouverait que le compagnon et le journalier ont besoin pour leur entretien et leur nourriture, d'une somme annuelle de 300 fr., 80 cent. par jour: que le moindre paysan ne saurait subsister sans gagner par an 240 fr., 65 cent. par jour.

Le prix des journées d'hiver est en campagne, de 75 cent. (nourri); celui des journées d'été 1 fr. 25 cent. (nourri).

Les artisans qui travaillent à la journée gagnent un cinquième en sus.

Les domestiques mâles gagnent en ville, 100 fr. En campagne 130 fr. Les laboureurs gagnent 160 fr. Les cuisinières reçoivent de gages 75 fr.; les filles du gros ouvrage n'ont par an, que 45 fr.

On doit observer ici que le prix des denrées, des étoffes, des gages de domestiques, de la main d'oeuvre en tout genre est augmenté d'un quart depuis 1788.

CHAPITRE XVII.

Ancien Revenu du Duché de Thouars.

Sous le règne des vicomtes, le domaine direct était très-considérable. Du temps de St.-Louis, le vicomte de Thouars avait au moins un revenu d'un million, valeur actuelle. Après la conquête de cette ville eu 1372, les rois de France commencèreut à parler et à agir en maîtres; le pouvoir et les reveuus des vicomtes de Thouars commencèrent dès lors à décliner. Peu à peu la majeure partie du domaine fut inféodée et les seigneurs firent de leur propriété directes, leurs fiefs.

En 1740, les ducs de Thouars n'avaient pas en domaines directs, plus de 30,000 livres do rente . Ces domaines consistaient en cinq fermes, des moulins, des prairies et le parc Châlon qui contient sept cents hectares. Il est vrai qu'à ce revenu direct il fallait joindre le produit des lods et ventes, des rentes, reliefs, rachats, terrages, dixmes, droits de mouvance qui s'élevaient du moins par an au terme moyen de 90,000 fr.; de sorte que le domaine ne faisait que la plus petite partie du revenu.

Outre tous cés droits communs à tous les seigneurs, le duc de Thouars en avait de très-lucratifs; j'en citerai ici quelques-uns:

1.° Chaque charrue à bœufs lui devait annuellement vingt-un boisseaux de froment , si l'exploitant était roturier; s'il était noble, il n'en devait qu'onze. Chaque attelage à ânes lui en devait neuf, chaque cultivateur à bras, six; le tout rendable à son château de Thouars; ce droit s'appellait le fromentage. Long-temps avant la révolution de 1789, il ne se payait plus, j'ignore par quel motif.

Pour se faire une idée du produit de ce droit, il faut se représenter que le duché de Thouars était divisé en baillages qui embrassaient un terrain égal à la moitié de la province du Poitou. Que l'on veuille supputer le nombre de charrues et d'agriculteurs que l'on trouvait dans cette enceinte, et que l'on calcule combien de boisseaux de blé devaient chaque année se rendre à Thouars. Je ne puis offrir ici même un aperçu du produit; il faudrait pour en établir le calcul, des bases qui me manquent.

2.° Chaque ferme, métairie, borderie, terres quelconques exploitées par des roturiers, devaient au château un nombre de biant, de corvées, de charrois; ces corvées se rachetaient à prix d'argent. Les abonnemens que l'on fit de concert, rapportaient tous les ans une somme considérable au trésor du duc de Thouars.

3.° Chaque feu des habitans et vassaux de toute l'étendue du duché, était sujet au droit de guet et garde au château; vers le dix-septième siècle, les vassaux se redimèrent de ce droit onéreux à prix d'argent, ce qui augmenta le revenu du seigneur.

4.° Chaque marchand, débitant, colporteur, se servant d'aune, devait au château, 5 sous de rente. Combien y en avait-il dans toute l'étendue du duché ? Chaque épicier devait une bouteille d'huile d'olive; chaque cabaretier devait une pinte de vin et quatre pains d'une livre.

5.° Chaque marchand de sel devait au château une pleine écuelle de sel; chaque charretée de bois vendue devait une bûche ou un fagot; chaque bouclier devait le trumeau, c'est-à-dire le morceau au-dessus du jarret de chaque bœuf qui était tué pour la consommation des habitans; chaque nouveau marié devait le mestriquet, c'était le meilleur plat du festin nuptial, avec une pinte de vin et un pain blanc d'une livre.

Je serais trop long si je voulais citer une infinité d'autres droits plus ou moins avantageux au duc, et dont une partie se percevait encore en 1750. Ce que j'en ai dit doit suffire pour donner au lecteur, un aperçu des revenus de la terre de Thouars. Ces revenus, en 1788, n'excédaient pas 96,000 fr. Les billets de banque de Law avaient ruiné la duché-pairie, qui avait en outre perdu une partie de ses droits utiles, soit par rachat ou autrement.

CHAPITRE XVIII.

Droits honorifiques.

Je ne prétends parler ici que des droits qui offrent quelque originalité.

La Pelotte.

C'était un droit que payaient les nouveaux mariés dont l'état était de travailler le bois, comme les menuisiers, les charpentiers, les sabotiers, et autres. Chacun de ces mariés était tenu de faire une pelotte de bois plombée. Le jour du mardi-gras, le lieutenant de police, assisté des officiers du seigneur, faisait une longue promenade autour de la place du Boüel, hors de la ville, près les Capucins; il était entouré d'un nombreux cortège de curieux, d'aspirans aux prix, et d'enfans de tout âge et de toute espèce; après quelques formalités, le lieutenant détachait successivement les pelottes, et les jetait dans une mare assez profonde qui se trouvait sur la place; les aspirans s'y précipitaient pour les retirer; mais ils ne remportaient pas pour cela le prix; il était adjugé à celui qui avait fait passer à tour de bras, deux fois la pelotte par-dessus la porte au Prévôt; quand toutes les pelottes étaient conquises, le lieutenant dressait son procès-verbal, l'assemblée se séparait, et chaque nouveau marié donnait 9 liv., par pelotte, aux vainqueurs. Cet argent servait ordinairement à régaler les ouvriers et compagnons, qui ne rentraient pas le lendemain chez leurs maîtres, et qui étaient pendant deux jours dans une ivresse continuelle. Il arrivait aussi très-souvent des disputes, des querelles; on se battait, on était mis en prison, tout cela s'appelait alors un divertissement. La pelotte a été tirée pour la dernière fois en 1789.

La Quintaine.

Ce droit était une espèce de récréation que l'on donnait aux meûniers; plus de cent-vingt d'entre eux y prenaient part. Le dimanche de la Trinité, on plantait au milieu de la rivière, vers la basse ville, un pal de six pieds au-dessus de l'eau. Trois garçons meuniers choisis par les maîtres se présentaient pour entrer en lice, et commençaient par se mettre nus. Il fallait qu'ils eussent à renverser ce pal avec une lance dont on les armait; ils n'avaient pour cela que trois assauts à donner. S'ils manquaient leur coup, ils étaient obligés de plonger, d'arracher le pal avec les mains et de faire à la nage trois fois le tour des bateaux. Le vainqueur recevait pour prix cinq chemises neuves, trois paires de sabots et 6 liv. en argent. Ses camarades le promenaient en triomphe dans toute la ville. Le même jour, les meûniers payaient au fermier des moulins du Thoué, certaines redevances féodales.

Ce jeu avait-il été établi pour tenir en haleine les garçons meûniers, et les rendre habiles nageurs? Etait-ce une fête commémorative de quelque victoire navale ou de quelque événement passé ? C'est ce que je laisse au lecteur à décider. Ce jeu a fini en 1789 .

Il y avait aussi d'autres droits assez burlesques concédés par les vicomtes à certains vassaux, mais dont ceux-ci n'usaient guères.

L'un d'entre eux avait le droit de faire son entrée à Thouars, le premier mai, monté sur un cheval blanc. Le maire ou premier officier municipal était tenu d'aller au-devant de lui, suivi d'un nombreux cortége. Il lui présentait un verre de vin blanc que le vassal buvait d'un trait; puis il descendait de cheval et on le conduisait en cérémonie à l'hôtel-de-ville où il était complimenté. Ce droit paraît en lui-même très-beau et très-propre à flatter la vanité. Pourquoi n'en usait-on-pas? par un motif bien simple; c'est que le cheval et l'équipage appartenaient au premier qui pouvait s'en saisir. L'orgueil a sans doute dans le cœur de l'homme de profondes racines, mais l'intérêt en a de plus fortes encore, et la vanité est plutôt révoltée que flattée, lorsqu' on nous encense à nos dépens. Le vicomte, qui fit cette concession, connaissait bien le cœur humaine ce seul trait de mauvaise plaisanterie suffit pour prouver que nos bons aïeux étaient plus malins qu'on ne le pense.

Je ne dois pas oublier que les vicomtes affectaient les manières des souverains; qu'ils recevaient leurs vassaux du haut d'un siége élevé, et placés sous le dais. Les ducs de Thouars, long-temps avant la révolution, ne paraissaient plus dans leur Château in fiocchi. Il eût fallu régaler les vassaux et faire des dépenses qui auraient absorbé en un mois les revenus de la duché-pairie.

CHAPITRE XIX.

Revenus et Dépenses de l'Hôtel-de-Ville.

Je donnerai ici les budgets de Thouars pour les années 1740 et 1815.

BUDGET de 1740 . Recette.

Moitié du produit des octrois.	1550 liv.
La maison de la *Sanita*, avec le terres qui en dépendent, affermée.	50
TOTAL.	1600 liv.

Dépense.

Pour le prédicateur de l'avent, du carême, de l'octave et de la dominicale. . . .	310 liv.
Pour traitement du principal.	250
Pour l'entretien de l'horloge.	20
Pour l'enlèvement des boues.	300
Pour le logement du commissaire provincial	30
Pour rente due sur le collége (hôtel de Monfermier.)	47
Pour le tambour de ville.	12
TOTAL.	969 liv.

BALANCE . { Recette . . . 1600 liv.
{ Dépense . . . 969

EXCÉDANT. . . 631 liv.

Il paraît qu'à cette époque l'hôtel-de-ville avait des dépenses extraordinaires et imprévues qui absorbaient une partie de cet excédant.

BUDGET de 1815.

Recette.

1.º Centimes sur les contributions. . .	499 fr.
2.º Patentes	180
3.º Biens ruraux communaux. . . .	113
4.º Octroi	10,000
5.º Ferme des boues (1).	52
6.º Produit des actes faits à la mairie. .	15
TOTAL. . .	10,859 fr.

Dépense.

1.º Frais de l'octroi	1099	fr.
2.º Impôt des biens communaux	12	
3.º Loyer de la maison commune	120	
4.º Entretien de l'horloge	100	
5.º Pour le receveur de l'octroi	300	
6.º Centième de l'octroi aux invalides	108	
7.º Pour traitement du Préfet	325	
8.º Pour agens de police	151	
9.º Pour balayer les places	75	
10.º Pour dépôt de sûreté	19	
11.º Tambour de ville	51	
12.º Entretien des promenades	100	
13.º Pour le puits de Saint-Médard	50	
14.º Curement de la rivière	25	
15.º Entretien du champ de foire	25	
16.º Dépôt de mendicité	1400	
17.º Paiement du principal	3468	
18.º Pour le maître d'école	150	
19.º Pour la maîtresse d'école	150	
20.º Pour logement du curé	200	
21.º Pour logement du desservant	200	
22.º Pour payer le vicaire	300	
23.º Pour fêtes publiques	540	
TOTAL	8968 fr.	

Les dépenses extraordinaires et non prévues de cette année, absorbaient l'excédant de la recette sur la dépense.

COMPOSITION DE L'HÔTEL-DE-VILLE EN 1823.

Maire .

M. de la Ville-de-Baugé, colonel au service du Roi, et ancien chef Vendéen.

Adjoints. MM.

Georget, notaire; Audebert-Jounault, idem.

Secrétaire,

M. Moreau,

Conseil Municipal. MM.

Chauvin; Vielban; Caillard; Allard; Mauberger; Perreau; Moieau; Pihoué ; Orré ; Renaudin; Audebert.

CHAPITRE XX.

Météorologie, Maladies dominantes.

La température de l'air est assez douce à Thouars; les froids les plus vifs n'y sont pas de durée, la chaleur y est rarement insupportable, Le thermomètre de Réaumur ne descend, année commune, qu'à quatre degrés au-dessous de la congélation; il ne s'élève guères au-delà de vingt degrés. Les jours de la plus grande chaleur sont depuis le 22 juin jusqu'au 15 août; les plus grands froids commencent au 8 décembre et ne durent guères plus d'un mois. Thouars, situé sur une colline, est très-sujet à des coups de vent très-violens, auxquels les étrangers ont beaucoup de peine à s'habituer. Vers les équinoxes, c'est le vent d'ouest qui domine; vers les solstices, ce sont les vents de nord-est et de nord-ouest. Année commune, la quantité des eaux pluviales peut être évaluée à vingt pouces trois quarts, dont douze pouces un tiers s'évaporent; le reste est absorbé par les terres et les plantes et sert à l'entretien des sources et des fontaines. Les jours de pluie y sont, aux jours sereins, dans la proportion de un à quatre. Il y pleut rarement quinze jours consécutifs; ajoutons que la pluie et le beau temps s'y succèdent ordinairement dans la même journée. Le buis, le noisetier, y fleurissent à la fin de février, ainsi que la violette et la prime-vère rose; le lilas, le cassis, le groseiller épineux, prennent à la même époque leurs premières feuilles. Le vanneau, le héron, la cicogne, disparaissent des campagnes de Thouars, vers la fin de février; la bécasse en sort dans les premiers jours de mars ; le rossignol y revient le 25 d'avril; le coucou et les cailles y paraissent au 15 du même mois.

L'âge nubile des garçons est dix-huit ans, celui des filles est seize ans. L'ouvrier jouit de toutes ses forces, depuis vingt-quatre ans jusqu'à cinquante-quatre ans; à soixante-sept ans il n'est plus propre au travail. Il y a à Thouars beaucoup de vieillards, on en voit par fois de centenaires. Ceux qui parviennent asoixante-dix ans, poussent communément leur carrière jusqu'à quatre-vingt-quatre ans; une partie de ces vieillards conservent leur fraîcheur, on voit peu de rides sur leur visage.

Maladies.

Les maladies dominantes à Thouars sont des douleurs de tête, des apoplexies sanguines, des esquinancies, des fluxions de poitrine, des fièvres bilieuses y des maux de nerf; les paralysies y sont assez communes aux vieillards, mais leur première attaque est rarement mortelle. On y voyait autrefois beaucoup de malades attaqués de démence, qui recouraient à l'intercession de St.-Laon; il y a encore dans l'église de ce nom la chapelle des Fous. Elle n'est plus aussi fréquentée aujourd'hui, maison trouve encore dans la ville plusieurs traces de cette cruelle maladie: on compte aussi dans Thouars quelques goutteux, mais leur nombre était plus grand en 1781. La petite vérole s'y montrait autrefois épidémique tous les sept ans; grace à la vaccine, cette maladie fait aujourd'hui très-peu de ravages. Les maux vénériens, qui étaient entièrement inconnus avant la révolution, y font dans une certaine classe de funestes ravages. On voit quelques sourds qui ne le sont pas de naissance; je n'y connais actuellement que deux aveugles-nés.

LIVRE SECOND.

CHAPITRE XXI.

Détails Historiques.

APRÈS avoir fait connaître au lecteur la ville de Thouars, ses fortifications, ses établissemens, sa population, le pouvoir et les revenus de ses anciens seigneurs, je vais tracer un précis rapide de l'histoire de ces derniers; ensuite je terminerai cet ouvrage par un coup d'œil sur les mœurs, les améliorations, le commerce, l'état et les ressources des babitans, et sur les hommes de lettres que cette ville a produits.

Arnoul, Ier Vicomte de Thouars. (915).

Nous avons déjà dit (chapitre II). de qui descendait Arnoul, et comme il fut nommé châtelain de Thouars. Ce prince brave et adroit, mécontent de son partage, n'oublia rien pour augmenter son faible apanage.

Eble, son frère, était un prince faible et superstitieux, Arnoul profita de son ascendant pour accroître ses domaines. Il sema le trouble et la division parmi tous les seigneurs du Poitou, et dans les guerres privées qu'ils se firent, il prit toujours le parti de ceux qui voulurent se soumettre à son vasselage. Ce moyen lui réussit, il devint bientôt si puissant, que son frère n'osa lui refuser la qualité et le titre de vicomte, qui, en lui donnant le droit de juger les vassaux du comté du Poitou, servit encore à augmenter son pouvoir . Il faut observer que les fiefs n'étant pas encore héréditaires, ils retournaient au seigneur, à la mort des titulaires, et que dès-lors les vassaux étaient tenus d'accompagner, avec tous leurs sujets, leur seigneur à la guerre. C'est par de tels moyens, qu'Arnoul vint à bout de jeter les fondemens d'une des plus belles seigneuries qui aient jamais existé en France.

Ce fut du temps d'Arnoul, que les fiefs furent reconnus héréditaires, ce qui lui donna le moyen de retenir en sa main toutes les usurpations qu'il avait faites. Fier de ses succès et de sa grandeur, il entreprit, malgré les comtes d'Anjou et de Paris, de s'approprier les armes de France; il y parvint, et porta sa bannière semée de fleurs de lys d'azur, sur un fond de gueules. Long-temps après, ses descendans changèrent ces armoiries, et portèrent leur écu semé de fleurs de lys d'or, au franc quartier de gueules; telles étaient encore en 1789 les armoiries de l'hôtel-de-ville de Thouars .

Arnoul vécut très-vieux; on ignore l'époque de sa mort. Les noms de ses successeurs n'offriront presque qu'une simple nomenclature, jusqu'au quinzième siècle; on a perdu le peu de monumens historiques qui auraient pu nous servir de guides, aux milieu des épaisses ténèbres causées par l'ignorance, la barbarie, l'anarchie féodale de ces temps-là.

Guy I.er (959).

Ce prince était petit-fils d'Arnoul. On ne connaît de lui qu'une fondation en faveur d'une église, dont de la Haie fait mention dans son Origine des Poitevins.

Arbert I.er (973).

C'est le même vicomte à qui le roi Lothaire donna des terres dans les communes de Missé et Faye-l'Abbesse. Nous avons parlé de cette donation au chapitre X. Il porta plus d'une fois ses armes dans le bas Poitou, pour soumettre des vassaux rebelles.

Trulle. (1003).

Ce seigneur est connu pour avoir souscrit la fondation de l'abbaye de Maillezais, faite par Guillaume Tête-d'Étoupes. (Voyez Annales d'Aquitaine, page 122). Son épouse lui causa bien des chagrins. (Voyez l'avant-propos).

Aimeri I.er (1068).

Ce prince a fait au prieuré de St.-Nicolas-de la-Chaise, plusieurs donations. C'était un grand capitaine: il amena à Guillaume-le-Conquérant, prêt à passer en Angleterre, un corps d'élite de quatre mille hommes. Il s'embarqua avec lui en 1066, commanda l'aile gauche à la bataille qui décida du sort de l'Angleterre, et où Haralde, roi des Anglais, fut tué. Ce furent les Aquitains (on nommait alors ainsi les vassaux de Thouars) qui enfoncèrent la fameuse tortue Anglaise et qui décidèrent la victoire. C'était un gros bataillon composé de divers régimens; les soldats qui étaient sur les flancs se couvraient tout le corps de leurs boucliers, tandis que ceux de l'intérieur du bataillon se mettaient le bouclier sur la tête. Cette évolution était imitée de Romains . Aimeri a été enterré au prieuré de St.-Nicolas.

Arbert II. (1085).

Ce vicomte fut contraint, par Aimeri son père, de ratifier les donations qu'il avait faites au prieuré de St.-Nicolas; ce qui porterait à croire que, dans le onzième siècle, les legs des mourans n'étaient pas religieusement observés et que les donations aux églises n'étaient pas toutes faites à perpétuité. Heldéardix, femme d'Arbert II, a fait de son côté plusieurs fondations pieuses; c'est elle qui a fait bâtir la principale église d'Airvault . Cet édifice fut commencé en 1095. Arbert soutint une assez longue guerre contre Guillaume, comte de Poitou.

Aimeri II. (1120).

Cet Aimeri était fils d'Arbert II. Il est connu pour avoir souscrit le testament de St.-Guillaume. En 1117, il confirma certaines donations faites à l'église de St.-Laon; en 1130, il donna à l'abbaye de St.-Jouin, des fonds pour l'aumône quotidienne que l'on y a faite depuis. Il fut enterré dans le cloître de cette abbaye .

Guillaume (1150).

Ce fut sous le règne de ce vicomte, que commencèrent les sanglans débats entre Louis-le-Jeune, roi de France, qui avait répudié la trop célèbre Aliénor d'Aquitaine, et Henri II, roi d'Angleterre, qui l'avait épousée ; la haine, la jalousie, l'ambition, la vengeance, troublèrent pendant plus de trois siècles, la paix des deux royaumes:

«Une femme alluma ce terrible incendie.» (CORN.)

Depuis le mariage de Henri, les vicomtes de Thouars étaint devenus vassaux des rois d'Angleterre, qui joignaient à ce titre celui de comte du Poitou. Nous allons les voir souvent aux mains avec les rois de France, par fois aussi on leur verra jouer le rôle de médiateurs entre ces fiers rivaux.

Louis-le-Jeune, qui connaissait toute la puissance du vicomte, dont la mère Mahant venait d'épouser le roi d'Aragon, lui envoya proposer une ligue contre le roi d'Angleterre, et lui promit la ville de Loudun pour le prix de son alliance. L'ambitieux Guillaume y consentit, et leva une armée pour attaquer le prince Anglais. Celui-ci, irrité de l'infidélité de son vassal, quitte aussitôt la Bretagne où il faisait la guerre, marche droit à Thouars d'où le vicomte était absent avec ses meilleurs officiers; il y met le siége, et, après une faible résistance, il l'emporte d'assaut deux jours après, le 18 août 1158.

Le vainqueur usa de sa victoire avec beaucoup de modération. Guillaume ne perdit aucune partie de ses états; Henri y ajouta même quelques fiefs assez considérables. Cette conduite lui gagna tellement le cœur de Guillaume, qu'il n'eut point de vassal plus fidèle. Jean-sans-Terre n'eut souvent, dans la suite, d'autre appui dans l'Aquitaine, que la fidélité des vicomtes de Thouars.

Geoffroi. (1170).

Ce prince resta toujours fidèle à l'Angleterre, à l'exemple de Guillaume, son frère. Il fut témoin des sanglantes querelles des deux monarques, et sut tenir ses états en paix. On a de lui quelques fondations pieuses.

Aimeri III. (1180).

Il est fait mention de ce vicomte dans l'origine des Poitevins (chap. 32), et dans le cartulaire de Saint-Laon. Il régna glorieusement.

En 1206, Aimeri, aidé du régent de Bretagne, soutint une guerre, contre Philippe-Auguste. Ce dernier ravagea les terres du vicomte, mais n'osa attaquer Thouars. Le maréchal du Metz gagna une bataille sur Aimeri, prit Hugues de Thouars, Henri de Lusignan, son neveu, et plusieurs autres seigneurs qui furent envoyés sous bonne garde à Paris. On conclut, la même année, à Thouars, une trêve de deux ans. (Voyez Guillaume-le-Breton, hist. de Philippe-Aug., pages 86 et 87).

Guy II. (1211).

Bouchet, dans ses Annales (p. 163), De la Haie, dans l'origine des Poitevins (chap. 32), prétendent que ce vicomte épousa, en 1213, Constance, veuve de Geoffroi, duc de Bretagne, frère de Richard-Cœur-de-Lion, et mère d'Arthur, que Jean, son oncle, fit mourir. Tous deux se sont trompés: celui qui épousa Constance était frère du vicomte; il portait le même nom: c'est ce qui a induit en erreur ces écrivains.

Ce Guy, duc de Bretagne, fut un brave capitaine, qui sut gouverner ses états et les défendre contre toutes les forces de Jean-sans-Terre, qu'il défit dans une bataille rangée. Alix, sa fille aînée, hérita du duché de Bretagne, qu'elle transmit à Robert de Dreux, son mari, issu de Louis-le-Gros.

Le vicomte fut, de son côté, un prince fier, généreux, intrépide; il osa réclamer, auprès de Philippe-Auguste, la ville de Loudun, que Louis-le-Jeune avait promise à Guillaume, son aïeul. On prétend même qu'aidé du duc de Bretagne, son frère, il osa faire la guerre au roi de France.

Philippe, appelé à des entreprises plus importantes, résolut d'appaiser le vicomte. Il lui donna la ville de Loudun qu'il avait conquise sur les Anglais. Les vicomtes de Thouars en ont joui jusqu'au 11 septembre 1715.

Le ressentiment de Philippe ne tarda pas à éclater; il voulut ôter au vicomte la ville de Loudun; celui-ci sut s'y maintenir; la paix fut signée entre le roi et le vicomte en 1215 .

Aimeri IV. (1225).

Aimeri succéda à Guy II, son père. Il eut, comme lui, de graves démêlés avec le roi de France.

A la mort de Philippe-Auguste, Henri III, roi d'Angleterre, demanda qu'on lui rendît les provinces qui avaient été confisquées sur Jean-sans-Terre; non-seulement Louis VIII rejeta cette demande, mais encore il reprit les armes pour finir la conquête du Poitou.

Henri III était un prince très-négligent; il n'avait fait aucun préparatif de défense, mais il avait deux fidèles alliés, Aimeri de Thouars, et Savary de Mauléon , parent d'Aimeri, et l'un des meilleurs capitaines. de son siècle.

Ces deux seigneurs n'attendirent point que le roi de France eût commencé les hostilités; ils se mirent en campagne et surprirent quelques places. Louis VIII, irrité, assemble une armée à Tours, se dirige sur Saumur, et marche sur Thouars; Aimeri, averti de son dessein, appelle autour de lui tous ses vassaux, et vole au-devant du roi de France, qui se trouvait alors à Montreuil-Bellay. Il paraît que Louis n'avait qu'un camp volant, puisque l'armée du vicomte de Thouars se trouva plus nombreuse que la sienne . Le roi aima mieux négocier que de combattre; il fit une trêve avec le vicomte. Ce traité fut avantageux à ce dernier, puisque, pendant tout le reste de la campagne, il resta dans l'inactivité. C'est depuis cette époque que les rois de France ont cherché à affaiblir les vicomtes de Thouars; ils conçurent dès-lors le dessein d'unir à la couronne une terre dont les seuls vassaux pouvaient tenir tète à une armée royale. Nous verrons bientôt Louis XI exécuter ce projet. Aimeri est mort en 1226; il est enterré dans l'église de Chambon.

Hugues Ier (1237).

Ce vicomte n'est connu que par le cartulaire de Chambon. C'était le frère d'Aimeri IV. En 1229, il donna, à l'abbaye de Grammont, une grande étendue de marais sur la Dive; il n'a régné que trois ans. Simon de Thouars, son frère, s'allia, en 1219, à la famille royale, en épousant Jeanne d'Artois, princesse du sang. Six heures après son mariage, l'infortuné Simon fut tué d'un coup de lance dans un tournoi. Il devait être fait chevalier le soir même. Comme il était mort avec la seule qualité d'écuyer, sa veuve, quoique princesse, ne prit depuis, dans toutes les chartres qu'elle signa, que le titre de Mademoiselle. Les seules femmes de chevaliers pouvaient s'appeler Madame. (Voyez Mémoire sur l'ancienne chevalerie, pag. 68 et 204).

Guy III. (1239).

Dans les troubles du Poitou qui suivirent la mort de Louis VIII, ce vicomte ayant pris parti pour Mauclerc, duc de Bretagne, son parent, et pour le roi d'Angleterre, contre le roi de France, fut battu et contraint de faire une paix désavantageuse; il perdit la ville de Loudun, qui lui fut rendue deux ans après .

Aimeri V. (1250).

Ce prince était fils de Guy III; il fut contraint de subir un nouveau joug et de reconnaître un autre maître. Par le traité de 1251, entre Henri et Saint-Louis, le roi d'Angleterre renonça pour lui et les siens au comté du Poitou, qui fut donné à Alphonse, frère du roi de France; ainsi l'hommage de la vicomté de Thouars passa à un prince français. Ce changement dut paraître désavantageux aux vicomtes. Sous un prince éloigné et presque toujours absent, ils s'étaient jusques là presque regardés comme indépendans, ou du moins comme les vicaires naturels des comtes de Poitou. Les choses changèrent de face sous un prince du sang français; il fallut obéir, ce que les vicomtes ne firent longt-temps que de mauvaise grâce, et en rongeant leur frein.

Aimeri, en 1254, donna à son fils la terre de Talmont. Marguerite, sa femme, donna aux moines de Chambon les fonds de la Chapelle de Puybéliard, en 1265. (Voyez le cartulaire de Chambon).

Il m'eût été facile de grossir cet ouvrage en transcrivant une partie des chartres qui constatent ces dons; mais outre que ces longueurs eussent paru fastidieuses au lecteur, je les ai rejetées par ce motif, qu'on ne saurait trop abréger l'histoire d'une ville telle que Thouars. En effet, si toutes les villes de l'Europe avaient leurs histoires particulières sans abréviation, il se trouverait que la vie d'un homme ne serait pas assez longue pour lire la seule histoire de la plus petite des cinq parties du monde.

Aimeri VI. (1269).

Il était fils d'Aimeri V. Il combla de biens les moines de Chambon; ses états furent en paix pendant tout son règne. Thouars fut heureux sous son gouvernement; c'est en dire assez pour sa gloire.

Guy IV. (1276).

Ce prince n'est connu que par le cartulaire de Chambon. Une paix constante régna dans sa vicomté pendant sa vie. L'histoire se tait injustement sur les princes pacifiques; ce n'est que trop souvent le malheur des peuples qui fait connaître à la postérité les souverains guerriers.

Jean Ier (1316).

Jean régna paisiblement; il fit une donation considérable au prieuré de la Chaise-le-Vicomte, en 1232.

Hugues II. (1324).

Hugues eut quelques démêlés avec Jean, duc d'Anjou , au sujet de la juridiction des marches communes d'Anjou et de Poitou. Le comte lui rendit justice, et par sa lettre du 12 février 1333, adressée au bailli d'Anjou, il ordonna à ses officiers de ne plus à l'avenir, inquiéter les vicomtes de Thouars, et de les laisser jouir de leurs droits .

Ce fut sous ce règne que mourut, en 1328, le roi Charles-le-Bel, et que commencèrent les longs malheurs de la France. Jusqu'à cette époque, le royaume des Francs avait été appelé par les étrangers. regnum regnorum, et ses souverains les rois des rois . On va le voir humilié par de sanglantes défaites, perdre, pendant plus d'un siècle, le noble rang qu'il tenait dans l'Europe, et exciter, non plus l'admiration, mais la pitié de ses voisins.

Charles-le-Bel venait de mourir sans enfans mâles,mais il laissait sa femme enceinte; il fallait nommer un régent. Deux fiers rivaux parurent à la fois sur la scène avec des prétentions opposées.

Edouard III, roi d'Angleterre, fils d'Isabelle, sœur de Charles, était dans le fait son plus proche parent. Philippe de Valois n'était que le cousin germain de ce prince, dont Edouard était neveu. Les juges qui furent choisis pour décider la querelle prononcèrent un jugement favorable à Philippe, qui l'emporta sur son rival. Ils donnèrent pour base à ce jugement ce fragment de la loi salique attribuée par les uns à Pharamond, et par les autres à Clovis: «De terrâ verò salica, nulla portio ad mulierem transit, sed hoc virilis sexus acquirit ».

La reine étant accouchée, le 15 avril, d'une fille, Philippe s'empara de la couronne de France. Edouard dissimula son ressentiment, qu'il ne tarda pas toutefois à faire éclater.

En 1340, il prend le titre de roi de France, et à l'aide des Flamands que guidait alors un brasseur de bière, il remporte la victoire navale de l'Ecluse, où la France perd plus de cent vaisseaux et plus de vingt mille hommes.

En 1346, il remporte à Créci une victoire éclatante, et prend Calais. Le roi de France meurt, en 1350, rongé de chagrins et d'ennui. Il est l'auteur de l'impôt sur le sel, ce qui fit dire à son rival qu'il avait inventé la loi salique.

A ce prince infortuné, succéda un roi brave mais inconsidéré. Jean-le-Bon cherche en vain par des prodiges de valeur à rappeler la victoire qui semble enchaînée au char de son rival. Il prend mal ses mesures et n'éprouve que des revers. En 1356, il est à la tête d'une armée de soixante mille hommes, et se laisse battre à Maupertuis par douze mille Anglais. Le roi de France est prisonnier, on l'emmène à Londres.

Une troupe de factieux veut s'emparer des rênes du gouvernement: un bourgeois, nommé Marcel, est devenu le roi des halles. Il commet d'horribles cruautés, sous le prétexte d'appeler le peuple à la liberté. Un prince factieux, Charles-le-Mauvais, se joint à l'insolent tribun; l'assemblée des états généraux suit leur impulsion; tous s'apprêtent à couper en morceaux la vieille France, pour en faire une jeune république. Les paysans, soulevés contre les nobles, s'insurgent de tous côtés, la guerre de la jaquerie met la France sur le bord de sa ruine.

Pour comble de maux, cent mille Anglais ravagent impunément le royaume, et mettent à feu et à sang jusqu'aux faubourgs de Paris. La sagesse du dauphin, la jalousie des principaux factieux, la lassitude des Anglais, mettent enfin un terme à tant de calamités par le traité de Bretigny, conclu le 8 mai 1360.

Par ce traité, le dauphin cède à Edouard, outre plusieurs provinces, les fiefs de Thouars et de Belleville. On voulut en vain conserver ces deux fiefs; les Anglais furent inexorables: le dernier était alors considérable. Il fut donné en dot, en 1422, à Marguerite de Valois, fille naturelle du roi Charles VI, qui la maria à Jean de Harpedaine, neveu du connétable de Clisson. (Voyez Hist. de France, par Villaret, tome 4, p. 169).

Le vicomte Hugues II ne fut pas le témoin des derniers évènemens que nous venons de rapporter. Il était mort à Thouars, le 11 avril 1358. A sa mort, le roi de France perçut le rachat de la vicomté.

Louis (1359).

Le roi Jean meurt en 1363; les malheurs de la France cessent; la fortune, jusqu'alors si contraire aux Français, commence à leur sourire. Un roi aussi sage qu'éclairé va recueillir presque tous les fleurons que la tempête la plus violente avait fait tomber de sa couronne.

Déjà l'immortel du Guesclin, l'espoir de la France et la terreur des Anglais, a reçu des mains de. son roi l'épée de connétable; il marche contre les ennemis de sa patrie. Partout les, Anglais battus fuient devant son étendard. Chassés du Maine et de l'Anjou, ils viennent en Poitou chercher un asile.

Depuis la fatale époque du mariage d'Aliénor et de Henri Plantagenet, Thouars était devenu une ville anglaise. A l'approche de du Guesclin, le vicomte Louis rassemble ses vassaux, et fait ses préparatifs pour soutenir un siége, mais ce n'était pas sur lui que devait d'abord tomber l'orage.

La garnison anglaise de Saint-Maur avait promis au connétable de lui remettre la place; au lieu de tenir sa parole, elle met le feu à la forteresse et se retire en Poitou. Du Guesclin, indigné, la poursuit et l'atteint aux portes de Bressuire, ville alors assez considérable; il la taille en pièces, et fait pendre Cressonnailles qui en était le commandant.

Le connétable veut entrer dans Bressuire; le gouverneur lui en refuse l'entrée; il se borne à lui demander des vivres. — Si j'avais des vivres empoisonnés, je vous les livrerais pour vous faire tous périr. — Tu pousses trop loin ton orgueil et ton insolence, dans deux jours, toi et les tiens serez pendus à ces créneaux.

Du Guesclin prend ses mesures; on livre un assaut général, Bressuire est pris. Tous les habitans sont passés au fil de l'épée, le gouverneur et ses capitaines sont pendus, il n'y a d'épargnés que ceux qui se sont sauvés dans le château, et qui par capitulation obtiennent de se retirer, la vie sauve, un bâton blanc à la main. Ce sac de Bressuire eut lieu le 15 mars 1371. Au nombre de ceux qui y périrent, fut un savant nommé Petrus Berchorius, qui avait traduit Tite-Live en français, par ordre du roi Jean-le-Bon. Du Guesclin perdit à cet assaut plusieurs braves capitaines, et entr'autres le maréchal d'Andreghen, qui fut porté et enterré à Saumur.

Le vicomte Louis était mort peu de temps avant la prise de cette place, rongé d'inquiétudes et d'ennui: il avait donné des terres considérables à l'abbaye de Chambon. Il a bâti à Thouars le couvent des Cordeliers; il doit être regardé comme le seul fondateur de ce monastère. J'ai déjà rapporté qu'il voulut être enterré, dans cette église, en habit de moine. C'est le dernier vicomte de la ligne masculine des ducs d'Aquitaine, n'ayant laissé en mourant que deux filles.

Amaulri. (1371).

Amaulri, dont on ignore l'origine, épousa la fille aînée de Louis, qui lui apporta en dot la vicomté de Thouars.

Du Guesclin venait de porter ses armes dans le Languedoc, ce qui donna au vicomte le temps de respirer et de prendre ses mesures. Il rejoignit le duc de Lancastre, qui était occupé au siége du château de Montpaon, en Périgord. Il lui amena quatre cents lances; il avait avec lui Guillaume l'Archevêque, sire de Parthenay, Guichard d'Angles, et plusieurs braves capitaines.

Après la prise de Montpaon, il se rendit à Poitiers, que menaçait le connétable. Celui-ci, après avoir conquis plusieurs places en Languedoc, venait d'entrer en Poitou avec trois mille hommes d'armes et trente mille fantassins. Montmorillon veut lui résister; il prend d'assaut cette place qui éprouve toutes les horreurs de la guerre. Lussac, Chauvigny, Civray, se rendent à la première sommation. Moncontour veut résister au connétable qui fait serment de ne point manger avant d'être entré dans la place; le soir même elle est emportée d'assaut: la garnison et une partie des habitans sont passés au fil de l'épée.

Amaulri s'attendait à voir le terrible connétable paraître bientôt sous les murs de Thouars, lorsqu'il apprit qu'il venait de se rendre dans le Limousin. Les fatigues, les inquiétudes et les chagrins causèrent à ce prince une maladie dont il mourut au bout de trois jours. Il fut enterré à Chambon; il ne laissa point d'enfans.

Ce fut sous le règne de ce vicomte qu'il se forma en Poitou une secte d'enthousiastes, sous le nom de Gallois et de Galloises, ou de Martyrs d'amour. Ces insensés faisaient vœu d'être vêtus très-chaudement l'été et très-légèrement l'hiver.

Toutes les rigueurs et les pénitences amoureuses que Dom Quichotte s'imposa pour les beaux yeux de sa dulcinée, n'étaient rien en comparaison des austérités auxquelles ces martyrs du plus absurde des fanatismes se livraient volontairement.

Le libertinage et tous les excès qu'il entraîne rendirent bientôt odieux et méprisables les membres de cette nouvelle confrérie. Plusieurs périrent de chaud ou de froid, ou de diverses maladies. Il fallut que l'autorité s'opposât à ces prouesses galantes et à ces fureurs romanesques. On courut sus à tous les Gallois et Galloises. Les amendes, le fouet, la corde, mirent enfin un terme à ces folies, et finirent par dissiper uu des plus étonnans vertiges dont l'histoire fasse mention. Ceux qui bravaient de sang froid les rigueurs des saisons; craignirent d'être emprisonnés, fouettés, et pendus.

«Dès que l'amour est exposé au ridicule, dit un » auteur anglais, il cesse d'être dangereux».

Tristan. (1372).

Le danger qui menaçait Thouars était si pressant, que la veuve d'Amaulri n'attendit que deux mois pour épouser un vaillant capitaine nommé Tristan. Le nouveau vicomte fit des préparatifs de défense, et fit entrer dans sa ville deux cents lances et quatre mille fantassins d'élite.

Appelé par Thomas de Percy, sénéchal du Poitou, il se rend, avec deux mille hommes, à Poitiers, que menaçait du Guesclin. Vainqueur des Anglais dans le Limousin, ce héros venait de rentrer en Poitou. Il fit une telle diligence qu'il surprit Poitiers, en chassa les Anglais qui voulurent se retirer à Niort. Le maire de cette ville leur fait fermer les portes; indignés, ils montent à l'assaut et emportent la place qu'ils livrent au pillage.

Du Guesclin, après s'être assuré de Châtellerault, de la Roche-Posay et de plusieurs autres places, marcha vers le Bas-Poitou. Il prit Saint-Maixent, Melle, Aulnay, Saint-Jean-d'Angély, Soubise, la Rochelle, et Fontenay-le-Comte, qui fut défendu par une héroïne, la dame de Harpedanne, dont le mari était absent.

Pendant que le connétable était occupé à ces conquêtes, le vicomte de Thouars ne s'oubliait pas lui-même. Il fait des amas de vivres pour deux ans, ajoute de nouvelles fortifications aux anciennes, et s'entoure de tout ce que le Poitou a de plus vaillans capitaines, tels que le sire de Parthenay, Perceval de Coulonges, Guichard d'Angles, le sire de Pouzauges, Louis d'Harcourt, Jacques de Surgères, les chevaliers de la Grise, de Crupignac, d'Oiron, d'Airvault, de Cors, d'Argenton, Aimeri de Rochechouart, et de plus de trente officiers anglais du premier mérite. Tous ces guerriers étaient venus le joindre aussitôt la prise de Poitiers, et s'étaient jetés dans Thouars comme dans une ville imprenable.

Du Guesclin ne tarda pas à paraître au pied des murs de cette place; il avait dans son armée les ducs de Berri et de Bourgogne, les comtes du Perche et de Sancerre, le vicomte de Melun, Olivier du Guesclin, son frère, Olivier de Clisson, son frère d'armes, Thibaut du Pont, les deux Beaumont, Kaerimel, Olivier de Mauny, du Parc Lomaria, et plus de six cents chevaliers bretons et français de la plus haute valeur. Guy de la Trimouille y commandait la noblesse de Bourgogne . On comptait dans son armée plus de quarante mille hommes.

Le siége dura plusieurs mois. On fut long-temps à combler les fossés de la place, dont les moindres avaient plus de cent pieds de largeur et plus de trente de profondeur. Deux assauts n'ayant produit aucun résultat, le connétable fit venir de Poitiers six pièces de canon pour foudroyer les remparts. L'artillerie était alors si mal servie, que ces canons ne firent qu'une très-légère brèche. Une machine de guerre, que l'on croit avoir été inventée par les Espagnols, produisit plus d'effet que les canons. Cette machine, que l'on appelait Truie, avait plusieurs roues; elle était dirigée par vingt hommes qu'elle mettait à couvert. Six d'entr'eux faisaient jouer des balistes qui lançaient des pierres énormes sur les remparts? tandis que les autres, armés de pics et de leviers, sapaient la muraille sans avoir rien à craindre des traits des assiégés.

A l'aide de cette machine, le connétable ouvrit une large brèche, et livra un dernier assaut. Les braves qui défendaient la place, ne parvinrent qu'avec peine à repousser les assaillans; ils y perdirent un grand nombre de soldats, presque tous leurs officiers y furent blessés.

Si l'on en juge par la tradition et par l'immense quantité d'ossemens humains et de débris d'armes trouvés en 1790 dans les fossés de la ville, ce terrible assaut fut livré à l'orient de Thouars, à la partie des murs qui s'étendent de la tour du prince de Galles à celle du Prévôt.

Prêt à diriger une nouvelle attaque, le connétable fait faire au vicomte une dernière sommation. Ce dernier rassemble son conseil. On lui fait observer qu'il soutient une cause qui lui est étrangère; que rien ne l'oblige à se sacrifier pour un roi qui l'abandonne lui-même, et qu'enfin il est hors d'état de soutenir un dernier assaut.

Ces réflexions conduisirent le vicomte à un traité dont telles furent les conditions: 1° Qu'il y aurait une suspension d'armes jusqu'à la St.-Michel; 2.° que si ce jour-là le roi d'Angleterre, en personne, ou l'un des princes ses fils, ne se présentaient avec des forces suffisants pour en faire lever le siége, le vicomte livrerait sa place aux Français.

Après la conclusion de ce traité, du Guesclin se retira, et Tristan envoya au roi Edouard la copie de la convention qui venait d'être faite.

Le vieil Edouard avait vu avec une espèce d'indifférence la perte des meilleures places qu'il avait en France; le danger que courait Thouars parut le tirer de la honteuse léthargie où il était plongé.

Je laisserai parler ici Rapin Thoiras (liv. 10, page 247).

» La perle de Thouars était d'une trop grande
» conséquence pour laisser cette place sans
» secours, d'autant plus que l'honneur du roi s'y
» trouvait engagé. L'extrême désir qu'Edouard
» avait de sauver cette ville, et par ce moyen le
» reste du Poitou, lui fit faire un effort considérable.
» En peu de temps, il assembla une flotte
» de quatre cents vaisseaux chargée de quatre
» mille hommes d'armes et de dix mille archers;
» il voulut aller en personne faire lever le siége:
» mais les vents ayant constamment refusé de le
» servir en cette occasion, il fut contraint de
» retourner en Angleterre après de grandes fatigues,
» et une dépense très-considérable qui
» l'avait presque épuisé ».

La veille de la Saint-Michel de l'année 1372, le connétable est devant Thouars; il range son armée en bataille et la tient sous les armes jusqu'au lendemain. On voulut vainement engager le vicomte à manquer à sa parole, sous de spécieux prétextes. Tristan, pénétré de cette noble maxime du roi Jean: Que si la bonne foi et l'honneur étaient bannis de dessus la terre on devrait les retrouver dans la bouche et dans le cœur des souverains, ouvrit les portes de sa ville à l'armée française. Le connétable y fit une entrée triomphale, suivi des ducs de Berri, de Bourgogne, de Bourbon, du dauphin d'Auvergne, du maréchal de Sancerre, du seigneur de Sulli, d'Olivier de Clisson, et de plus de six cents braves chevaliers. Aux combats, aux ravages, succèdent des tournois et des festins. Le vicomte, au bout de six jours, suit son vainqueur à Poitiers où il prête serment de fidélité au roi de France.

Dès ce moment, les vicomtes souverains de Thouars ne furent plus que les humbles vassaux de leur nouveau maître. Ils n'osèrent plus se nommer dans leurs chartes Vicomtes par la grace de Dieu, ni lever des impôts, ni donner des lettres d'abolition pour les crimes, ni en un mot exercer aucun acte de souveraineté. Ces amis fidèles des rois d'Angleterre, qui les traitaient plus en égaux qu'en sujets, sont devenus de simples courtisans des rois de France. Leur souveraineté n'a laissé que des traces imperceptibles. Thouars a cessé d'être une ville anglaise.

Tristan meurt de chagrin le 2 septembre 1387, sans laisser de postérité. Jeanne de Thouars, sœur de Péronnelle, décédée avant son mari, et seconde fille du vicomte Louis, reçoit l'héritage de sa sœur, et le transmet par un mariage à un seigneur de la maison d'Amboise.

CHAPITRE XXII.

VICOMTES DE LA MAISON D'AMBOISE.

Jean II. (1388),

Ce vicomte eut de Jeanne, son épouse, deux fils, Pierre et Ingerger, Son son règne, l'étoile de la France pâlit de nouveau devant celle de l'Angleterre, Au vertueux et sage Charles V, l'un de nos plus grands rois, avait succédé un jeune prince en démence. Les Anglais, revenus en France, y remportèrent de glorieuses victoires, et entr'autres celle d'Azincourt, le 25 octobre 1415.

Le vicomte de Thouars eut la précaution de garder la plus exacte neutralité. Il se défiait des Anglais et redoutait le roi de France. Henri V, roi d'Angleterre, le sollicita vainement de se déclarer pour lui. Ses engagemens, ses promesses, ses menaces, ne purent le faire renoncer à la neutralité. Il mourut à Thouars après un règne de trente-huit ans; il est enterré à Chambon.

Pierre. (1426).

Ce seigneur renonça à la neutralité que son père avait embrassée, se déclara hautement pour le roi de France, à qui il rendit d'importans services. Les factions des Armagnacs et des Bourguignons cherchèrent en vain à se l'attacher. Il répondit constamment qu'il détestait toute espèce de factieux. Lorsque Henri V se fut emparé de la couronne de France, il embrassa le parti du dauphin. Il combattit avec valeur au combat de Rouvrai, à la journée des Harengs, en 1428, et contribua à la levée du siége d'Orléans. Il mourut à Talmont, le 5 mai 1445, sans laisser de postérité.

Ingerger. (1446).

Ce vicomte était frère du précédent; il se maria avec Jeanne de Craon. Ce prince, peu. guerrier, n'a rien fait de remarquable. Louis, l'aîné de ses enfans, lui succéda.

Louis. (1459).

Ce fut sous le règne d'Ingerger, en 1446, que Charles VII, roi de France, unit irrévocablement, par des lettres-patentes, le comté de Poitou à la couronne. Dans cet édit il déclare que ses successeurs ne pourront, sous aucun prétexte, mettre hors de leur main la Comté du Poitou, la ville de Poitiers et toutes les seigneuries qui en relèvent, de manière qu'elles soient et demeurent incorporées à toujours à la couronne, nuement et sans moyen, sous le seul, pur et singulier gouvernement du roi et de ses successeurs.

Louis était marié avec Marguerite de Rieux, long-temps avant la mort de son père. Dès l'an 1436, ses deux filles, Françoise et Marguerite, ses uniques héritières, étaient recherchées en mariage par les plus grands princes de France. Deux rivaux, plus puissans que les autres prétendans, écartèrent leurs concurrens, et se disputèrent long-temps ce riche héritage.

Le comte de Richement, connétablede France, voyant Louis d'Amboise sans en fans mâles, avait, dès le commencement du règne de Charles VII, pensé à marier Françoise, l'aînée des filles du vicomte, avec Pierre de Bretagne, son neveu. Louis avait consenti à ce mariage, et demandé au roi son agrément, ce que ce dernier lui avait accordé. Au lieu de le terminer promptement, le duc de Bretagne, prince irrésolu, mit à cet hymen tant de lenteur, que, s'étant depuis brouillé avec le roi, celui-ci avait révoqué son consentement.

Georges de la Trimouille tenait alors en quelque manière les rênes de l'état; favori du monarque, il était devenu le canal de toutes les graces et l'arbitre du royaume. L'héritage de la maison d'Amboise excita son ambition; il proposa à son maître de forcer le vicomte de donner sa fille à Louis de la Trimouille, son fils. Charles VII se prêta aux vues du favori, et fit toutes les démarches nécessaires pour obtenir un succès, mais le vicomte fut inaccessible aux promesses comme aux menaces, et déclara qu'il tiendrait la parole qu'il avait donnée au connétable. On lui fit la guerre, et la vicomtesse, chassée de Thouars, se réfugia à Parthenay près du duc de Richement.

Ce dernier, vivement courroucé contre le favori, s'était déjà retiré de la cour. Il se fortifia dans la ville de Parthenay, qui était de son domaine. Les deux rivaux se firent une guerre cruelle, dans laquelle on employa d'un côté les troupes du duc de Bretagne, et de l'autre celles du roi. Georges surprit, près de Poitiers, dans un château, le vicomte avec deux seigneurs, André de Beaumont sieur de Lezay et Antoine de Vivône. On enchaîne le premier, les deux autres sont décapités. Le parlement, intimidé ou gagné, donne un arrêt par lequel il déclare les trois seigneurs coupables du crime de lèse-majesté, et confisque tous leurs biens .

Georges se croyait triomphant; il vole à Thouars; Marguerite de Rieux en était sortie, ainsi que je l'ai dit, avec ses deux filles, pour prévenir un mariage forcé ; le connétable profite du moment favorable, et de suite marie Pierre de Bretagne avec l'héritière de Thouars. Cette nouvelle excite la fureur de Georges, et la guerre devient plus sanglante et plus meurtrière que jamais .

Appuyé des armes du roi, le parti de Georges l'emporta; il s'empara de Thouars et de la vicomté, et les garda dix-huit mois, au bout desquels le roi, dégoûté du favori, permit à ses ennemis de travailler à sa ruine. Une conjuration se forme contre lui; on l'arrête à Chinon, après lui avoir donné un coup de poignard; on le renferme au château de Montrésor, d'où il ne sort qu'après avoir rendu la vicomté de Thouars et restitué tous ses titres et papiers.

Louis revint à Thouars, après deux ans de prison, et ne s'attacha qu'à jouir en paix de l'héritage de ses pères. La justice qu'on lui rendit ne fut pas complète, car ou lui retint la riche baronnie d'Amboise, qui a été perdue pour sa postérité.

Son ressentiment contre Georges de la Trimouille qui l'avait si cruellement persécuté, le fit long-temps résister aux instances du connétable, qui, réconcilié avec son rival, cherchait à marier Louis de la Trimouille avec Marguerite, la seconde fille du vicomte. Il se rendit enfin aux instances du duc de Bretagne, son gendre, dont l'épouse n'avait point d'enfans; le mariage fut célébré en 1442, et, après tant de troubles et de si longues inimitiés, la paix se rétablit enfin entre ces deux illustres maisons. La jeune épouse eut en dot les terres de Talmont, de Bran, d'Olonne, de Château-Gonthier, des Sables et de Marans. Son contrat de mariage était encore aux archives du château de Thouars en 1789. Françoise, sa sœur aînée, perdit son mari en 1457. Elle se fit religieuse et prit le voile au monastère des Coüets, qu'elle avait fondé dans le environs de Nantes. Le duché de Bretagne passa au connétable de Richemont, et

Louis de la Trimouille devint l'héritier présomptif de la vicomté de Thouars.

Peu de temps après le mariage de sa fille, le vicomte Louis perdit son épouse, Marguerite de Rieux. Deux ans après, il épousa Collette de Jambes, fille du seigneur de Montsoreau et de Marie Chabot, issue des Chabot, comtes de Jarnac, l'une des premières familles du Poitou .

Cette dame avait beaucoup d'esprit et d'instruction; elle écrivait en vers et en prose, mieux qu'aucune femme de son temps; sa conversation amusante était soutenue par la bonté de son caractère et les charmes de sa figure. Avec tant de graces et de talens, elle ne put fixer le cœur de son volage époux, qui, livré à des amours indignes de son rang, lui causa souvent bien des chagrins.

L'inconduite de ce prince le fit interdire par un arrêt du parlement du 26 janvier 1457. On l'accusait d'entretenir trois sœurs, dont l'une était mariée. Ces concubines affectaient le luxe le plus outré. Chacune d'elles était servie par quatre femmes et deux valets de chambre; elles avaient un logement séparé. Les cadeaux, les profusions du prince envers ces créatures indignes de l'approcher, épuisaient les revenus de la vicomté, et forçaient le faible amant d'aliéner chaque année quelques domaines. Elles avaient sur lui un si grand empire, qu'il publiait lui-même qu'elles l'avaient ensorcelé.

Tandis qu'il prodiguait ses trésors à des prostituées, il tenait la vicomtesse en prison dans le château, et lui faisait éprouver des traitemens ignominieux.

Louis chercha en vain à se justifier; ou lui ôta la disposition de ses revenus dont il abusait d'une manière si indigne. Le parlement le dépouilla, persuadé qu'un prince dès qu'il perd, du moins à l'extérieur, la dignité morale attachée à son rang, n'est plus qu'un être méprisable, l'opprobre de la société, et le jouet de ses propres valets.

On a essayé de justifier Louis de ces désordres, en les attribuant moins à la corruption de son cœur qu'à la faiblesse de son esprit. Je suis assez porté à adopter ce sentiment; il vaut mieux plaindre les grands tombés dans la fange du vice que les mépriser.

Louis, après une vie très-agitée, sur le point de se voir dépouillé de son héritage par l'ambitieux Louis XI, mourut à Thouars en 1469. On l'enterra devant le principal autel de l'église de Saint-Laon. Le mausolée que sa veuve lui fit élever, fut détruit deux siècles après, ainsi que je l'ai rapporté (chapitre VII).

Colette de Jambes, persécutée par le roi qui lui refusait son douaire, se retira auprès du duc de Guienne. Elle fit, pendant quelques années, les charmes de cette petite cour. Elle y fut empoisonnée en 1471 par un moine qui lui donna, dans une pêche, le poison qui n'était destiné que pour le duc; elle en mangea la moitié et partagea le sort de son infortuné protecteur.

Interrègne. (1469).

Long-temps avant d'être parvenu à la couronne, Louis XI convoitait l'héritage du malheureux Louis. Il avait fait plusieurs voyages à Thouars, n'étant encore que dauphin, pour y préparer d'avance les mesures qu'il se proposait de prendre pour s'assurer cette riche succession.

Dès qu'il eut appris la maladie du vicomte, il envoya à Thouars Philippe de Commines, pour faire prêter serment aux vassaux, et se saisir des titres et papiers du trésor. L'intention, du roi était de faire valoir la confiscation prononcée par Charles VII, et de supprimer tous les titres qui pourraient nuire à ses prétentions. Pa un excès de défiance de ses moyens, il avait forcé le vicomte de lui faire une vente simulée de sa terre; mais cet acte était si manifestement extorqué, que Louis préféra s'en tenir au droit que lui donnait la confiscation.

Arrivé à Thouars» Commines s'adjoignit Jacques de Beaumont, seigneur de Bressuire, Jean Chambon, lieutenant de Poitou, et Louis Tinteau, sénéchal de Thouars. Ces commissaires, après avoir examiné les titres et mis à part ceux qui pouvaient militer en faveur des héritiers du vicomte, les mirent aux mains de Commines, confident du roi. Celui-ci les jette au feu, Chambon les en retire, en s'écriant qu'on ne commettrait jamais en sa présence une pareille iniquité ; il les emporte et les présente quelques jours après au roi. On prétend que ce prince, peu scrupuleux sur les moyens de s'agrandir, les parcourut des yeux, d'un air distrait, et, s'avançant vers la cheminée, les laissa tomber dans un brasier ardent. Chambon, étonné, veut faire quelques représentations; «Bon, dit le roi, ce n'est pas moi qui les brûle, c'est le feu.» On ajoute qu'il fit ensuite promettre par serment aux témoins de cette scène, de ne révéler jamais cette suppression.

Plusieurs de ces commissaires reçurent des récompenses. Le roi donna au sénéchal Tinteau l'ancien palais des rois d'Angleterre, et le nomma premier président au parlement de Bordeaux. De là vient le nom d'Hôtel du président que l'on a donné depuis au palais d'Angleterre cédé à Tinteau.

Ce magistrat était né à Thouars; le vicomte Louis d'Amboise, son parrain, l'avait successivement élevé aux postes de secrétaire, de châtelain, d'avocat fiscal, et enfin de sénéchal. S'il est vrai qu'il ait trahi la fille de son maître, on doit le mettre au nombre des ingrats heureux.

Le roi prit à Thouars possession de la vicomte, malgré les réclamations de Louis de la Trimouille, époux de Marguerite d'Amboise. Ce seigneur était chambellan du roi, qui paraissait l'aimer et le distinguer entre tous les courtisans. Ces caresses, vraies ou simulées, tenaient le chambellan dans une étroite dépendance; elles devaient du moins à l'extérieur adoucir l'amertume de ses regrets et la vivacité de ses reproches.

Quoiqu'il en soit, Louis XI fut, jusqu'à la fin de sa vie, en possession de la vicomté de Thouars. Il y venait souvent avec Commines, auquel il avait donné les moyens d'acheter la terre d'Argenton-Château . Il logeait ordinairement au palais des vicomtes; avant 1469, il occupait un hôtel situé dans la rue du Château.

En 1476, il donna un édit portant union de la vicomté de Thouars à la couronne . Deux ans après, le 29 décembre, il publia une ordonnance portant établissement et création d'un siége royal à Thouars . Ce siége ne put se maintenir long-temps, parce que la maison de la Trimouille ne tarda pas à rentrer dans ses droits; Thouars perdit ainsi le seul avantage qu'il eût pu tirer de l'ambition du roi.

Le 15 janvier 1481, il fonda le chapitre du Puy-Notre-Dame et donna aux chanoines quel ques rentes en blé et en vin à prendre sur sa vicomté de Thouars; ces rentes ne furent acquittées que jusqu'à la mort du donateur; les vicomtes protestèrent dans la suite contre ces dons onéreux et ne voulurent point les payer .

Au moment où ce roi maria Anne, sa fille aînée, au sire de Beaujeu, depuis duc de Bourbon, il lui assura par un acte secret la vicomté de Thouars, ainsi que l'on peut s'en convaincre par la transaction passée, le 5 décembre 1483, entre la dame de Beaujeu et Louis de la Trimouille. Cette princesse ne fut dotée par son contrat de mariage que d'une somme de trois cent mille liv.; la fille de St.-Louis ne l'avait été que de dix. mille livres.

Louis XI jouissait ainsi paisiblement de ce domaine; son chambellan, fatigué de l'inutilité de ses réclamations, se contentait de gémir et de se plaindre en secret. Le chagrin le conduisit enfin au tombeau; il mourut sans avoir jamais joui de son héritage, et en recommandant à Louis II, son fils, d'attendre des temps plus heureux pour faire valoir ses légitimes prétentions.

Le jeune prince, d'un caractère ardent et magnanime; ne put long-temps supporter une injustice si manifeste. Il chargea d'abord l'archevêque de Tours de présenter au roi ses réclamations. Voyant que l'on n'en tenait aucun compte, il rassemble un jour quatre cents gentilshommes, se présente au château du Plessis-les-Tours où le roi était malade, se fait ouvrir les portes, aborde le monarque, et lui demande la restitution de sa vicomté.

Louis XI fut intimidé ; il promit de rendre l'héritage qu'on lui demandait, mais son intention n'était point de tenir parole; du moins, tant qu'il vécut, Louis de la Trimouille n'obtint que des promesses.

Ce ne fut qu'à la mort du roi, que le jeune vicomte fut remis par Charles VIII en possession de son héritage. Il lui fallut toutefois essuyer beaucoup de formalités. On ordonna des enquêtes pour prouver la soustraction des titres faite au trésor de Thouars en 1469, on nomma des commissaires, on fit des procédures; enfin, en 1489, arrêt fut rendu au conseil, par lequel la confiscation de 1430 fut déclarée nulle, et la vicomté adjugée à Louis de la Trimouille, comme héritier de Louis d'Amboise, son aïeul. Louis XI en avait joui quatorze ans. On força Commines de rendre les domaines de la vicomté dont le roi lui avait fait présent, aux dépens d'autrui. Il fut pendant long-temps renfermé dans le château de Loches.

CHAPITRE XXIII.

VICOMTES ET DUCS DE LA MAISON DE LA TRIMOUILLE.

Louis II, (1489).

Il faudrait un volume pour raconter les exploits de Louis II de la Trimouille, que Guichardin a appelé le plus grand capitaine de son siècle. Attaché spécialement à l'Histoire de la ville plutôt qu'à celle de ses seigneurs, je me bornerai à indiquer les faits qui sont étrangers au plan que je me suis proposé.

Louis II épousa en 1485 Gabriëlle de Bourbon, fille de Louis, comte de Montpensier, dauphin d'Auvergne. Cette princesse unissait aux graces de son sexe? la bonté du cœur et des talens distingués. Sa piété et sa tendresse pour les pauvres égalaient sa munificence et sa libéralité. Les plus beaux monumens de Thouars sont son ouvrage; c'est à cette princesse que cette ville doit la voûte de l'église de Saint-Médard la chapelle de Saint-Louis? les églises du château et la fondation du chapitre de Notre-Dame. Le chagrin qu'elle conçut de la mort du prince de Talmont, son fils, tué à la bataille de Marignan, l'entraina au tombeau, le 30 novembre

1516. Elle a laissé quelques ouvrages qui font autant d'honneur à son esprit qu'à sou cœur. En voici les titres: Le Temple du Saint-Esprit; l'Instruction des jeunes Demoiselles; le Voyage du Pénitent; les Contemplations de l'Ame dévote; le Château du Saint-Esprit, etc. etc.

Thouars eut d'autant plus à se louer de sa libéralité et de la magnificence de cette illustre dame, que, placé sous le séquestre pendant si longtemps, il avait eu le sort de ces terres qui changent souvent de maîtres, et qui dépérissent graduellement entre leurs mains avides. Pendant tout le temps qu'en jouit Louis XI, il ne s'occupa qu'à s'affermir dans une possession dont il sentait intérieurement l'injustice; il est assez remarquable qu'il n'ait laissé dans cette ville aucun monument de son règne et de son séjour.

Cependant Charles VIII, après avoir restitué à Louis II de la Trimouille l'héritage que le roi son père avait usurpé, s'attacha particulièrement ce seigneur par tous les liens de l'estime et de l'amitié. Je ne donnerai ici qu'un aperçu des exploits de ce jeune héros et des services qu'il rendit aux quatre rois de France sous lesquels il a vécu.

A vingt-cinq ans, Louis II fut jugé digne de commander l'armée royale de Charles VIII, dirigée contre le duc de Bretagne. La victoire éclatante de St.-Aubin écrasa l'armée ennemie; le duc d'Orléans et le prince d'Orange furent forcés de se rendre; elle justifia le choix et la confiance du monarque: cette bataille se donna le 28 juillet 1488.

En 1494, il suivit le roi dans son expédition contre le royaume de Naples et fut le premier de ses lieutenans. A la brillante journée de Fornoue, où huit mille Français battirent quarante mille Italiens et Allemands, il commanda le corps de bataille, ayant auprès de lui le roi et ses neuf preux.

Le duc d'Orléans étant parvenu à la couronne en 1498, on crut qu'il chercherait à se venger de la Trimouille, qui l'avait fait prisonnier, dix ans auparavant à la journée de St.-Aubin; mais ce prince magnanime le combla au contraire de bienfaits, en lui disant qu'un roi de France ne vengeait pas les querelles d'un duc d'Orléans.

En 1 500, il accompagne le roi dans son expédition d'Italie, fait prisonniers Ludovic et le cardinal Ascagne, et les fait conduire en France. A la bataille d'Agnadel, dont le succès mit la république de Venise sur le penchant de sa ruine il commandait l'avant-garde. Il déploya dans cette journée tous les talens d'un grand capitaine, et tout l'éclat d'une bravoure chevaleresque. On a cité plus d'une fois la courte harangue qu'il fit à ses soldats: Enfans, combattez avec courage, le roi vous voit.

En 1515, François Ier l'emmena avec lui à Milan ; sa vigilance sauva l'armée que les Suisses étaient sur le point de surprendre. Il se battit le lendemain à Marignan auprès du roi, et s'y distingua par des prodiges de valeur; son fils, le prince de Talmont, âgé de vingt-deux ans, fut tué à ses côtés dans cette sanglante bataille, que Trivulce appelle un combat de géans.

En 1523, l'armée combinée d'Angleterre et des Pays-Bas, commandée par le duc de Suffolk, formant un corps de plus de quarante mille hommes, ayant fait une irruption en Picardie, la Trimouille, à la tête de quatre cents lances et de quatre mille aventuriers, arrêta les premiers efforts de l'ennemi, et autant par sa prudence que par son courage, vint à bout de le chasser de la province,

En 1525, il commandait dans Milan, tandis que François Ier assiégeait Pavie, Le roi le rappelle près de lui, au moment où il se disposait à livrer à l'ennemi la bataille qui fut si funeste à la France. Louis de la Trimouille, Chabanes, le maréchal de Foix, Louis d'Ars et les capitaines les plus expérimentés tentèrent en vain de dissuader le roi de combattre: l'amiral Bonnivet et les autres flatteurs l'emportèrent.

Le roi livra la bataille, la perdit et fut fait prisonnier. La Trimouille, percé de deux balles, tomba expirant aux pieds de son maître. Les meilleurs généraux du royaume furent pris ou tués; la bataille d'Azincourt n'avait pas été plus funeste à la France.

Telle fut la fin de ce célèbre capitaine, qui servit aussi utilement ses rois de son épée que de ses conseils. Son traité de Dijon, avec les Suisses, en 1513, sauva la France qui se trouvait sur le penchant de sa ruine; dans les diverses ambassades dont il fut chargé, il fit éclater autant de prudence que de sagacité, et montra qu'un même homme peut être à la fois habile négociateur et grand capitaine. Son adresse parut sur-tout dans l'affaire du concordat, que le parlement refusait d'enregistrer, malgré les ordres réitérés du monarque indigné. La Trimouille sut employer à propos la douceur et la fermeté, et parla avec tant de sagesse qu'il vint à bout de surmonter l'obstination du parlement. Un succès de ce genre eût suffi pour immortaliser un négociateur vulgaire.

Le corps de Louis II fut apporté à Thouars en 1525. J'ai déjà parlé du monument qui lui fut érigé. Il est mort âgé de soixante-cinq ans. Je donnerai ailleurs une notice plus étendue de ce héros,

François I.er (1526).

François de la Trimouille était fils du prince de Talmont, tué à la bataille de Marignan; il fut marié très-jeune à Anne de Laval, petite-fille de Guy XVI, comte de Laval, issue de Frédéric d'Aragon, roi de Naples, détrôné par Louis XII et Ferdinand, en 1501. C'est de cette alliance que dérivent les droits actuels de la maison de la Trimouille à la couronne de Naples.

En 1531, le vicomte de Thouars, loin de songer à revendiquer son royaume, eut mille peines à conserver sa vicomté. Par ses lettres patentes du 2 novembre, François Ier, roi de France, entreprit de la réunir à la couronne; mais le vicomte se défendit avec tant d'énergie, et fit voir, d'une manière si manifeste, la légitimité de ses droits, qu'il obtint un arrêt du parlement, qui donna main-levée de la saisie de la vicomté, et confirma l'arrêt de 1489.

François est mort en 1541. Il prenait les qualités de vicomte de Thouars, prince de Talmont, comte de Guines, Benon et Taillebourg; baron de Sully, Craon, l'Isle-Bouchard, Mauléon et Doué ; seigneur de Royan, Isle-de-Ré, de Noirmoutiers et de Marans; lieutenant-général, gouverneur du Poitou, de la Saintonge et de l'Aunis. Ce prince avait eu l'honneur, en 1540, d'aller par ordre du roi au-devant de l'empereur Charles-Quint, et de l'accompagner lorsqu'il fit son entrée à Poitiers. François de la Trimouille était suivi de ses enfans, et de cinq cents gentilshommes richement vêtus, qui étaient tous ses vassaux. L'empereur fit son entrée à Poitiers par la porte de la Tranchée, au haut de laquelle on lisait ce mauvais quatrain:

«Ceux qui de Dieu sont conjoins par sa grace,
» Homme, jamais ne pense séparer;
» Leurs cœurs vivront, sans eux désemparer
» En union, quelque chose qu'on fasse».

Louis III, premier duc de Thouars. (1542).

Louis, né en 1521, servit contre les Anglais en 1 542, sous le maréchal de Biez. Il se trouva à la prise et à l'assaut d'Ulpian, avec Antoine, duc de Vendôme, le duc d'Enghien et le duc de Nemours. Les services qu'il rendit au roi Charles IX pendant les guerres civiles, engagèrent le monarque à ériger la vicomté de Thouars en duché, ce qu'il fit par ses lettres patentes du 12 juillet 1563. Il fut lieutenant-général du duc d'Anjou, et le servit utilement. En 1577, il mit le siége devant Melle, et le même jour que la place se rendit, il fut tué d'un coup d'arquebuse au lieu appelé la Croix-Guignon, à cent toises des faubourgs de cette ville, sur le chemin de Poitiers à Saintes. Il avait épousé Jeanne de Montmorenci, fille du célèbre connétable de ce nom, tué à la bataille de Saint-Denis.

La ville de Thouars fut très-malheureuse sous ce règne; mais ce ne fut point à son prince qu'elle dut tous ses malheurs. Le calvinisme, après s'y être glissé secrètement sous le règne précédent, fit de très-grands progrès sous celui-ci, et jetant ouvertement le masque, occasionna les plus grands troubles. Ce fut alors que les religieuses de Saint-Jean, perverties par des prédicans séditieux, se rendirent toutes à Genève, l'abbesse à leur tête, pour y abjurer la religion de leurs pères. Une sœur converse fut la seule qui échappa à la contagion, ainsi que je l'ai déjà rapporté.

Le connétable, oncle du fameux amiral de Coligny, l'ame du parti calviniste, avait paru d'abord se prononcer pour les protestans le vicomte de Thouars avait épousé sa fille; les partisans de la nouvelle secte crurent devoir trouver dans cette ville un asile assuré. Il paraît que le vicomte les accueillit d'abord assez favorablement, car ils se multiplièrent bientôt et devinrent les maîtres de la ville. En 1561, toutes les églises de la châtellenie furent pillées, brûlées ou démolies; on brisa les vases sacrés, et l'on jeta au vent toutes les reliques de saints que l'on y trouva. Deux seules églises furent épargnées à Thouars: celle du Château et celle de Saint-Médard. La première fut respectée à cause du vicomte; la seconde fut destinée à faire le prêche: tels furent les seuls motifs de leur conservation.

Ce fut à cette époque que les chanoines du chapitre de Saint-Pierre, dont l'église et les titres furent brûlés, se virent contraints de s'exiler de leur patrie, et de se retirer à Montreuil-Bellay, à Bressuire, à Mortagne, et dans les autres villes voisines. Les curés, les vicaires, les moines, et tout ce qui portait l'habit ecclésiastique, furent proscrits par la nouvelle secte. Quelques-uns eurent à supporter des affronts et des avanies; on les dépouillait, on les maltraitait au nom du christianisme réformé ; plusieurs ne dûrent la vie qu'au soin qu'ils prirent de se travestir et à l'humanité de quelques calvinistes raisonnables et modérés.

Cependant les catholiques, revenus de leur première stupeur, s'apprêtèrent à vendre cher leur entière défaite; ils prirent les armes contre les factieux. Un prédicant forcené nommé Desroches, ancien carme du couvent de Poitiers, qui venait d'épouser une femme dont le mari vivait encore, se distinguait entre tous les autres, par l'impiété de ses maximes, la fureur de ses déclamations, et la contagion d'un libertinage effréné. Chaque jour, du haut d'une chaire placée sous les halles, il exhalait le poison de la plus dangereuse doctrine, et cherchait à faire des adeptes parmi les hommes de la populace.

Un jour que quelques catholiques faisaient leur prière dans l'église de St.-Médard, Desroches se présente, suivi d'une troupe d'énergumènes il monte en chaire, et vomit ses blasphêmes ordinaires contre nos plus augustes mystères. Des cris d'indignation l'interrompent, le peuple accourt, une sédition s'élève, Desroches, abandonné de ses confrères qui rougissaient intérieurement de se voir associés à un pareil monstre, est arraché de la chaire, traîné par les cheveux jusque dans la rue du Minage, où il est pendu aux acclamations d'une populace effrénée. Cet évènement se passa le 31 septembre 1561.

Cette première rixe fut la source d'une infinité d'autres; la ville devint une arène où des furieux des deux religions s'entredéchiraient chaque jour et démontraient ainsi bien clairement le danger des innovations en matière de culte, et la sagesse de ce principe: Nihil innovetur, nisi quod traditum est.

Les protestans affaiblis firent entrer de nuit dans la ville un corps de cinq cents fantassins commandés par un calviniste fougueux, nommé Châteauneuf. Ces troupes se logèrent dans les églises et dans les maisons canonniales, et commirent mille excès. Les catholiques, trop faibles pour leur résister, leur cédèrent la place, et se retirèrent dans les campagnes, où ils restèrent cachés. Le service divin cessa entièrement pendant quinze mois, et les calvinistes exercèrent sans trouble leur culte pendant tout cet intervalle.

La conduite du duc de Thouars, pendant ces désordres, n'est pas à l'abri du reproche. Il conserva toujours tous les dehors du catholicisme et n'en favorisa pas moins secrètement les calvinistes. Etait-ce de sa part politique ou penchant pour la nouvelle doctrine? c'est ce qu'il n'est pas aisé d'expliquer.

Cependant les protestans, fiers de leur empire à Thouars, s'y crurent désormais hors de toute atteinte et n'eurent plus aucun ménagement pour leur protecteur. Celui-ci sentit la faute qu'il avait faite. Il rassembla des troupes, réprima les factieux, et rappela dans sa ville le clergé catholique.

Les chanoines de Notre-Dame du château furent les premiers qui revinrent de l'exil; ils se rendirent à Thouars le 17 juillet 1562; le curé de St.-Médard n'y reparut que le 27 août de la même année.

Les chanoines de Saint-Pierre, quoiqu'ils dussent leur retour à la protection du duc de Thouars, ne purent dissimuler leur ressentiment. Leur église était brûlée, leurs maisons démolies, leurs titres perdus, leurs biens dilapidés. Ils lui intentèrent un procès, et obtinrent, le 3 octobre 1562, une sentence du présidial de Poitiers, par laquelle le duc fut condamné à rebâtir l'église et les maisons, et à payer aux chanoines un dédommagement de trente mille livres.

Ce succès ne fit qu'aigrir Louis III contre le chapitre; il était trop puissant et trop bien avec le roi, qui avait tant d'intérêt à le ménager, pour ne pas faire fléchir la justice sous le poids de l'autorité. L'arrêt n'eut aucune suite, et le faible fut sacrifié au fort armé et tout-puissant.

Quoique le clergé catholique fût rappelé à Thouars, le calvinisme continua d'y être le culte dominant. Cet état de choses dura long-temps. Thouars en tira du moins un avantage considérable; cette ville fut pendant la guerre civile à l'abri du pillage et des fureurs des deux partis. Les catholiques l'épargnèrent en considération du duc, qui professait leur religion; l'amiral Coligny, dont la duchesse était la cousine germaine, et qui voyait sa secte dominer dans la ville, ne chercha jamais à lui nuire directement.

En 1569, Thouars évita un péril imminent. Après la bataille de Moncontour, l'amiral voulait se retirer dans cette place, mais il la trouva trop proche de l'ennemi et changea de dessein; ce qui sauva la ville d'un siége que n'eût pas manqué d'entreprendre une armée victorieuse, et dont les suites eussent pu entraîner sa ruine .

En 1572, la Saint-Barthelémi porta aux calvinistes un coup mortel; l'amiral et les meilleurs capitaines du parti périrent dans cet horrible massacre, dont l'humanité frémit et que la religion ne peut trop déplorer.

Les catholiques prirent le dessus à Thouars; leurs rivaux n'osèrent plus s'assembler que secrètement.

La faiblesse de Henri III, la politique tortueuse de Cathérine de Médicis et le traité de paix de 1576 ranimèrent les huguenots. Ils devinrent à Thouars presque aussi nombreux et aussi puissans qu'auparavant. Louis III mourut en 1577.

Claude Ier, duc de Thouars. (1678).

Claude, fils de Louis III, naquit à Thouars en 1566. Il fit ses premières armes en Poitou, sous les ordres de François de Bourbon, duc de Montpensier. En 1587, il fit ouvertement profession du calvinisme. Dans la même année, il se lia d'une amitié très-étroite avec le roi de Navarre (depuis Henri IV). A la bataille de Coutras, où il se distingua par sa valeur, il commandait l'aile droite. Il aida à Henri III à repousser le duc de Mayenne qui voulait enlever ce monarque dans Tours. La Trimouille parut sur le pont de cette ville au moment où le brave Crillon, qui venait de perdre son neveu et ses plus braves capitaines, ne pouvait plus soutenir le feu de l'ennemi, L'effet que produisirent ces troupes fraîches, l'impétuosité de leur attaque, la vue des écharpes blanches, arrêtèrent les ligueurs, qui bientôt après tournèrent le dos; Henri III fut si satisfait de la valeur de la Trimouille et des troupes qui avaient combattu sous ses ordres, qu'il prit l'écharpe blanche et la fit prendre à ses soldats. Cette écharpe était celle des rois de France; il paraît que Henri III l'avait quittée, un an auparavant, pour prendre celle de la ligue, dont il avait eu la faiblesse de se déclarer le chef.

En 1589, il commandait une forte division au siége de Paris; après l'assassinat du roi par le jacobin Clément, il employa tout son crédit pour faire reconnaître Henri IV roi de France. Il conduisit, au secours du roi, en Normandie, en 1590, un corps de cinq cents gentilshommes et de deux mille fantassins, tous pris parmi ses Vassaux. Cette troupe se signala à la bataille d'Ivri, et contribua beaucoup au succès important de cette journée. Revenu en Poitou avec le prince de Conti, il soumit au roi, Montmorillon, St.-Savin, Le Blanc, Chauvigny et tout le haut Poitou. Il paya de sa personne au siége de Rouen et au combat de Fontaine-Française, en 1595, où le roi donna tant de preuves d'un courage héroïque et d'une témérité sans exemple.

Pour récompenser tant d'éclatans services, Henri IV érigea, en duché-pairie, la terre de Thouars, dont Charles IX avait déjà fait, en 1563, un simple duché. Les lettres patentes sont du 7 août 1695; elles ne furent enregistrées au parlement que le 7 décembre 1599.

En 1598, Claude épousa Charlotte Barbantine de Nassau, fille du célèbre Guillaume de Nassau, prince d'Orange, fondateur de la république de Hollande.

La ville de Thouars fut très-malheureuse sous ce prince protecteur déclaré des calvinistes et bientôt après calviniste lui-même. Son épouse était luthérienne; elle persécuta, toute sa vie, avec mimosité et fureur, les faibles restes du catholicisme.

Les protestans se multiplièrent à Thouars et y bravèrent, à couvert de la protection du duc, les édits rigoureux dont ils étient frappés ailleurs.

En 1586, le prince de Coudé, chef du parti protestant, épousa, à St.-Jean-d'Angély, Charlotte-Cathérine de la Trimouille, sœur du duc de Thouars. Ce mariage resserra les nœuds de l'amitié qui unissait déjà les deux princes, attacha plus que jamais le duc au parti protestant, et le rendit persécuteur des catholiques.

En 1589, il fit démolir ce qui restait des maisons canonniales de Saint-Pierre: on fit un crime aux chanoines de Notre-Dame de célébrer leur office si près du château. La duchesse surtout ne put supporter dans son voisinage des hommes d'une secte différente; on les maltraita de toutes les manières; l'un d'eux, Antoine Maguin, faillit être assommé par des soldats, en allant sonner vêpres. Il leur fallut déguerpir et songer à la fuite; quelques-uns se rassemblèrent à Saint-Médard et firent leur office dans cette église avec le curé ; on ne put les y souffrir, on les força de se retirer dans l'église de St.-Laon, où ils restèrent jusqu'à la fin des troubles .

En 1593, cette duchesse, excitée par de fougueux prédicans, ne mit plus de bornes à ses fureurs religieuses. Elle persécuta tous les monastères d'hommes et de filles, chassa de Thouars les Dominicains, et brûla une partie du couvent des Cordeliers, sous le prétexte que ces moines l'avaient, de leurs cellules, lorgnée indiscrètement au moment qu'elle allait se mettre dans le bain. Cette accusation n'était point fondée, car aucune des fenêtres du couvent n'avait de vue directe sur l'appartement de la duchesse, mais c'était l'argument du loup de la fable envers l'agneau; les Cordeliers, que l'on voulait faire pendre, firent sagement de se dérober par la fuite aux éclats de la fureur d'une femme exaltée par un faux zèle .

«..... Furens quid femina possit». VIRG.

Plusieurs églises de la châtellenie furent démolies par ses ordres; elle fit mettre le feu à l'église paroissiale du faubourg St.-Jacques. Elle la fit tellement ruiner, que lorsqu'on voulut la rebâtir, on trouva que les fondemens des gros murs avaient été arrachés. Sa propre chapelle, ainsi que la belle église paroissiale du château, monumens de la piété de l'illustre Gabriëlle de Bourbon, devinrent l'objet de ses fureurs. Tantôt elle voulait les brûler, tantôt en faire une écurie pour ses chevaux; elle se décida enfin à les démolir. Déjà les ouvriers mettaient à bas la charpente, quand un ministre protestant, qui avait beaucoup de crédit auprès de la duchesse, fit révoquer l'ordre et renvoyer les ouvriers.

Les calvinistes conservèrent leur domination à Thouars jusqu'en 1594. Henri IV ayant fait abjuration à cette époque et embrassé la religion catholique, leur crédit commença à baisser.

L'édit de Nantes rendu au mois d'avril 1598, ayant permis la liberté des cultes, le clergé catholique revint à Thouars, sans la permission du duc et en quelque manière malgré lui. Claude avait l'ame fière, il était fortement attaché à sa secte, mais il était bon Français. En vain le duc de Bouillon, son beau-frère, voulut plusieurs fois l'engager à exciter des troubles en Poitou; il refusa constamment ses offres insidieuses, et borna son ressentiment à quitter la cour, et à se renfermer dans Thouars, dont il augmenta et répara les fortifications.

M. le comte d'Aubigné, aïeul de madame de Maintenon, donna alors au duc de Thouars une marque éclatante de son amitié. Il ne cessa de prendre ouvertement à la cour le parti de ce seigneur disgracié, et d'accuser le roi d'ingratitude. Henri IV lui fit un jour à ce sujet de vives représentations. «Sire, lui répondit le
» vertueux courtisan, depuis que la Trimouille
» a perdu votre amitié, il a plus de droits à celle
» de ses amis; car, trahir un ami malheureux,
» pour plaire à son roi, c'est à mes yeux un acte
» de déloyauté ». Henri IV fut frappé de la noblesse de ce procédé, et d'Aubigné conserva à la fois son amitié et son estime.

Claude mourut à Thouars, le 25 octobre 1604, âgé de 38 ans. On convient généralement que ce digne descendant de Louis II eût égalé ce héros, s'il eût vécu dans un autre siècle et si la mort ne l'eût enlevé à sa patrie à la fleur de ses ans.

Henri I.er (1604).

Henri n'avait que cinq ans, quand son père mourut. Charlotte Barbantine de Nassau, sa mère, gouverna pendant plus de vingt ans la duché-pairie avec une autorité absolue. Cette femme altière faisait tout trembler autour d'elle. Ce fut pendant ce long règne qu'elle persécuta les catholiques, et sur-tout les prêtres et les moines, ainsi que je viens de le rapporter. Il faut dire toutefois qu'elle ne chercha jamais à grever ses vassaux et à augmenter leurs redevances; elle ne fut rien moins qu'avare. Ce fut le faux zèle qui l'égara et qui lui fit commettre quelques excès. Loin de chercher à s'enrichir, elle abandonna ses immenses revenus à des prédicans fougueux qui, sous le prétexte de propager leur doctrine, abusèrent de ses libéralités, au point qu'à la majorité de son fils, le duché était endetté de plus de quatorze cent mille livres.

Elevé sous la férule d'une mère inflexible, le duc Henri attendait impatiemment le moment où il deviendrait majeure il y parvint le 15 mars 1619: on le maria avec Marie de la Tour, âgée de dix-huit ans, seconde fille du duc de Bouillon, prince de Sédan et vicomte de Turenne. Cette princesse avait été, comme sa belle-mère, instruite dans la religion prétendue réformée; elle avait pour son culte autant de zèle et de ténacité qu'elle, sans toutefois mettre autant d'éclat dans ses persécutions contre les Catholiques. Cette princesse nous a laissé un mémoire autographe qui jette un grand jour sur son histoire et sur celle du duc son époux.

En mariant son fils, l'orgueilleuse Barbantine de Nassau ne voulut point se démettre de son gouvernement, dont elle persista à vouloir tenir les rênes. Marie de la Tour se plaint, dans son mémoire, que, jusqu'en 1626, époque de la mort de sa belle-mère, elle n'eut dans son ménage aucune espèce d'autorité ; pour me servir de son expression, on ne daigna la consulter sur rien.

Après le décès de la douairière régente, le duc Henri fit assembler son conseil pour sonder la profondeur de la plaie fiscale, que les guerres continuelles que son père avait eues à soutenir, et la mauvaise gestion de sa mère avaient faite à son trésor. On trouva que la dette montait à quinze cent mille livres, dont les intérêts absorbaient le quart des revenus de la duché-pairie.

On se flatta d'abord que le roi de France, Louis XIII, pourrait venir au secours du duc; une partie de cette dette avait été contractée pour placer Henri IV sur le trône, et l'on pensa que la reconnaissance acquitterait la dette de la fidélité ; mais le trésor royal était obéré, ce qui fit échouer toutes les sollicitations. Le duc ne put obtenir de la cour qu'un droit d'un sou par bouteille de vin qui se vendrait dans la ville de Laval, une diminution de six mille liv. sur les droits que payaient les sels en passant sur les ponts de Taillebourg, et quelques autres avantages du même genre . Il fallut songer à tailler dans le vif pour éteindre l'énorme dette, et se résoudre à vendre des domaines pour libérer le duché.

Les principaux revenus du duc se tiraient alors, 1.° du duché de Thouars; 2.° du comté de Laval; 3.° des baronnies de Vitré et de Quintin; 4.° d'une foule d'autres terres moins considérables en Bretagne et en Poitou; 5.° de plusieurs forêts; 6.° des revenus seigneuriaux et des droits de mouvances.

En 1626, Marie de la Tour fut envoyée en Bretagne avec MM. de la Motte-d'Irais et Grimaudet, officiers de la duché-pairie et conseillers du duc Henri. Les ventes qui furent faites alors et dans la suite offrent le résultat suivant, d'après le mémoire autographe dont j'ai parlé :

1.° La terre de Bécherel, vendue à M. de la Coutardais.	160,000 l
2.° Gaël , à M. de Saint-Jean	160,000 l
	320,000 l

	Report.	320,000ˡ
3.º	Plélan, Breal et Comblésac, à M. de Mortemar..	58,000ˡ
4.º	Saint-Malon, à M. de Quermagorot.	10,600ˡ
5.º	Roche-en-Nord, au président du Bourblanc.	40,000ˡ
6.º	La baronnie de Montaigu, à M. de Vieille-Vigne	150,000ˡ
7.º	Serigny, à M. du Pourplis. . . .	15,000ˡ
8.º	La terre de Bourniseaux (1), à M. de Bardin.	80,000ˡ
9.º	La terre d'Escures, au président de Chaslain.	40,000ˡ
10.º	La baronnie de Quintin (2), au marquis de la Moussaie.	479,000ˡ
11.º	La métairie de l'Hermitage, à M. le Cognac	22,000ˡ
12.º	Le moulin d'Avaugour, à M. de Riscouet.	5,200ˡ
13.º	La forêt du Breuil, à M. Ville-Horhan.	2,600ˡ
		1,222,400ˡ

Ci-contre. . . .	1,222,400ˡ
14.º Deux cent soixante journaux d'une forêt à M. de la Morinière. . . .	26,000ˡ
15.º Fiefs de Montfort, à divers particuliers..	125,000ˡ
16.º La forêt de Précilien, à divers particuliers.	220,000ˡ
17.º Hommage de Montfort	13,000ˡ
18.º Fiefs de Sérigny, à M. du Bordage .	55,000ˡ
19.º La forêt de Boyère, à M. Servien (1), surintendant des finances. . . .	60,000ˡ
20.º Plusieurs métairies détachées, à divers particuliers	96,000ˡ
TOTAL. . . .	1,817,400ˡ

La somme totale des biens vendus par Marie de la Tour se monte à dix-huit cent dix-sept mille quatre cents livres. En comparant la valeur de ces biens en 1626, à celle qu'ils auraient aujourd'hui, et qui est au moins décuple de celle du dix-septième siècle, ainsi que l'on peut s'en assurer par la comparaison des baux de ces deux époques, on trouvera que Marie de la Tour a aliéné, pendant son règne, une masse de propriétés qui représente un capital actuel de dix-huit millions cent soixante-quatorze mille livres. Cette plaie énorme faite à sa maison n'a pu être cicatrisée par deux sièles d'économie. Il est certain que la famille de la Trimouille, depuis cette époque, n'a pu mettre son trésor au niveau de ses dépenses, qu'en réformant la plus grande partie de ces dernières, en renonçant, en quelque manière, aux tons, à l'appareil de la souveraineté, et en restant presque toujours à Paris, afin d'éviter les frais énormes et indispensables de la représentation, dans un duché qui comptait dix-sept cents gentilshommes vassaux.

Il faut ici être juste, et convenir que cette somme de dix-huit millions servit à acquitter en partie des dettes et même à faire quelques acquisitions assez importantes.

1.° En 1633, Marie de la Tour acquit, de M. le duc de Schomberg, le marquisat de l'Epinay, pour la somme de trois cent mille livres; mais elle n'en garda que les deux châtellenies de Sautecour et de l'Epinay; elle revendit le reste en détail.

2.° En 1643, elle acheta, pour quarante mille livres, un hôtel à Paris. La même année, elle retira, pour quarante mille livres, les greffes de la baronnie de Vitré, qu'elle avait engagés en 1627.

3.° En 1648, M. du Bellay lui vendit, pour soixante-six mille livres, les terres de Ribelaire, de Misse, du Châtellier, et les grande et petite dîmes de Sainte-Verge.

4.° En 1654, elle traita avec madame d'Aiguillon; cette dernière lui céda le domaine de Loudun, qui lui avait été engagé pour la somme de douze mille livres, par la duchesse Barbantine de Nassau. Les ducs de Thouars ont joui de ce domaine jusqu'en 1772; ils n'ont porté le titre de duc de Loudun que jusqu'au 11 septembre 1715. (Voyez l'Histoire de Loudun, par M. du Moustier, pages 143 et 144).

Elle offrit en outre, au roi, qu nze mille livres, pour avoir le droit de nomination aux offices ordinaires et extraordinaires de Loudun; mais M. Louis du Puy, qui était chargé de recevoir les enchères, y mit de telles entraves dans l'intérêt du trésor royal, que l'adjudication de ce droit n'eut lieu que le 4 juillet 1659, et qu'il coûta, à la duchesse de Thouars, plus de cent trente mille livres.

Outre ces acquisitions, Marie de la Tour dépensa beaucoup d'argent en réparations et en embellissemens:

1.° Elle fit presqu'entièrement rebâtir le château de Vitré, et l'agrandit d'un très-beau parc. Elle évalue elle-même cette dépense à quatre-vingt-dix mille livres. Les ducs de Thouars tenaient singulièrement à conserver la baronnie de Vitré, qui leur donnait le droit de présider, concurremment avec les barons de Saint-Pol-de-Léon, l'ordre de la Noblesse bretonne, lors de la tenue des états.

2.° Elle fit réparer et meubler, presque à neuf, les châteaux de Laval, de Vitré, d'Ollivet, de Louzi, et son hôtel de Paris.

3.° Elle fit bâtir le magnifique château de Thouars, en 1635. J'eu ai donné ailleurs la description. Marie de la Tour, dans son mémoire autographe, a sur-tout cherché à se laver de l'imputation d'avoir ruiné sa maison pour avoir un palais vraiment royal, A l'en croire, elle était très-mal logée dans l'ancien château qui était trop petit, mal aëré, sans cour, et prêt à tomber en ruine. Il fallait à Thouars, ajoute-t-elle, un château proportionné à l'étendue et à l'importance d'une des plus belles duchés-pairies de l'Europe. Elle assure que, dans la construction de cet édifice, elle a usé de la plus grande économie. Elle a pris tout le bois de charpente dans le parc Châlon, situé près Coulonges et Mauzé, à huit kilomètres de Thouars, Elle a fait fabriquer elle-même toute la chaux nécessaire; chaque pierre de taille ne lui a coûté qu'un sou par pied carré ; le vieux château lui a fourni tous les moellons; tous les transports et les charrois ont été faits par corvées gratuites dues par les laboureurs et les paysans de la vicomté. Malgré cette prétendue économie, il n'en est pas moins constant que la construction de ce château a coûté douze cent vingt mille livres, c'est-à-dire les deux tiers du montant des domaines vendus par Marie de la Tour, ce qui, d'après les calculs que nous avons soumis au lecteur, représente un capital valeur actuelle de plus de douze millions.

La duchesse dépensa en outre plus de quatre-vingt mille livres pour meubler ce beau château. Les meubles de l'ancien ne purent servir à cet usage; ils étaient si vieux et si rouillés qu'ils ne furent d'aucune ressource.

Outre le goût pour la bâtisse et la magnificence, Marie de la Tour aimait à plaider. La liste des procès qu'elle a eus à soutenir est très-étendue. Elle a plaidé contre la maréchale de Fervaques, M. de Bullion, le comte de Vertus, Mlle Amariton, le maire de Vitré, Mlle de Rohan, M. de la Joatière, la dame de Sainte-Hermine, le sieur Palluau, la demoiselle Orpe, le prince de Guemenée, le sieur de la Roche-Giffard, M. de la Vieuville, MM. de Chevreuse et du Châtelet, les receveurs d'Ingrande, de Lavardin, le fils naturel du comte de Laval son beau-frère, M. de Chausseraie, les chanoines du Puy-Notre-Dame, le sieur de la Bouillaye, etc. Son zèle pour sa secte la porta à soutenir un procès contre l'évêque de Rennes, au sujet du temple des calvinistes, à Vitré ; le cardinal de Richelieu prit en main l'affaire, et la fière Marie de la Tour perdit sa cause. Elle fut plus heureuse à l'occasion du temple de Thouars, en 1640; les chanoines de Saint-Pierre conservèrent le temple que le roi leur avait donné, mais il fut permis à la duchesse d'en bâtir un nouveau à ses frais: il faut observer que ces sortes de permissions ne s'accordaient alors qu'à la faveur.

Les officiers de l'élection de Thouars eurent à se plaindre de cette princesse altière. L'élection, comme cour royale, devait avoir le pas sur le tribunal ducal. Marie de la Tour obtint, en 1636, un arrêt qui donna la préséance aux officiers de la sénéchaussée.

Elle plaida aussi contre ses parens. Son beau-frère, qui avait eu en apanage le comté de Laval, mourut en 1647. Ce prince avait eu chez lui successivement deux femmes qui n'étaient pas de son rang. On a prétendu qu'elles n'avaient jamais eu d'autre qualité que celle de concubines. La première, nommée Orpe, prit, après la mort du comte, la qualité de comtesse douairière de Laval; Marie de la Tour lui intenta un procès, et obtint, les 6 juillet et 4 août 1647, un arrêt de la grand'chambre, qui lui défendit de prendre la qualité de femme légitime du comte de Laval, et réduisit un fils qu'elle avait eu de lui à une pension de mille livres. La deuxième, nommée Marie de Mussi, était une vénitienne charmante, que le comte avait singulièrement aimée, et dont il avait eu une fille; lorsque cette dame eut appris la perte du procès de sa rivale, elle prit la qualité de veuve du comte de Laval. Marie de la Tour l'attaqua avec vigueur; mais malgré toute la chaleur qu'elle mit dans ce procès, la belle Vénitienne trouva tant d'amis et de protecteurs, que ce ne fut qu'en 1658 qu'elle fut condamnée par le parlement à quitter le nom et la qualité de veuve du comte. Sa fille fut privée par le même arrêt, du titre de fille légitime du même seigneur.

On se souvient encore, à Thouars, de cette terrible Marie de la Tour, devant laquelle tremblèrent si long-temps les vassaux de la duché-pairie. On ne reproche à sa mémoire aucune injustice; mais, lors de la construction de son château, elle accabla le peuple de tant de corvées, elle les exigea avec tant de rigueur, que son nom a été long-temps maudit par les laboureurs et par les artisans. En 1793, le peuple mutiné, s'étant porté au château, se jeta sur le portrait de cette princesse, le couvrit d'ordure en prononçant mille imprécations, et le pendit à l'une des fenêtres du château. On ne fit aucune insulte aux autres portraits, pas même à celui de la duchesse Barbantine; il y eut même des gens du peuple qui cherchèrent à emporter chez eux les portraits des ducs et des duchesses dont ils avaient appris à vénérer la mémoire.

Marie de la Tour mourut en 1661. Elle fut enterrée, comme calviniste, dans un caveau placé sous l'angle méridional du grand pavillon du château. Les étrangers qui violèrent en 1793 les tombeaux des ducs catholiques placés dans la chapelle souterraine, ne savaient pas où Marie de la Tour était enterrée, ce qui préserva ses cendres de l'insulte générale. Le caveau où elle repose, a, depuis la révolution, presque toujours eu besoin de réparations. La muraille orientale de ce tombeau a été refaite à plusieurs reprises; ce qui a fait dire à la populace, que Marie de la Tour avait besoin d'air et qu'elle ne veut plus souffrir que son caveau soit fermé.

Cette digression sur Marie de la Tour m'a entraîné loin de mon sujet; j'y reviens.

Le duc Henri, à la tête de ses nombreux vassaux, accompagna le roi Louis XIII au siége de la Rochelle en 1628. Il s'y distingua par sa valeur et s'y fit aimer par l'aménité de son caractère. Touché de la grace divine, il abjura le calvinisme entre les mains du cardinal de Richelieu. Après son abjuration, il reçut les félicitations du roi et de toute l'armée et peu de temps après un bref de conjouissance du pape Urbain VIII, mais il eut à essuyer de sanglans reproches de sa femme, qui ne cessa de l'accuser de faiblesse, et qui, pendant tout le reste de sa vie, sema d'épines sa brillante et longue carrière.

Le roi lui donna la charge de mestre-de-camp général de la cavalerie légère de France, mais il perdit la confiance des huguenots du Poitou et de l'Aunis, qui jusqu'alors l'avaient regardé comme leur chef. Il s'en consola facilement, en songeant qu'il ne serait plus exposé aux intrigues et aux tracasseries continuelles des chefs de la secte qu'il venait de quitter, ni aux dépenses considérables qui avaient épuisé le trésor de son père et de sa mère. Du moins, en faisant la guerre, il eut l'avantage de combattre pour son roi et aux dépens du trésor public.

En 1629, il se trouva à l'attaque du pas de Suze où il se distingua par une valeur brillante. Cinq ans après il fut décoré du cordon bleu. En 1630, il fut blessé au genou d'un coup de mousquet, au moment où il montait à l'assaut des remparts de Carignan. En 1636, il présida l'assemblée des états de Bretagne. La même année, il conduisit au roi, qui était sur le point de faire le siége de Corbie, quatre mille hommes levés parmi ses vassaux entre lesquels on comptait seize cents cavaliers. Il obtint une pension de douze mille livres.

En 1648, le roi lui permit de faire imprimer un facturn, dans lequel étaient démontrés ses droits au royaume de Naples; il ajouta, à cette permission, celle d'envoyer un négociateur au congrès de Munster, pour y soutenir ses prétentions à cette même couronne, qu'il réclamait du chef de Charlotte d'Arragon, l'une de ses aïeules, dont le père avait été détrôné par Ferdinand le Catholique et par Louis XII, ainsi que je l'ai rapporté.

Cette même année (1648), il maria, à Emilie de Hesse-Cassel, le prince de Tarente, son fils, qui servit depuis, avec beaucoup de gloire, en qualité de général de la cavalerie, la république de Hollande. Ce prince était calviniste, mais après la mort de Marie de la Tour, sa mère, il fit abjuration à Angers, en 1670, et rentra dans le sein de l'église catholique, qui avait été la religion de tous ses ancêtres. On prétend, qu'impatient de régner, il causa d'assez vifs chagrins à son père. Quoiqu'il en soit, son ambition fut déçue; il mourut à Thouars deux ans avant le duc Henri, âgé de cinquante-cinq ans. Son père le suivit de près au tombeau, il est mort le 15 mai 1674.

De tous les seigneurs de Thouars, aucun n'a laissé de plus chers souvenirs et une mémoire plus révérée que le duc Henri. On peut dire que son unique occupation, dans sa ville, fut de faire du bien, et que nouveau Titus,

«Il soupirait le soir, si sa main fortunée,
» N'avait par des bienfaits signalé sa journée».

Les églises, les hôpitaux, les couvens, les malheureux de tout âge et de tout sexe, ressentaient chaque jour les effets de son ardente charité. La maison conventuelle de Saint-Laon, celles des Cordeliers, des Clairettes, des Ursulines, la Charité, la Chapelle du Château, en un mot tous les monumens de Thouars furent par lui ou construits, ou réparés, ou embellis. Il encouragea les manufactures, favorisa la classe des laboureurs, et consentit, à des prix très-modérés? le rachat des droits les plus onéreux. Les vingt premières années de son règne avaient tellement réparé les maux qu'un siècle de guerre civile avait faits à sa ville natale, qu'il n'en restait pas le plus léger vestige au moment de sa mort.

Dans toute sa conduite, il parut constamment ne s'attacher qu'a se faire aimer. On le voyait souvent, accompagné d'un seul secretaire, visiter ses vassaux, prendre part à leurs peines et à leurs plaisirs, les aider de sa bourse et de son crédit, et montrer que la familiarité dans un grand prince, quand elle sait se tenir dans de justes bornes, ajoute à l'attachement sans nuire au respect. Il semblait avoir pris pour modèle le bon roi de France, le seul dont le pauvre ait gardé la mémoire; aussi peut-on l'appeler avec raison le Henri IV de Thouars.

Avec tant de vertus et de qualités, le bon duc ne fut pas heureux. Une femme altière, impérieuse, fastueusement prodigue, entêtée d'un faux zèle, un fils impatient de régner, remplirent d'amertume presque tout le cours de sa vie. Plus d'une fois il fut réduit à se cacher de sa femme pour faire du bien, et tandis qu'elle dévorait des capitaux immenses dans la construction d'un des plus beaux châteaux de France, elle l'accablait de reproches, quand sa charité dérobait, d'une manière maladroite, quelques fonds pour réparer une église ou consoler des malheureux. Un défaut d'énergie et de roideu dans le carrctère, l'empêcha, pendant toute sa vie, d'être le maître chez lui. Aussi faible que le Chrisalde de Molière, au lieu de dompter et de maîtriser sa philaminte, il chercha constamment, niais en vain, à l'adoucir et à l'apprivoiser.

Charles-Belgique. (1675).

Le duc Charles était fils du prince de Tarente, dont nous avons parlé, et petit-fils du duc Henri. Il prenait les titres de duc de Thouais, de Châtellerault, de Landun, prince de Tarente et de Talmont, pair de France, chevalier des ordres du Roi et premier gentilhomme de la chambre. Avec tous ces titres, il eut vingt fois moins d'autorité qu'un simple vicomte de Thouars du douzième siècle. Son épouse se nommait Madelaine de Créqui, fille du duc de Créqui, pair de France, gouverneur de Paris.

Sous le règne de ce prince, Thouars vit sa population décliner d'une manière sensible, et diminuer d'un tiers; les manufactures perdirent la moitié de leurs métiers. Ces pertes furent la suite de la révocation de l'édit de Nantes en 1685, qui chassa les protestans du royaume. Ils faisaient à cette époque la meilleure partie des citoyens de Thouars peuplé alors de sept mille habitans. Ce vide énorme dans sa population et dans ses manufactures n'a jamais pu depuis être réparé.

Charles-Belgique se tint presque toujours à Paris; il n'osait tenir sa cour à Thouars; à cause des dépenses de la représentation que son trésor vide était hors d'état de supporter. Dès que le duc paraissait in frocchi dans la ville de Thouars, les dix-sept cents vassaux de la duché-pairie étaient obligés d'y venir faire leur cour à leur suserain. Il fallait les régaler, leur donner des fêtes et tenir un état de maison souveraine. Depuis le duc Henri, ses successeurs n'ont plus été dans le cas de faire ces dépenses, sans augmenter la pénurie de leur trésor. Ils ont été assez sages pour renoncer à de vains honneurs, à des embarras réels? et quand ils ont voulu visiter Thouars, ils s'y sont rendus, incognito.

Charles passa sa vie presque toute entière à la cour brillante de Louis XIV. On peut dire qu'il n'a fait ni bien ni mal à la ville de Thouars. C'est le premier de ses seigneurs qui ait changé le rôle de souverain pour celui de courtisan; il fut le premier qui ne chercha dans son duché que des revenus. Il déplorait souvent l'orgueil de Marie de la Tour et les dépenses énormes où cet orgueil l'avait entraînée. Il avait sans cesse à la bouche cette maxime: qu'il n'est point de si grosse maison que le luxe n'épuise, et que le faste, lorsqu'il est excessif, laisse après lui des plaies irrémédiables.

Charles est mort à Paris le 1.er juin 1709, âgé de cinquante-quatre ans. Il eut un frère, né en 1676, qui fut dans la suite nommé archévêque de Cambrai et cardinal de la sainte église romaine. Il fut spécialement chargé par Louis XIV et par le régent, de la mission d'apaiser les troubles qu'avait occasionnés la publication de la bulle Unigenitus. La manière dont il s'acquitta de celle mission, lui attira des applaudissemens universels. Le cardinal de la Trimouille mourut à Rome, le 20 janvier 1720. Le pape Clément XI fit son éloge dans une congrégation de cardinaux, et le compara à un ange plein de candeur, de modestie et d'intelligence. Le cardinal du Bois fut son successeur à l'archevêché de Cambrai.

Charles-Louis-Bretagne. (1710).

Ce prince, fils de Charles-Belgique, avait épousé, en 1706, Marie-Madelaine de la Fayette. Il passa, à l'exemple de son père, sa vie à la cour, ou il occupa le poste de premier gentilhomme de la chambre. Il fit quelques campagnes ou il se distingua. En 1715, il fut nommé brigadier général des armées; il eût sans doute monté à des grades plus élevés, sans une fièvre maligne qui l'emporta le 7 octobre 1719, à l'âge de 37 ans.

Charles-Armanid-René. (1720).

Charles n'avait que onze ans à la mort du duc Louis de Bretagne, son père, étant né à Paris, le 5 janvier 1708. Il entra de bonne heure au service, ou il montra tant de conduite, qu'à l'âge de dix-huit ans, il était colonel du régiment de Champagne. En 1733, il passa en Italie et se trouva à la bataille de Guastalla, où son régiment fit des merveilles. Peu de temps après, il fut nommé brigadier-général. C'était un seigneur de beaucoup d'esprit, dont les conversations et les saillies faisaient les délices des sociétés. Il fut, pendant quelque temps, l'intime ami du roi Louis XV; mais quelques propos tenus, dans un souper, contre le cardinal de Fleuri, et une prétendue indiscrétion de la part du roi, affaiblirent cette amitié, sans diminuer le zèle du sujet et l'équité du monarque.

On a attribué, au duc Charles-Armand, quelques ouvrages, et autr'autre le roman d'Angola, composé dans le genre de ceux de Crébillon le fils; mais il est démontré qu'il n'en est pas l'auteur. Il a écrit quelques autres ouvrages qui lui méritèrent une place à l'Académie française.

Le système de Law et la banqueroute qui en fut la suite, affaiblirent singulièrement les ressources financières du duc Charles-Armand. Beaucoup de rentes, de revenus et de droits utiles lui furent remboursés en un papier sans valeur. Le duché de Thouars perdit, à cette époque, un tiers de ses revenus.

Thouars fut troublé sous ce règne par les disputes du jansénisme et du molinisme. Une partie du clergé fut fidèle au chef visible de l'église; l'autre partie se déclara contre lui, en formant des appels aussi dénués de bon sens, qu'injurieux au souverain pontife. On peut dire que ce vertige moral fut le digne précurseur de cette peste philosophique qui, cinquante ans plus tard, soulèvera les Français contre leur roi, sous de vains prétextes de liberté et d'égalité, et plongera la France dans un bain de sang.

Le duc charles-Armand mourut à Paris en 1741. Il avait épousé Marie-Victoire de la Tour d'Auvergne, qui lui avait donné un fils qu'il laissa en bas âge et qui tut son successeur.

Charles-Jean-Bretagne- Godefroi. (1742).

Ce prince était très-jeune quand son père mourut. Il entra de bonne heure au service. Il se distingua dans la guerre de sept ans, contre les rois de Prusse et d'Angleterre. Au combat de Crevelt, en 1756, on le vit charger l'ennemi, l'épée à la main, à la tête du régiment d'Aquitaine (cavalerie), dont il était colonel. Il y fut grièvement blessé. Cette action d'éclat le fit élever de suite au grade de brigadier-général, et quelque temps après, à celui de maréchal-de-camp,

Il porta les titres de duc de Thouars, de comte de Laval, de baron de Vitré, de marquis d'Attichy et de Monfort, de pair de France, etc.

Il a été marié deux fois: d'abord avec mademoiselle de Lorges Durfort, fille du maréchal du même nom. Il la perdit de bonne heure, sans qu'elle lui laissât d'enfans; il épousa ensuite la fille du prince régnant de Salm-Kirbourg, princesse du plus grand mérite.

A l'époque de la révolution de 1789, le duc de la Trimouille, voyant la monarchie crouler de toutes parts, et la noblesse proscrite par une philosophie en délire, offrit, avec une foule de braves, ses services au roi; voyant qu'on les dédaignait, et qu'il allait expirer sous le poignard de la liberté, sans pouvoir tirer l'épée, il prit, en frémissant, le parti de quitter la France. Il se retira, avec sa famille, à Nice, dans les états du roi de Sardaigne. Il y perdit la duchesse son épouse en 1790. Consumé d'ennuis et de chagrins, il se retira à Chambéry, où il fixa son séjour. Il y est mort le 15 mai 1792, âgé de soixante-trois ans.

Il avait eu, de la princesse Salm, quatre fils, dont nous allons parler successivement:

1.° Charles-Bretagne-Marie-Joseph, l'aîné, aujourd'hui prince de Tarente, duc de la Trimouille, pair de France, etc., accompagna son père et sa mère dans leur exil, et resta quelques années auprès d'eux. En 1793, il éprouva une consolation qui lui fut extrêmement sensible: ce fut celle de voir ses anciens vassaux du Poitou et de la Bretagne repousser, avec une attitude héroïque, les innovations philosophiques, se déclarer ouvertement les champions de la religion en deuil et de la monarchie aux abois, tirer l'épée pour les soutenir, et se distinguer par mille exploits, qui frappaient d'admiration Europe étonnée de voir quatre-vingt mille paysans, presque sans armes, soutenir avec avantage le choc de quatre cent mille soldats républicains aguerris. Ce qui mit le comble à sa satisfaction, ce fut d'apprendre qu'un la Trimouille, associé à des modernes du Guesclin et Bayard, était à la tête de cette armée catholique et royale, et rappelait à la France les exploits de Louis II de la Trimouille, le héros de leur maison.

Enflammé d'émulation à cette nouvelle, il brûle d'aller s'associer à de si nobles travaux. Nouveau Thémistocle, il ne peut plus dormir en songeant aux trophées de Miltiade. Il passe en Angleterre, d'où il espère gagner plus promptement les rivages du Poitou et de la Bretagne. Contrarié par le ministère anglais, qui, par des motifs que nous ignorons, ne voulait pas alors permettre aux émigrés d'aller rejoindre les vendéens et les chouans, il est contraint de demeurer spectateur des glorieux combats qui se livraient sur le rivage opposé, entre la vieille et la nouvelle France. La pacification de la Jaunaie, celle de la Mabilais, lui ôtèrent bientôt jusqu'à l'espoir d'aller offrir aux royalistes ses services et son épée. Pendant quatre ans, il est forcé de laisser son zèle inactif.

En 1799, il apprend que le Bas-Poitou et la Bretagne viennent de rentrer dans la carrière des combats. Il part, il se dérobe aux gardes-côtes, et, monté sur un petit navire, il débarque en Normandie, près de Bayeux, avec MM, de Frotté, de Brulard, et vingt autres compagnons de son entreprise. La loi inique des ôtages était alors dans sa vigueur: cette loi ordonnait d'emprisonner, en qualité d'ôtages, tous les parents des vendéens et des chouans; elle les rendait responsables de tous les meurtres et de tous les excès qui pouvaient se commettre à la guerre. On jugera de sa rigueur par ce trait: quatre otages devaient être déportés à Cayenne par chaque républicain tué par un royaliste.

M. le duc de la Trimouille avait en France son neveu Léopold, prince de Talmont, qui vivait, avec la princesse sa mère, dans une de ses terres. Il craignit pour eux les effets de cette loi barbare;il résolut en conséquence de combattre la république, sous un nom supposé ; il refusa toute espèce de grade, et fit la campagne en qualité de simple volontaire, sous le nom de Charles. Après quelques combats heureux, l'armée royale fut battue à Saint-Poix. Charles fut envoyé, par M. de Frotté, auprès de MM. de Limoëlan et de Bourmont, pour solliciter des diversions et des secours. Il lui fallut parcourir, sans escorte, trente lieues dans un pays où les républicains avaient des postes de tous côtés. Après avoir couru mille dangers, il parvint enfin jusqu'au quartier-général de M. de Bourmont. Il y apprit bientôt après la fatale issue du combat de Saint-Lô, qui venait de contraindre M. de Frotté à dissoudre son corps d'armée. Il resta avec M. de Bourmont, et combattit à ses côtés tant que dura la guerre.

Après la fin de la campagne, Bonaparte, qui venait de s'emparer du gouvernement, voulut bien, le 21 avril 1800, accorder une amnistie et pardonner aux royalistes le crime énorme dont ils s'étaient rendus coupables en défendant leur Dieu et leur Roi. Charles quitta les chouans et fut retrouver madame la princesse de Talmont, sa belle-sœur. Il passa dix-huit mois près d'elle et de son neveu. L'usurpateur lui fit offrir du service, mais le digne successeur des la Trimouille ne voulut pas fléchir le genou devant l'idole tricolore; ne trouvant pas d'existence digne de lui sous un empereur de fortune, il se rendit en Allemagne, chez le duc de Bade, son parent, dans les armées duquel il prit du service en qualité de lieutenant-général. Il n'est rentré en France qu'avec le Roi.

2.° Le prince de Talmont était frère jumeau du prince Abbé dont nous allons parler. C'était un très-bel homme, d'une figure charmante, d'un port noble; sa taille et ses manières chevaleresques étaient celles d'un héros. Sorti de France avec son père, il trouva les moyens d'y rentrer dès qu'il eut appris l'insurrection de la Vendée. Il paraît qu'il quitta son aîné sans lui faire part de son dessein.

Après avoir couru de très-grands dangers et avoir été même mis en prison sous un nom supposé, il parvint à rejoindre l'armée catholique et royale, après la prise de Saumur, en 1793. L'arrivée d'un si grand prince fit un extrême plaisir aux soldats. J'ai parlé dans mon Histoire des guerres de la Vendée de ses exploits éclatans et de sa mort héroïque, je juge inutile de me répéter ici. Je me bornerai à dire, qu'à Nantes, à Luçon, à Laval, à Dôle, au Mans, il se distingua par une valeur qui fut admirée même par les héros qu'il s'était associés. On citera long-temps comme un trait de grandeur d'ame sa réponse à un représentant féroce, qui, après l'avoir condamné à mort, lui offrait la vie s'il voulait trahir son parti: fais ton métier, barbare, j'ai fait mon devoir .

Le prince de Talmont n'a laissé de son mariage avec madomoiselle d'Argouges, qu'un fils, le prince Léopold dont nous avons parlé. Il a été enlevé à la France et à sa famille par une mort prématurée, sans laisser d'enfans. Se veuve, fille de M.le duc de Duras, est aujourd'hui remariée à M. le comte Auguste de la Rochejaquelein, l'un des héros de la Vendée.

Le prince Abbé, grand doyen du chapitre de Strasbourg, était rentré en France peu de temps après son frère; il fut comme lui la victime de la scélératesse des monstres qui gouvernaient alors la France. Le prétexte dont on se servit pour l'immoler, offre quelque chose de singulier.

Un ancien domestique nommé Admiral tire un coup de pistolet au jacobin Collot; une jeune fille, Cécile Renaud, va chez Robespierre, pour voir comment est fait un tyran. On les arrête, on les met en jugement. Pour donner plus d'éclat à cette affaire, et inspirer plus d'intérêt pour les deux jacobins, on imagine une conspiration. On répand le bruit que quarante détenus dans les prisons ont pris part au meurtre de l'Admiral. Le prince Abbé se trouve compris dans le nombre des nouveaux accusés. On le conduit, avec ses compagnons d'infortune, dans la chambre de la Tournelle, au Palais, où la vertu avait long-temps jugé et puni le crime, et où le crime alors calomniait et égorgeait la vertu. Là une foule de crispins politiques, presque tous choisis parmi ce que la philosophie avait de plus impur, formaient, sous les noms de juges et de jurés, un simulacre de tribunal. Ils avaient l'ordre de suivre en tout l'impulsion de l'accusateur Fouquier-Tinville, qui recevait lui-même des notes du grand directeur de ces boucheries humaines. Un 9, mis à côté des noms, était un arrêt de mort: un 7 était un signal d'absolution.

Le procès fut tantôt instruit; on demanda le nom des prévenus étonnés de se trouver ensemble et qui ne s'étaient jamais vus. L'accusateur prend des conclusions, les jurés se lèvent, et, par un feu de file, envoient tous les accusés à la mort. En qualité d'assassins, ils sont guillotinés vêtus d'une robe rouge. Les bons Français frémissent en voyant un pareil brigandage; ils maudissent les fruits amers que produit l'arbre sanglant de la liberté.

4.° Le prince Louis est le plus jeune des fils du duc de la Trimouille. Ce prince, dès sa jeunesse, a porté la croix de Malte; il était destiné par ses parens à entrer dans cet ordre si fameux par les exploits de ses chevaliers et par les services éclatans qu'il a rendus, pendant plus de dix siècles, à la chrétienté. La révolution a dérangé ce plan. Le prince Louis est aujourd'hui lieutenant-général au service du Roi de France. S. M. l'a chargé récemment d'un travail sur les services des vendéens et des chouans, charmés du choix d'un si digne appréciateur de la valeur et du mérite.

CHAPITRE XXIV.

Situation de Thouars depuis 1789 jusqu'en 1815.

Je n'entreprendrai point de donner ici les causes de la révolution de 1789. On convient généralement que l'orgueil, l'intérêt, la philosophie, l'impiété, le matérialisme, et le libertinage du cœur et de l'esprit, furent les principaux motifs de cet affreux bouleversement, prévu depuis longtemps, peut-être même inévitable, qui a pensé replonger l'Europe dans la barbarie, et faire de la France un pays sauvage peuplé de quelques hordes errantes de cannibales. Je me bornerai à donner ici un aperçu des effets que cette révolution a produits dans Thonars.

En 1789, on prononça l'abolition de la noblesse; en 1790, on vendit les biens du clergé ; en 1791, on acheva de proscrire ces deux classes. On brûla des châteaux, on assomma des nobles et des prêtres. La fuite seule les sauva d'une extermination totale.

Pendant ces trois années, les habitans de Thouars se montrèrent en général calmes et paisibles. Des proscrits venaient se réfugier dans leur ville et y trouvaient sûreté et protection. Cet état de choses dura jusqu'à la fin de 1791.

L'assemblée constituante, qui avait donné d'abord de si belles espérances à la France, ne tarda pas à entrer dans les sentiers de l'anarchie. Après avoir renversé le trône et l'autel, elle fut réduite à trembler elle-même devant les tigres qu'elle avait eu l'imprudence de démuseler, Epouvantée à la vue des ruines qu'elle avait amoncelées, elle quitta le timon des affaires et le remit à des mains inexpérimentées qui ne firent qu'agraver le mal. Cette première assemblée peut être comparée à une mer agitée dont les flots bourbeux, en tombant sur le rivage, y ont laissé une écume impure d'où s'est exhalée partout sur l'Europe une odeur de mort.

Au mois de janvier 1792 des étrangers voulurent établir un club à Thouars. Le peuple, indigné de cette nouveauté, se porta avec fureur vers le lieu où se tenait cette confrérie satanique, chargea les clubistes d'imprécations et les força de sortir à l'instant et de dissoudre la nouvelle corporation qu'ils avaient formée. Quelques jacobins même, pressés trop vivement, furent contraints de sauter par les fenêtres.

Quelques mois après, l'autorité royale se trouvant presqu'entièrement anéantie, le club se rétablit. Les motions incendiaires, les racarcérations, les voies de fait, comprimèrent les hommes honnêtes et forcèrent quelques-uns des moins braves à se cacher. Bientôt après la frénésie philosophique ne connut plus de bornes; les jacobins dominèrent avec insolence et fureur, et, nouveaux Nabuchodonosors, s'apprêtèrent à jeter dans la fournaise ardente tous ceux qui refuseraient d'adorer le colosse sanglant de la liberté leur idole, Thouars eut alors une garde nationale composée de six compagnies, l'une de grenadiers, l'autre de chasseurs, et les quatre autres de fusiliers.

Le 24 août 1792, il y eut une insurrection dans la Vendée; ces grenadiers et ces chasseurs se rendirent à Bressuire pour y combattre les insurgés. A cette même époque, certains paysans de la commune de Missé, à une lieue de Thouars, trouvèrent cachés dans un village deux chanoines du chapitre de Saint-Pierre, MM. Nauleau frères, dont le plus jeune était en même temps curé de Notre-Dame.

Ces deux ecclésiastiques avaient rendu mille services à leurs concitoyens; ils étaient respectés et chéris de tous ceux qui les connaissaient.

Ils furent menés à Thouars par une troupe de furieux qui, sans respect pour leur caractère et pour leur vertu, les accablaient en chemin d'invectives et de coups; la populace, en les voyant arriver, partagea le délire commun, et cria à mort,

Thouars avait alors pour maire le sieur Villeneau, homme ferme et bien intentionné, mais dont le grand âge avait amorti l'énergie; il avait quatre-vingts ans. Ce généreux vieillard entreprit de les sauver; il en serait venu à bout, si les autres autorités l'avaient secondé. Au lieu de faire armer sur-le-champ les quatre compagnies de fusiliers de la garde nationale et de faire partir, sous une escorte convenable, les deux prêtres pour Niort, le chef-lieu du département, on ne prit que de fausses mesures; on parvint cependant à faire entrer les deux Nauleau en prison, pour les dérober aux mauvais traitemens de la populace.

L'aîné des deux frères cultivait les lettres avec succès; nous avons de lui une dissertation manuscrite sur la bataille de Moncontour, écrite sur les lieux, et après beaucoup de recherches locales. Il s'appliquait aussi à la physique expérimentale et avait chez lui une machine électrique. Les furieux qui l'avaient amené font des perquisitions dans sa maison et y trouvent cette pièce; ils s'écrient aussitôt que c'est un canon avec lequel le chanoine voulait faire sauter la ville. Ce bruit absurde se répand de tous côtés, les hurlemens et les cris à mort recommencent; on se porte à la prison.

C'est en vain que le maire se présente et harangue les furieux; on l'insulte, on le menace, on arrache les deux victimes de leur cachot, on les traîne par la ville couverts de leur sang, on les maltraite, on les conduit au champ de foire, on les fusille, et on les jette dans une fosse au cimetière de la Tremblaie. Une heure après, on voit arriver six cents hommes de la garde nationale de Chinon. Ces malheureux prêtres eussent été sauvés, si l'autorité eût pu contenir les meurtriers une heure de plus.

En 1795, la même scène pensa se renouveler à Thouars. Les mêmes paysans amenèrent au district un prêtre déguisé. Il se nommait Huitorel; il était natif de Roterna en Bretagne. Le président du district s'entoura aussitôt de la farce armée, et prit de si justes mesures, que l'infortuné prêtre fut sauvé.

Trois jours après l'assassinat de MM. Nauleau, les grenadiers et les chasseurs revinrent à Thouars. On fusilla sur le même champ de foire un malheureux gentilhomme, le sieur Richeteau de la Touche-au-Noir, et un maréchal ferrant de Chambroutet, qui avaient été pris après la défaite de l'armée vendéenne.

Un autre ecclésiastique, le sieur Abel Goirand, génovéfain, prieur de Saint-Laon, faillit, à la même époque, être massacré dans la ville. On le conduit en prison, ou le charge de chaînes; en lui mettant les fers aux pieds, un serrurier le blesse, le malheureux pousse un cri. — Tais-toi, prieur, ce ne sont pas là des bas de soie.

Cependant la fureur populaire acquiert une nouvelle intensité ; on va pour massacrer l'infortuné Goirand; les grenadiers prennent les armes, se rassemblent, marchent à la prison, dispersent la canaille et rendent au prieur la vie et la liberté. Ce trait d'humanité fait l'éloge des Thouarçais, qui, en général, sont bons, sensibles, généreux: ils ne commettront jamais une action inique, tant qu'ils suivront la propre impulsion de leur cœur et qu'ils ne sortiront pas de leur caractère.

Cependant la Vendée devient de jour en jour plus formidable; de tous côtés elle voit fuir les républicains devant ses armées. Elle défend la France contre les Français égarés qui la déchirent.

Le 5 mai 1793, l'armée catholique et royale paraît sous les murs de Thouars. Cette ville avait pour la défendre six mille républicains commandés par le général Quetineau. Cet officier était natif d'une paroisse voisine; c'était un brave soldat, républicain exalté quoique honnête, qui se croyait de bonne foi dans une nouvelle Grèce. Il pensait être un Miltiade, tandis qu'il n'avait pas les premiers élémens de l'art de commander une armée. Les vendéens, de leur côté, ne savaient pas manier un fusil, mais ils avaient du courage, une noble énergie, un grand mépris pour la mort, et de bons généraux.

Quatre attaques furent dirigées contre la ville, ainsi que je l'ai rapporté dans mon Histoire des guerres de la Vendée. MM. Cathelineau et d'Elbée occupaient les hauteurs de St.-Jacques, d'où ils faisaient un feu très-vif d'artillerie pour prévenir le massacre des suspects qui étaient détenus au château: MM. de Donnissant et Stofflet attaquaient le Pont-Neuf; M. de Bonchamp devait passer le gué au Riche, tandis que MM. de l'Escure et de la Rochejaquelein s'étaient chargés d'emporter, l'épée à la main, le pont de Verine.

Le gué au Riche était défendu par un corps de prétendus Marseillais, dont les troits quarts avaient déserté deux jours avant près de Bressuire, et par les gardes nationales de Poitiers et d'Airvault. Ces dernières troupes se battirent avec beaucoup de valeur, et tandis que les Marseillais prenaient la fuite en criant à la trahison, elles se firent presque toutes tailler en pièces par la division de Bonchamp. Le pont de Verine était défendu par des troupes de ligne qui ne purent soutenir plus d'une heure l'effort des divisions de Bressuire et de Châtillon.

La prise de ces deux postes fut suivie d'une bataille auprès des moulins Caviers, entre Thouars et Verine. Les républicains étaient en désordre, leur centre fut enfoncé, ils prirent la fuite. Au lieu de se retirer sur Loudun, Quetineau entreprend de défendre la ville. Ses soldats montent sur les remparts que l'ennemi canonne pendant deux heures. Durant cet intervalle, M. de Donnissant renverse à coups de canon la porte du Pont-Neuf que des ouvriers entreprenaient vainement de couper. Les républicains prennent la fuite, l'armée vendéenne pénètre dans Thouars.

Le général ne donnait aucun ordre, lorsque le sieur Redon-de-Puy-Jourdain, juge de paix, de concert avec les administrateurs du district, arbore le drapeau blanc et fait ouvrir la porte dite de Paris. Il était temps que l'on capitulât. Le bouillant de la Rochejaquelein était déjà monté sur la brèche, où une foule de braves se disposaient à le suivre. Le traité fut conclu en cinq minutes, et verbalement. Toute la garnison se rendit prisonnière de guerre; il fut stipulé que les propriétés particulières seraient respectées.

En entrant dans la ville, M. de la Rochejaquelein fut surpris d'y rencontrer MM. de Donnissant et Stofflet. La capitulation fut respectée. Les vendéens vainqueurs ne se permirent aucun pillage, ils ne firent excès que de vin. Le général, l'armée, l'artillerie, les munitions, tout tomba au pouvoir des royalistes qui ne conservèrent la ville que trois jours, et en partirent le 9 mai, sans y laisser de garnison. Ce fut la quatrième fois que Thouars, depuis le huitième siècle, fut contraint d'ouvrir ses portes à des armées victorieuses. Pendant le reste de la campagne, la ville fut occupée alternativement par les royalistes et par les républicains, suivant qu'ils s'y présentèrent en force;les habitans parurent garder une espèce de neutralité.

A cette époque, la convention accablait toute la France du poids de sa tyrannie; toutes les passions étaient exaspérées, la terreur et la mort étaient à l'ordre du jour; déchiré par les guerres civiles et étrangères, le corps social saignait de toutes parts. La France était devenue le vaste atelier d'une boucherie légale.

On avait établi dans toutes les villes des comités révolutionnaires qui, presque partout, avaient déclaré la guerre, à la modération, à la piété, à la vertu, aux richesses, au malheur. La tâche de l'écrivain d'une histoire contemporaine devient très-pénible; il ne peut faire un pas sans marcher sur des brasiers ardens. La vérité, sous sa plume, prend les couleurs de la satire; il recule malgré lui devant le fardeau dont le poids va l'accabler. Il craint d'ouvrir d'une main mal-adroite des plaies qui saignent encore, de réveiller des haines mal éteintes, de contrister le repentir, et il reste convaincu qu'il est des faits, dans une histoire de ce genre, qui ne peuvent être cités qu'après un lapsde centans.

Je mebornerai à dire que Thouars perdit, sur l'échafaud ou dans les prisons, la fleur de ses habitans. On déplore encore la perte de MM. Brossier de la Charpagne, d'Houdan de Caffard, du Theil, Martin, et Orré du Plessis. Ce dernier, décoré de la croix de Saint-Louis, étonna par sa noble fermeté ses bourreaux qui étaient en même temps ses juges et les traita avec tout le mépris que des êtres aussi vils pouvaient inspirer. Arrivé sur l'échafaud construit sur la place de la Bilange à Saumur, il s'écria d'une voix forte:

«Français, j'ai perdu ma jambe à la bataille de
» Fontenoy pour mon roi Louis XV, je perds
» aujourd'hui ma tête pour mon roi Louis XVII,
» vive le Roi!»

«Français, vous pleurerez un jour ces attentats,
» Oui vous les pleurerez, mais vous n'y croirez pas.»

DELISLE.

Les vendéens, tantôt vainqueurs, tantôt vaincus, restaient les maîtres de leur pays. Les proconsuls ou représentans du peuple en mission rassemblèrent à Thouars, par l'ordre du comité de salut public, le 24 août

1793, une masse de trente-deux mille bourgeois ou paysans, qui y avaient été traînés de force des deux départemens contigus à celui des Deux-Sèvres. Tous ces prétendus volontaires n'attendaient que lé moment de s'esquiver.

M. de Lescure, avec dix-huit cents vendéens, entreprend de scinder cette masse ou de l'anéantir par la dispersion de ceux qui la composent. Le 14 septembre, il se présente au pont de Verine qu'il emporte l'épée à la main. Il attaque au pas de course cette masse qui n'ose l'attendre et prend d'abord la fuite; trente-deux mille bleus n'osent soutenir le choc de dix-huit cents paysans. M. de Lescure s'avance rapidement vers Thouars; il allait l'emporter d'emblée, lorsque le général Rey, venu d'Airvault dans la nuit, avec six mille soldats de troupe de ligne, paraît à la porte de Paris. M. de Lescure, trop faible contre une pareille armée, fait sa retraite en bon ordre. Thouars échappa alors au plus grand danger qu'il ait jamais couru; car malgré les ordres du général royaliste, plusieurs vendéens avaient conçu le projet d'y mettre le feu, par une représaille toujours injuste, mais par fois permise d'après les lois de la guerre.

Le 9 thermidor et la mort de Robespierre amenèrent deux ans après la pacification de la Vendée. Les esprits se calmèrent, des hommes exaltés par le vertige philosophique furent ramenés enfin à des sentimens modérés. Les autorités constituées de Thouars furent renouvelées en entier par le conventionnel Ménuau, l'un des pacificateurs de la Vendée. A ce bienfait il ajouta celui de mettre en liberté les nombreux détenus de Thouars, qui avaient si long-temps gémi dans les prisons de Saumur et de Saiut-Maixent; ils leur rendit leurs biens sur lesquels on avait mis le séquestré. Tant que Thouars subsistera, il conservera dans le cœur de ses habitans encore plus que dans leur mémoire, le souvenir de ce député humain et sensible qui n'a jamais participé à aucune des horreurs dont la convention s'est souillée.

Ante leves ergò pascentur in œthere cervi Quàm nostro illius labatur pectore vultus. VIRG.

Les nouveaux administrateurs du district que Ménuau venait de choisir, s'attachèrent à cicatriser toutes les plaies, à comprimer les malveillans et à démaratiser la ville. Les magasins étaient remplis de meubles, de linge et d'effets plus ou moins précieux, que certaines troupes républicaines avaient plutôt dérobés que conquis dans les campagnes voisines, et qui appartenaient à des vendéens ou à des détenus. Tout fut restitué aux propriétaires, en moins de deux mois, avec autant de prudence que d'équité.

Ce né fut pas le seul avantage que la ville retira de leur sage administration: 1.° les hôpitaux qui étaient dans la plus affreuse détresse furent secourus et approvisionnés; 2.° les déprédations commises l'année précédente par une commission civile instituée par des proconsuls montagnards, furent en partie restituées; 3.ᵉ la ville, qui depuis la révolution était grevée sur ses impositions directes, d'une somme de 12,000fr. par chaque année, obtint enfin justice par les soins d'un des nouveaux administrateurs qui fit exprès le voyage de Niort: elle fut dégrevée des 12,000 fr. qu'elle payait de trop, et ce dégrèvement a été depuis maintenu.

Les regards des administrateurs se portèrent ensuite sur le château, qui était dans le plus triste état de dépérissement. Les vandales de la philosophie avaient mis en fagots les superbes orangers du parterre; toutes les charmilles avaient été coupées à deux pieds de terre; tous les arbres des promenades avaient été arrachés; tous les meubles étaient disparus; on avait volé jusqu' aux portes, aux fenêtres, aux grilles et aux barreaux de fer dont on avait emporté plus de trente milliers poids de marc. Tous les plombs des couvertures, des dalles et des croisées avaient été pris par des soldats pillards qui avaient vendu publiquement ce métal à raison d'un sou la livre. On commençait à attaquer la charpente des bâtimens dont on avait déjà emporté quelques morceaux, lorsque le district, pour préserver ce superbe monument d'une ruine totale, ne crut pouvoir mieux faire que de s'y établir et d'en faire le local de ses bureaux et de ses séances. A force de sollicitations il obtint du gouvernement une somme de 30,000fr. qui servit à réparer les couvertures et à construire dans quelques salles des portes et des fenêtres. Le pillage cessa et le château fut conservé.

Après avoir arraché ce monument aux vandales ,le district s'occupa des moyens de rendre au culte catholique l'église de Saint-Médard qui, pendant les années précédentes, avait servi de magasin de fourrages. Elle fut rendue au clergé, mais jusqu'au concordat de 1801, les esprits des habitans de Thouars furent divisés sur l'important article de la religion. Un curé constitutionnel occupait l'église de Saint-Médard; il n'était suivi que de la minorité des citoyens, dont les trois quarts ne voulaient pas communiquer avec un prêtre qu'ils regardaient comme schismatique. Ils avaient pour directeurs et pour ministres, deux prêtres catholiques, MM. de Mége, ancien chanoine de Saint-Pierre, et Braud, curé de Louzi. Les persécutions du directoire qui gouvernait alors la France et qui tolérait tous les cultes à l'exception du catholicisme, avaient forcé ces ecclésiastiques respectables de n'exercer leurs fonctions qu'en secret. Ils étaient réduits à dire la messe dans des lieux cachés qui rappelaient aux fidèles ces catacombes antiques où les premiers chrétiens célébraient leurs augustes mystères à la veille d'être exposés aux bêtes féroces dans le cirque et de confesser la foi devant des tyrans.

La révolution du 18 brumaire an 7 (1799), en renversant le directoire, adoucit les rigueurs de la persécution. Les prêtres catholiques auxquels venaient de se joindre l'ancien prieur Goirand et l'abbé Boussi, revenus, l'un de l'Espagne, et l'autre de l'Angleterre,eurent la permission de célébrer publiquement leurs offices dans l'église de Saint-Laon. Ils y attirèrent bientôt la presque totalité des habitans, et le prêtre constitutionnel, qui exerçait à Saint-Médard, se vit réduit à jouer le rôle d'Éole au milieu de sa cour déserte.

«..... vacuâ se jactet in aulâ ». VIRG.

Ce ne fut qu'après le concordat de 1801, que les deux églises se réunirent. M. Goirand fut nommé curé de Saint-Médard, M. Boussi, desservant de la paroisse de Saint-Laon. Le curé constitutionnel fut envoyé dans une paroisse rurale où il est mort peu d'années après.

Pendant tout le règne de l'usurpateur Napoléon, Thouars fut assez paisible; il n'eut à partager que les malheurs qui affligeaient la France en général: des conscriptions meurtrières, des impôts ruineux, des dons simulés, des actes arbitraires, la tyrannie du sabre, un despotisme algérien; mais avant cette époque il avait perdu tous ses établissemens; on peut dire que la révolution lui a tout ôté, et qu'aucune ville en France n'est plus en droit de publier la vérité de cette maxime: que la philosophie est un eunuque qui peut tout bouleverser, mais qui ne peut rien produire de durable.

En 1789, à la place de ses tribunaux, de ses couvens, de sa duché-pairie, on lui avait donné un district et un tribunal. La constitution de l'an 3 (1796) lui enleva ces deux établissemens, et ne lui laissa, comme à un gros bourg, qu'une administration cantonnale. Buonaparte lui donna une sous-préfecture que dans un accès de mauvaise humeur il ne tarda pas à lui ôter. Thouars, depuis ce moment, n'a eu qu'une justice de paix et un directeur de la poste aux lettres.

Enfin arriva le terme que la Providence avait mis aux malheurs de la France et de l'Europe entière; le fils de Saint-Louis, le Roi légitime rentre en 1814 dans son royaume désolé. Par une suite des projets gigantesque d'un empereur corse, les cosaques campent dans Paris et les paudours montent la garde à la porte du château des Tuileries.

Les folies guerrières d'un nouvel Adraste, avaient attiré sur la moderne Daunie tontes les forces de cinq puissans rois alliés.

Au nombre de ces souverains on distinguait le petit-fils et l'héritier de cet illustre et étonnant Czar Pierre, le fondateur de l'empire de Russie. Cet Alexandre n'était venu de Moscou à Paris que pour conquérir la paix et raffermir la société sur ses bases ébranlées par une philosophie en délire.

Bien supérieur au fils de Philippe, il déteste la fausse gloire et met au rang des brigandages les plus brillantes victoires, dès qu'elles sont fondées sur l'injustice.

Ne s'écarter jamais des principes rigoureux de l'inexorable probité, assurer au genre humain la paix et le bonheur: telles paraissent avoir été jusqu'à ce jour les bases de la conduite de ce prince, qui sera toujours le véritable Alexandre-le-Grand, aux yeux de la sagesse, de la vertu et des amans de la vraie gloire.

La France commençait à respirer sous le gouvernement de Louis-le-Désiré ; elle éprouvait par son expérience la vérité de ce principe: que l'usurpation est une maratre qui dessèche son nourrisson et que la légitimité est une mère qui l'engraisse, lorsque tout-à-coup un orage affreux vint la rejeter sur de nouveaux écueils.

L'usurpateur, qui, par un traité solennel, avait promis de rester paisible à l'île d'Elbe, conçoit le hardi dessein de remonter sur le trône. Au printemps de 1815, il débarque au port de Cannes, en Provence. Il vient à la tête de huit cents hommes pour détrôner le Roi de France. Ce projet, qui paraissait insensé, se réalise à l'aide de la trahison et du parjure.

Le Roi quitte Paris et la France. Napoléon est salué empereur par des factieux, dans le palais que Louis vient d'abandonner.

Cependant l'Europe indignée rassemble ses innombrables armées, pour délivrer une seconde fois la France. Cette dernière est muette et inactive. Ses meilleurs citoyens n'avaient à opposer à l'usurpateur que des vœux stériles et des larmes impuissantes, lorsque les Hongrois de la France, les fidèles vendéens, se lèvent en masse, tirent l'épée, et s'écrient avec l'accent de l'indignation: Mourons-tous pour notre Roi!

Les détails de cette guerre civile sont étrangers au plan que je me suis tracé ; je me bornerai à dire que Thouars dans le cours de la campagne eut de grands dangers à courir.

Le 17 juin, le quatrième corps de l'armée royale part de Châtillon, avec ordre de s'emparer de Thouars. M. Auguste de la Rochejaquelein, qui commandait cette division, marche avec un tel secret et prend de si sages mesures, que le 18, à sept heures du soir, il fait faire halte à une demi-lieue de Thouars dont les habitans étaient plongés dans la plus parfaite sécurité. Une petite partie d'entr'eux était prononcée contre l'usurpateur, les autres demeuraient neutres; lassés des frais et des fatigues d'une garde continuelle, ils n'aspiraient qu'au bonheur de s'en voir délivrés, soit par la paix, soit par l'invasion de l'ennemi, soit par une garnison de troupes impériales.

Au lieu de brusquer l'attaque, les vendéens qui craignent quelque piège, envoient, en qualité de parlementaire, M. de Champvallier, garde-du-corps de S. M., de la compagnie de Vagram . Celui-ci, suivi de cinq fusiliers, se présente à la porte de la ville dont les gardes étaient éloignés. La vue de la cocarde blanche frappe deux citoyens qui revenaient de la promenade, ils ferment la porte et crient à la garde. Après un assez long intervalle, les parlementaires sont conduits à la municipalité qu'ils somment, au nom du Roi, d'ouvrir ses portes à l'armée vendéenne. Cette proposition met en fureur quelques têtes ardentes qui veulent maltraiter M. de Champvallier; des citoyens mieux instruits des lois de la guerre les retiennent. Il est convenu que l'armée royale entrera le lendemain à six heures, ce qui fut exécuté.

Quatre heures après, le général Delaage arrive avec une armée de six mille hommes de troupes de ligne; au lieu de reculer, les vendéens prennent la résolution de se défendre dans la ville, ce qui eût entraîné sa ruine. On vient enfin à bout de leur persuader de reprendre la route du pont de Verine.

Ce pont était déjà occupé par leurs ennemis, au nombre desquels se trouvait la garde nationale de Thouars qui avait capitulé la veille et qui avait vainement observé, qu'après une capitulation formelle, elle ne devait pas occuper un pareil poste. Placés entre le général Delaage, dont les voltigeurs attaquaient leur arrière-garde et le pont occupé par l'ennemi, les royalistes coururent les plus grands dangers. Leur valeur, ou si l'on veut, leur désespoir, les tira de cette position critique; après avoir formé leurs rangs, ils se précipitent sur le pont qu'ils emportent à la bayonnette. Thouars, dans cette attaque, perdit quelques-uns de ses habitans qui furent tués par les royalistes. Ces derniers, de leur côté, eurent neuf hommes tués et dix blessés .

Le traité de paix signé à Chollet, le 26 juin, la défaite de l'armée impériale à Waterloo, la fuite de Buonaparte, le retour du Roi à Paris, en apaisant tous les troubles, ont rendu à Thouars comme à toute la France, le calme et la tranquillité. Toutes les dissentions paraissent être assoupies, toutes les haines sont étouffées; le virus philosophique n'a plus laissé dans le cœur et dans l'esprit des habitans de Thouars, que des traces imperceptibles, et tout porte à croire que les souvenirs amers, les ressentimens secrets, les désirs de vengeance vont se confondre dans le sentiment de l'amour qu'inspire à tous les Français un Roi ou plutôt un père qui ne veut régner que pour leur bonheur, et qui par ses sages institutions a donné à son peuple la vraie liberté dont ils n'avaient entrevu pendant vingt-cinq ans que le fantôme affreux.

LIVRE TROISIÈME.

CHAPITRE XXV.

Tableau comparatif des habitans de Thouars;
Industrie, Mœurs, Langage, etc.

THOUARS, comme je l'ai dit, est réduit aujourd'hui à une population de dix-huit cents individus, dont la plus grande partie ne vit pas dans l'aisance. On n'y compte guères plus de trente-sept familles qui subsistent sans places et qui vivent uniquement du revenu de leurs propriétés .

On y trouve sept marchands de draps et mousselines: MM. Turpin, Froger, Laplante, Amand, Touraine fils, Pineau, Mauberger.

Dix marchands épiciers: MM. Touraine père, Touraine fils, Audebert, Jouxami (deux), Pommier, Jarry, Benard, Pommier fils, Sivrai.

Quatre orfèvres: MM. Mauberger père, Mauberger fils, Bobinet, Joguet.

Un bijoutier: M. Bailloux.

Quatre tanneurs: MM. Aurioux, Grimaut, Delavaux, Lunet.

Le commerce des cuirs était très-considérable à Thouars avant 1789. En 1760, on en travaillait pour une valeur de 40,000 livres. Une partie de ces peaux était alors expédiée pour Lisbonne, par le port de Nantes; une guerre de vingt-cinq ans a fermé entièrement ce débouché. En 1802, les tanneurs de Thouars n'ont confectionné que deux cents peaux de boeufs ou de vaches, soixante de veaux, soixante-dix de moutons et dix de chèvres. La valeur de ces cuirs, dont plus de la moitié a été consommée dans le département, a été estimée 13,258 fr. Depuis quelques années, ce commerce a repris un peu d'activité et de faveur.

Trois marchands de fer: MM. Renaudin, Page, Jarry fils.

Trois horlogers: MM. Amand, Lefèvre, Mad. Vinsonneau.

Deux ferblantiers: MM. Coignard, Pasquier.

Un marchand de bois d'ouvrage: M. Caillard-Duret.

Deux teinturiers: MM. Gillet , Garnier.

On y compte en outre cinq marchands d'étoffes grossières: MM. Guillon, Lunet, Caffin, Chapu, Voisine.

Deux marchandes de modes: Mesd. Lefèvre, Jarry,

Cinq aubergistes: ceux du Cheval-Blanc, du Sauvage, du Dauphin, des Trois-Rois et de la Boule-d'Or.

Sept cafés, dont les plus fréquentés sont ceux des sieurs Voisine et Grenouilleau.

Il y a un grand nombre d'ouvriers en tout genre, dont quelques-uns manquent d'ouvrage.

On y voit un pâtissier (le sieur Moyer), un ébéniste, douze perruquiers, dont le plus employé est le sieur Flamand; trois plâtriers, six tailleurs d'habits, cinq boisseliers, cinq maréchaux-ferrans, six serruriers, six couteliers, douze maçons, trois tailleurs de pierre, cinq vitriers, dix boulangers, trois bouchers, trois sergetiers, quatre selliers, trois bourreliers, cinq revendeurs, huit cabaretiers, cinq voituriers, quatorze tisserands et douze jardiniers. La plupart de ces derniers habitent la basse ville, auprès de la rivière, et sèment leurs légumes sur les débris de l'ancien Childoac.

Au lieu des trois tribunaux que Thouars possédait autrefois, il n'y a plus qu'une justice de paix composée ainsi qu'il suit:

MM. Chauvin de Boisset, juge de paix; Morcau, greffier; Janot, huissier.

Il y a en outre quatre avocats consultans: MM. Noyraut de la Coindrie, Cordier, Doré et Boussi; trois huissiers: MM, Fradin, Angers et Petiteau.

On y compte cinq notaires:

1.° M. Audebert (Joseph), a les minutes de son père, de Braud et de Duperray.

2.° M. Audebert-Jounault, a les minutes de Gaschignard, Noé et Baillergeau.

3.° M. Noyraut de la Coindrie, a les minutes de Gratien, Gueniveau, Rouaut, Courtois, Villeneau, Jarry, Caillard, Caillaut, Morin et Gorry.

4.° M. Georget, a les minutes de Bardon, André du Bois, Bodet neveu, Bouchereaux et Crêpellier.

5.° M. Béliard, a les minutes de Caillaud .

Le bureau de l'enregistrement est tenu par M. Prévost de la Blosserie, et celui de la poste aux lettres par Mad. de la Thibaudière. Le percepteur des contributions de Thouars est M. la Tourette; celui des Hameaux est M. Martin. Le contrôleur principal des droits réunis est M. Millot; le sieur Serreau en est le receveur principal. M. Al lard père est chargé de l'entrepôt des tabacs. Le vérificateur des poids et mesures est M. Lomdé.

Mœurs.

L'habitant de Thouars, en général, est bon, humain, hospitalier. Les étrangers trouvent dans cette ville l'accueil le plus amical; ils y jouissent d'abord d'une très-grande considération; car à Thouars, comme dans la plupart des petites villes, l'admiration ne s'accorde guères qu'à tout ce qui vient de loin.

Les premières sociétés y sont distinguées par un ton de politesse et d'urbanité qui ne s'acquiert que par un long usage et qu'il est difficile de contrefaire. La révolution, en portant les antichambres dans les salons y avait d'abord dans toute la France altéré ces formes aimables, sans toutefois en corrompre le fonds.

Le luxe porté avant 1789 à des excès ruineux, y est aujourd'hui fort modéré ; la réduction des fortunes, les désastres qui ont été l'effet ou la suite des guerres civiles, ont peut-être contribué plus que le raisonnement à faire naître et à maintenir cette louable modération.

Les hommes ont formé des sociétés particulières où ils vont jouer au billard ou à la boule. On y lit des journaux, on y boit des liqueurs, on y joue aux cartes et au trictrac; les pertes des joueurs n'y sont rien moins qu'excessives .

Les dames de leur côté, qui ne manquent ni d'amabilité ni de charmes, se rassemblent très-souvent et particulièrement les dimanches et les fêtes. Elles passent deux heures à jouer au boston ou au reversi; elles se rendent ensuite dans leurs ménages et se trouvent en fonds pour les anecdotes et les petites médisances du lendemain . La coquetterie ne joue aujourd'hui à Thouars qu'un rôle très-secondaire. Les places, les emplois, les conscriptions qui attirent ailleurs les jeunes adorateurs, laissent un vide effrayant dans l'empire de Paphos; les maris s'en tiennent presque tous à une politesse insignifiante et maussade envers les étrangères; les dames qui auraient le plus de penchant à faire des conquêtes, ne se parent plus guères que pour exciter l'envie de leurs compagnes et s'attirer l'admiration des passans. La vanité, plutôt que l'espoir de plaire, fait aujourd'hui les frais de leurs toilettes.

Les longs repas, les chansons de table, les usages bachiques, les têtes de bécasses mises à prix de rasades, les santés, les estimes bues en l'honneur des dames, des convives, de la solive et des soliveaux, ne sont plus en usage que dans les classes inférieures; on commence à rougir de l'ivresse et à comprendre que l'on peut s'amuser à un festin, sans y rester étendu sous la table, et que se divertir n'est pas toujours s'incommoder.

On a perdu aussi dans les campagnes l'usage de ces tours grossièrement malins que l'on se faisait réciproquement pour s'amuser. On ne met plus de beurre dans les bonnets de nuit, de crin pilé dans les lits, de sonnettes dans les chambres, etc. etc. On ne se jette plus d'eau sur le corps, on ne se livre plus aux jeux de mains, on ne se renferme plus sous la clé, on ne descend plus par les fenêtres; on ne cache plus les habits; en un mot tous ces tours d'espiéglerie avec lesquels on tourmentait ses hôtes pendant le jour et la nuit sont maintenant hors d'usage. La grosse joie avec son cortége de tours grossiers et malins est devenue le partage du peuple. Peut-être y perd-on du côte de la franchise et de la bonhommie, mais aussi l'on y gagne du côté de la décence et de la tranquillité.

Les Thouarçais, à l'exception de quelques hommes studieux et instruits, aiment peu la lecture, surtout celle des livres sérieux. Le défaut d'études n'empêche pas dans quelques-uns les élans de l'amour-propre et la prétention de juger les talens. A Thouars, comme dans beaucoup d'autres villes, on ne voit que gens qui se plaignent de leur fortune; on ne trouve personne qui ne soit content de son esprit.

La promenade n'y est gueres mieux goûtée que la lecture; cependant, dans les nuits d'été, on voit au château une foule de promeneurs solitaires qui errent sur les terrasses et dans les lieux les plus écartés, et qui prêtent l'oreille pour écouter d'amoureuses confidences ou de malignes médisances contre le prochain.

Le principal but de la promenade pendant le jour est d'aller visiter dans les faubourgs un clos de vigne que l'on vient de planter, une maison que l'on vient de bâtir, un appartement que l'on vient d'orner, on d'aller manger avec quelques amis un goûter champêtre.

La révolution a singulièrement nui à l'esprit de ferveur et de piété que l'on remarquait autrefois dans cette ville. Les principes du matérialisme et d'une philosophie pernicieuse y ont tourné quelques têtes et se sont glissés jusque dans l'échoppe de l'artisan; on y trouve cependant encore un bon nombre de familles respectables, qui donnent dans toute la ville l'exemple des bonnes mœurs et d'une piété éclairée. Tout porte à croire que de pareils modèles seront imités, et que tous les habitans reprendront bientôt les excellens principes de religion et de morale dont la révolution les avait dépouillés pièce à pièce .

On trouve à Thouars tout ce qu'il faut pour y passer agréablement la vie. L'air y est vif et pur; le logement n'est rien moins que cher (on a un palais pour un loyer annuel de 150 fr.); le pain y est très-bon, la boucherie passable, la poissonnerie excellente, le vin agréable et de bon goût , l'humeur des habitans très-sociable. Les environs de Thouars et ses promenades sont pittoresques et romantiques: aussi voit-on beaucoup d'étrangers, qui n'y ont ni propriétés ni parens, venir s'y établir dans la seule vue de jouir de tant de précieux avantages, et l'on remarque que dès qu'ils y ont passé quelques années ils ne peuvent plus s'en arracher.

Le goût pour la bonne chère est trop répandu dans la classe inférieure. Quelques ouvriers sacrifient tout ce qu'ils gagnent à cette malheureuse passion et font un dieu de leur ventre. Dès qu'ils ont gagné quelqu'argent, ils courent à la poissonnerie et achètent les meilleurs morceaux. Ce penchant si funeste pour la gourmandise peuple Thouars de mendians, et l'on voit même des hommes de cette dernière classe dépenser en un repas l'aumône de la semaine, et oublier les besoins pressans d'une famille éplorée et sans pain. En général, les Thouarçais ont le défaut de mal calculer leurs revenus avec leurs dépenses; chacun, dans la classe moyenne, veut s'élever au-dessus de son voisin et monter au moins d'un çran. De là naissent des banqueroutes, des faillites inattendues, des exils volontaires; et, ce qu'il y a de plus affligeant, c'est que les exemples les plus nombreux et les plus frappans ne peuvent déraciner ce vice né de l'orgueil et qui conséquemment a sa source dans le cœur humain.

Le langage est assez pur dans les classes aisées de Thouars; le peuple traîne sur les finales des mots, ce qui donne un ton niais et monotone au discours. Aucun habitant ne sait parler le patois gatineau; aucun même ne le comprend parfaitement. Ce patois semble être un reste de l'ancienne langue aquitanique; c'est l'idiôme commun aux paysans qui habitent au sud-ouest de Thouars; je renverrai le lecteur à ce que j'en ai dit dans mon Histoire des guerres de la Vendée ; il a déjà vu que l'Aquitaine avait été peuplée par des Scythes. (V. l'Avant-propos).

CHAPITRE XXVI.

Améliorations proposées; Eaux minérales.

Thouars a tout perdu à la révolution, il n'y a rien gagné. Il avait dans ses trois tribunaux, dans les trois chapitres, dans les bénéfices simples ou à charges d'âme, dans les couvens et dans les autres établissemens, de quoi placer du moins soixante jeunes gens; on ne saurait aujourd'hui trouver où en placer sept. De là vient que la plupart des jeunes Thouarçais sont forcés de s'expatrier pour chercher ailleurs quelques emplois, ce qui contribue, chaque année, à diminuer les restes de la population.

Après la guerre de la Vendée, on dépouilla Thouars de ses établissemens pour les transporter à Bressuire où ils ne conviennent nullement.

On voulait, disait-on, rétablir une ville brûlée, et, par un raisonnement étrange, on laissait, pour parvenir à ce but, dépérir une ville déjà florissante.

Thouars, si peuplé sous ses ducs, n'est aujourd' hui qu'un gros village; il n'a d'autres établissemens qu'une justice de paix, une poste aux lettres et un bureau d'enregistrement, ses juges, ses avocats, ses huissiers, ont été forcés de s'établir à Bressuire, où ils vivent dans une espèce d'exil, loin de leurs proches, de leurs habitudes, de leur clientelle .

Pour remédier à tant de maux, il faut, 1.° reporter à Thouars le tribunal et la sous-préfecture; 2.° rendre le Thoué navigable par les moyens que j'ai indiqués précédemment (chap. 5); 3.° construire la grande route de Thouars à Fontenay, dont la confection a déjà été ordonnée par des décrets; 4.° établir à Thouars un collége d'arts et métiers; 5.° ranimer l'ancienne manufacture de serge; 6.° diriger les courriers et les voitures publiques de Paris à la Rochelle, par le Mans, la Flèche, Saumur, Thouars, Parthenay, Niort, ce qui abrègerait singulièrement le chemin; 7.° enfin établir une poste aux chevaux à Thouars .

Il faudrait en outre, 1.° ouvrir la tour du prince de Galles, ou tour Grénetière, y démurer l'ancienne porte de ville, de manière que les voitures pussent entrer à Thouars, de la grande route qui se trouve dans la vallée de la Madelaine; 2.° percer une rue qui rendrait de cette porte à la place Saint-Laon, en passant par celle de Saint-Médard; 3.° il faudrait aussi faire, de l'emplacement de l'ancien collége, une promenade plantée en tilleuls, et ouvrir une rue qui conduirait de cette place au marché à la laine; il serait enfin nécessaire de faire lever le pavé dans les rues où il est le plus détérioré .

En adoptant ces moyens, on aura bientôt rétabli Thouars; on aura donné à cette ville toute l'existence politique qu'elle peut avoir. Il est permis de dire qu'aujourd'hui c'est une orpheline qui n'a d'autre héritage que de glorieux souvenirs.

Eaux minérales.

Thouars a dans son voisinage deux sources d'eaux minérales que l'on pourrait utiliser; ce sont celles de Billazais et de Vrère. En 1773 ces eaux ont été analysées par MM. Lachaux et Linacier, célèbres médecins. Ils ont reconnu qu'elles tenaient en dissolution le foie de soufre (sulfure d'alkali), et qu'elles étaient excellentes pour la guérison de toute espèce de maladies cutanées.

Elles ont été très-fréquentées en 1787. Un archévêque et un évêque (MM. de Conzié) vinrent les prendre et s'en trouvèrent très-bien. Un grand nombre d'autres malades en éprouvèrent l'efficacité. Il est certain que les habitans de Billazais et de Vrère, qui lavent habituellement leur linge à ces fontaines, n'ont jamais de maladies de peau.

Deux causes les décréditèrent en 1790. 1.° En voulant donner un libre cours à l'eau et en couvrant d'un bâtiment ces sources, on en altéra l'efficacité ; 2.° les malades ne trouvant aucune de ces pensions qui sont si multipliées aux eaux de Jouanet, sont contraints de se tenir dans des cabarets incommodes et bruyans, où ils sont fort mal à l'aise pendant le mois de séjour qu'ils sont tenus d'y faire.

Le premier de ces inconvéniens n'existe plus; depuis dix ans, on a rétabli les sources dans leur état primitif; mais le second subsiste toujours, ce qui décide les malades à faire puiser ces eaux aux fontaines et à les transporter au lieu de leur domicile souvent éloigné, ce qui rend nulles ou du moins retarde les guérisons.

Pour remédier à cet inconvénient, il faudrait engager quelque habitant du bourg d'Oiron à tenir une pension, dans un local sain et commode. Les malades trouveraient à Thouars:

1.° Des médecins estimés, MM. Perraut père et fils, Allonneau;

2.° Quatre chirurgiens, MM. Gimon, Jacques Audebert, Joguet et Minaut ;

3.° Deux pharmaciens, MM. Bouchet et Touraine.

On pourrait aussi placer les malades à l'hospice d'Oiron, dont le local est vaste et bien aéré. Si ce projet se réalise, je ne doute pas que, avant dix ans, la foule des malades ne soit aussi considérable à Billazais , qu'elle l'est actuellement aux eaux de Jouanet et de la Roche-Posay; car il est démontré que la cure des maladies de peau, de quelque nature qu'elles soient, y est presque infaillible. Ce concours d'infirmes, la plupart riches et aisés, jetterait quelque argent dans un pays qui n'a d'autre commerce que celui du blé et du vin.

CHAPITRE XXVII.

Hommes célèbres.

Les Thouarçais, en général, ont l'esprit vif, une mémoire heureuse, une facilité de conception très-grande; mais presque tous dédaignent l'étude, ainsi que je l'ai dit, et cherchent plutôt à s'amuser qu'à s'instruire. On ne voit guères chez eux de ces hommes que le besoin de l'étude et l'aiguillon dé la gloire attachent pendant des années entières, à un travail opiniâtre dans la poussière des bibliothèques; aussi on n'en voit que très-peu, même parmi les plus habiles, qui aient acquis un certain fond d'érudition: tous restent constamment à la surface des sujets même qu'ils prétendent approfondir. On dirait qu'ils ont pris, pour la science, le conseil qu'un sage a donné à l'occasion du plaisir:

«Sur un terrain si fleuri, si fragile
Glissez; mortels, n'appuyez pas.»

C'est sans doute à cet inévitable penchant pour la paresse, que l'on doit attribuer le petit nombre de savans qui ont su se tirer de la foule; je vais en donner des notices, en prévenant le lecteur que, même parmi ces doctes personnages, il en est peu qui aient mérité de tenir un rang distingué dans la république des lettres.

Philippe de Thaon.

Philippe de Thaon a vécu dans le douzième siècle. Il a laissé deux ouvrages en mauvais vers français; le premier qui a pour titre Le Bestiaire, traite de la nature des bêtes; le second est intitulé Des Créatures. L'auteur et ses ouvrages sont aujourd'hui presqu'entièrement oubliés.

Gabriëlle de Bourbon.

Cette illustre vicomtesse, dont la mémoire est encore si chère aux Thouarçais, a composé quelques ouvrages dont j'ai déjà donné les titres (chap. 23).

La qualité qui fut la plus estimée dans cette princesse issue de Saint-Louis, fut son aimable simplicité. Jamais on ne lui vit prendre, même à l'égard de ses vassaux, des tons de hauteur ni cette morgue qui est si évidemment la fille aînée de la sottise, et dont de prétendues grandes dames ont, même aujourd'hui, tant de peine à se défaire. Comme l'empereur Sigismond, elle mettait le savant au-dessus du guerrier ignare; elle pensait, de même que Geoffroi, comte d'Anjou, qu'un souverain non Lettré n'est qu'un âne couronné. (Voyez Hist. de France, règne de Louis d'Outremer, par Millot, t. 1.er, p. 205).

Anselme Izambert.

Cet auteur qui vivait au seizième siècle, n'est connu que par quelques Commentaires sur les coutumes d'Anjou et de Bretagne.

Corneille-Bonaventure Bertram.

Cet auteur naquit à Thouars, l'an 1531 Dès son enfance, son application à l'étude et sa docilité envers ses maîtres, semblèrent annoncer les progrès qu'il fit depuis dans les sciences, et firent présager à tous ceux qui le connaissaient qu'il serait un jour l'honneur de son pays. Mathieu Bertram, son père, célèbre jurisconsulte, protestant, l'envoya à Poitiers pour y faire ses humanités. Le jeune Bertram s'y distingua par d'éclatans succès, et emporta à la fin de ses études, l'estime et les regrets de ses condisciples et de ses maîtres. Pour perfectionner son éducation, son père l'envoya à Paris, sous la discipline du célèbre Ange Caninius, professeur de langues orientales. Il y resta quatre ans, et ses progrès dans ces langues ne démentirent point l'attente que l'on avait conçue de son mérite.

De retour dans sa famille, le jeune Bertram éprouva la vérité de ce proverbe, que nul n'est prophète dans son pays. Loin de s'honorer de ses talens, ses concitoyens cherchèrent à le dénigrer par tous les moyens que peut suggérer une basse envie. Las enfin de lutter contre les efforts d'une médiocrité jalouse et fatigante, il résolut de s'exiler de son pays.

On a comparé Bertram au poisson volant. Tant qu'il reste au milieu de l'onde, il vit assez paisible et ne court pour sa vie que les dangers ordinaires auxquels le faible est exposé vis-à-vis du fort; mais dès qu'il prend l'essor et s'élance dans les airs, il attire sur lui l'attention et semble irriter à la fois la jalousie de ceux qui sont contraints de rester au milieu de l'onde, et celle des oseaux de mer. Ces derniers le poursuivent et le déchirent à coups de becs et de griffes. Forcé de retomber dans l'Océan, il y trouve des poissons voraces, qui, la gueule béante, l'attendent pour le dévorer. Nous laissons au lecteur le soin d'achever la comparaison.

Après avoir recueilli la succession de son père qui venait de mourir, il dit un éternel adieu à la ville qui l'avait vu naître , et se rendit, en 1570, à Cahors, pour suivre les leçons de François Roaldèz, fameux professeur d'hébreu, et se perfectionner dans cette langue.

La France était alors en proie aux fureurs d'une guerre intestine et religieuse. Dans toutes ses provinces, des concitoyens, des frères y s'égorgeaient au nom d'un Dieu de paix et de miséricorde. Couvert de toutes parts de sanglans débris, ce beau royaume ne paraissait plus, aux yeux de l'Europe, qu'une arène où des cannibales s'entre-dévoraient. Ses villes et ses campagnes n'offraient aux habitans désolés ni protection, ni asile, ni sûreté. Bertram en fit la triste expérience. Ce ne fut qu'avec des peines infinies qu'il parvint à échapper au massacre des protestans de Cahors et à gagner la ville de Genève.

Cette ville était le centre du calvinisme, et le principal théâtre où les novateurs cherchaient à faire briller leurs talens et à établir leur réputation. Bertram y fut parfaitement accueilli de plusieurs prédicans célèbres, et entr'autres de Théodore de Bèze, qui lui fit épouser Geneviève de Nosse, nièce de sa femme.

Peu de temps après ce mariage, il fut nommé ministre et professeur de langue hébraïque, en la place de Rodolphe Cevalier. Quelques légères disgrâces vinrent enfin interrompre le cours de ses prospérités. Forcé par quelques brouilleries de sortir de Genève, il se retira à Frankantal, dans le Palatinat. Après y avoir séjourné quelques années, il se rendit aux vœux des magistrats de Berne, qui lui offrirent la place de professeur d'hébreu à Lausanne: ce fut dans cette ville qu'il termina paisiblement sa carrière âgé de soixante-trois ans.

Bertram est l'auteur de plusieurs ouvrages, dont le plus célèbre est celui qui a pour titre Politia Judaïca. La plus grande partie des commentaires sur le livre de Job est de sa composition, ainsi que la version de la bible en français, les figures de cette même bible et leur explication. Il est aussi l'auteur de l'ouvrage intitulé Lucubrationes Frankentalenses. Il a été regardé comme un excellent critique et comme le plus savant professeur de son temps, par MM. de Bèze, Casanbon et plusieurs autres doctes personnages. M. Colomiès en fait le plus grand éloge dans l'ouvrage qui a pour titre Gallia Orientalis.

Tel a été le sort du célèbre Bertram. Dédaigné par ses concitoyens, il fut accueilli d'une manière distinguée par des étrangers: leçon utile à tous les hommes instruits, et qui doit leur apprendre qu'on peut trouver dans sa ville natale, repos, estime, amitié ; mais qu'on y chercherait en vain la considération attachée aux lauriers littéraires et aux talens.

François Brion.

François Brion était originaire de Thouars. Il fut estimé dans son temps comme un habile médecin. Il vivait au commencement du dix-septième siècle; il a laissé entre autres ouvrages un traité intitulé Salubritatis ac insalubritatis leges ac judicia è naturae arcanis deprompta, imprimé à Paris en 1631. Dans cet ouvrage, il vante beaucoup les vins du Poitou, et particulièrement ceux de Thouars (p. 73) Vina pictaviensia optima inter quae praestant Thuarcensia. Il a dédié son ouvrage au duc Henri de la Trimouille.

Thomas Goulde.

Thomas Goulde était originaire d'Irlande. En 1714, il fut nommé abbé de Saint-Laon; il avait passé la plus grande partie de sa vie à Thouars; il y est mort en 1734. Je donnerai ici le catalogue exact des ouvrages de l'abbé Goulde:

1.° La véritable croyance de l'Eglise catholique; 1 vol. in-12.

2.° Entretien de controverse où l'on explique la doctrine de l'Eglise catholique; 1 vol. in-12.

3.° Traité du saint sacrifice de la messe; 1 vol in-12.

4.°des pseaumes de David; 1 vol. in-18.

5.° Recueil de diverses objections présentées par les calvinistes et réfutées, imprimé à Paris, en 1735; 1 vol. in-12.

J'ajouterai que la plupart de ces ouvrages ont été imprimés par ordre du roi, dont M. Goulde était le missionnaire et dont il recevait une peusion en cette qualité. Il eut aussi une pension de M. le duc de la Trimouille. C'est dans l'un de ses ouvrages que le génovéfain le Courrayer a puisé son hérésie de la validité des ordinations anglicanes.

Drouyneau de Brie.

Cet auteur, né d'une des premières familles de Thouars, fut longtemps avocat au parlement de Paris. Ses lumières et son intégrité le firent estimer de M. Lenain, intendant de Poitiers, et de tous ses concitoyens. Il a laissé un manuscrit intitulé Mémoires historiques de Thouars, qui m'a beaucoup servi pour écrire cette histoire. Il est mort en 1754.

Jean-Baptiste-Louis Harcher.

M. Harcher a occupé à Thouars, d'où il était natif, la place de lieutenant au siége de la duché-pairie. Il fut estimé comme jurisconsulte et comme savant. On a de lui un excellent traité des fiefs sur la coutume du Poitou, imprimé à Poitiers, eu 1762. Sa famille, dont le nom est éteint, a toujours joui dans la ville d'une grande considération. Mademoiselle Harcher a épousé en 1765, M. de la Ville-de-Baugé.

Thouars a dans ce moment plusieurs citoyens qui cultivent avec succès les sciences et la littérature. Je citerai entre autres MM. P. Jagaut et J. Richou; le premier a occupé la place de secrétaire-général du conseil supérieur que les généraux vendéens établirent en 1793 à Châtillon; il a été en outre employé auprès de nos princes du sang et des ministres du roi d'Angleterre, pour obtenir des secours à l'armée catholique et royale. Il a composé plusieurs ouvrages qu'il se propose de livrer bientôt à l'impression.

Le second, auteur de la vie de Pierre-le-Grand, imprimée en 1780, a été membre de la convention, et s'est honoré par la droiture et la modération, qui le firent mettre en détention en 1793, par ses féroces collègues, et pensèrent lui coûter la vier Le vote qu'il prononça lors de la mort du roi lui a fait honneur. Il a été long-temps maire de Thouars; la ville lui doit sa belle promenade, qui occupe aujourd'hui la place de l'ancien cimetière de Saint-Laon.

An nombre des savans à qui Thouars a donné la naissance, et qui vivent encore, on doit mettre en première ligne Mgr. Daviau de Piolan, archevêque de Bordeaux, l'une des lumières de l'Eglise gallicane. Né au château du bois de Sansais, en 1741, il fut destiné de bonne heure à l'état ecclésiastique, pour lequel il eut dès son enfance une véritable vocation. Ses talens distingués ont brillé dans plusieurs circonstances, et notamment lorsque, le 30 juillet 1774, il prononça à Poitiers, dans la cathédrale, l'éloge funèbre de Louis XV. Ce discours, aussi brillant que solide, enleva tous les suffrages. M. Daviau fut nommé grand-vicaire; il a occupé cette place jusqu'en 1790, époque où Louis XVI le nomma archevêque de Vienne. La révolution le contraignit, peu de temps après, à sortir du royaume. Il y rentra en 1801, et fut nommé archevêque de Bordeaux.

> Notice de Louis II, seigneur de la Trimouille, vicomte de Thouars, prince de Talmont, comte de Benon, baron de Craon, seigneur de Mareuil, de l'Isle Bouchard, de Sulli, de Mauléon, de Marans, de l'Isle-de-Rhé, etc.

Louis a été l'un des cinq chevaliers français qui ont mérité le nom de chevaliers sans peur et sans reproche, et à l'égard desquels la postérité a ratifié ce beau titre qu'il partagea avec son contemporain Bayard, que du Guesclin et Barbasan avaient porté avant lui, et qu'eut l'honneur de porter après lui le maréchal d'Aumont. J'ai déjà parlé de ce héros dans cet ouvrage; mais je crois devoir lui consacrer ici une notice particulière.

Louis naquit l'an 1460, au château de Bommiers en Berri, quinze mois après le mariage de Louis de la Trimouille son père, et de Marguerite d'Amboise, vicomtesse de Thouars. Les jeux de son enfance annoncèrent à l'Europe un grand capitaine. A l'âge de neuf ans, on le voyait à la tête de ses camarades rangés en bataille, livrer un combat, faire le siége d'une ville ou monter à l'assaut. Quoiqu'ils ne fussent armés que de simples bâtons, il en restait toujours quelques-uns sur le champ de bataille, plus ou moins estropiés. Ces jeux sans doute ne sont pas sans danger, mais on ne doit pas moins regretter que la noblesse française ait perdu jusqu'à la tradition de ces nobles exercices qui formèrent tant d'illustres guerriers chez les Grecs et chez les Romains. La gymnastique est aujourd'hui si négligée dans nos écoles, que l'on dirait que l'état n'a plus besoin de militaires, et qu'il ne lui faut plus dans la haute classe que des courtisans sédentaires, et dans les autres que des prêtres, des médecins ou des procureurs.

Lors de la guerre du bien public en 1465, le jeune Louis donna des preuves éclatantes de sa fidélité envers son roi. Un de ses camarades reçut de lui un soufflet pour avoir fait l'éloge des princes révoltés. «Que ne suis-je auprès du
» roi, s'écria-t-il, je le dépendrais contre tous
» ses ennemis ».

A treize ans, il fut envoyé à la cour, où Louis XI lui fit l'accueil le plus gracieux. —
«Vous voyez le petit la Trimouille, dit-il à ses
» courtisans, ce sera un jour l'honneur et le
» soutien de la France».

On ne saurait peindre la joie du jeune prince, lorsqu'à l'âge de dix-huit ans, on lui permit enfin d'entrer dans la lice des combats. Ses premières armes furent dirigées contre la duchesse de Bourgogne, peu de temps après que le dnc Charles-le-Téméraire eut été tué à la bataille de Nancy.

A l'âge de vingt-ans, les passions de la jeunesse vinrent troubler le calme heureux dont il avait eu jusqu'à cette époque le bonheur de jouir. Il devint éperduement amoureux de la femme de l'un de ses amis; la dame partagea sa flamme sans manquer à l'honnêteté. La Trimouille, quoiqu'il fût assuré d'être aimé, eut assez de force d'ame pour se faire violence et pour respecter le lien conjugal; mais une fiévre dangereuse, fruit de l'ardeur secrète qui le consumait, fit trembler pour ses jours. Son ami devina la cause de son mal. Moins généreux que Seleucus, sans perdre sa dame, il trouva le moyen de guérir le nouvel Antiochus. Le remède dont il se servit paraîtra risible dans ce siècle de lumière ou plutôt de corruption, où l'on a tant de peine à croire à la vertu.

Par son ordre, sa tendre moitié va trouver la Trimouille, et lui remet une lettre de son mari dont telle était la substance: ce Je sais, mon
» ami, que tu meurs d'amour pour ma femme.
» Je veux te sauver la vie; je te l'envoie; mon
» amitié va me plonger au tombeau. C'est à moi
» qu'il convient de mourir de douleur».

L'ame héroïque de la Trimouille se soulève d'indignation à la seule idée de causer la mort d'un ami si généreux. Il se lève, va le trouver, l'inonde de ses larmes, et lui jure que dès ce moment il est guéri de son amour. De peur d'éprouver une rechûte, il s'éloigne et dit à la dame un éternel adieu. Un pareil héroïsme paraîtra ridicule aux petits maîtres de notre temps, mais ce trait n'en est pas moins un des plus admirables de tous ceux que nous offre l'histoire ancienne et moderne.

Louis XI meurt; la Trimouille devient le soutien de la régente Anne de Beaujeu . Le duc d'Orléans, appuyé du duc de Bretagne , intrigue pour obtenir la régence. On veut l'arrêter, il s'enfuit à Nantes, la guerre est déclarée, la Trimouille commande l'armée royale à l'âge de vingt-sept ans.

Le 23 juillet 1488, il remporte à Saint-Aubin, sur les princes rebelles, une victoire éclatante. Le duc d'Orléans, le prince d'Orange, vingt capitaines sont faits prisonniers. Le même soir, la Trimouille les admet à sa table. Un repas magnifique est servi; on boit, on mange, l'on s'amuse, tous les prisonniers oublient leur défaite et paraissent plongés dans la plus parfaite sécurité ; tout-à-coup deux cordeliers entrent dans l'appartement; les princes et les capitaines pâlissent; la Trimouille prend un visage sévère:
«Traîtres, s'écrie-t-il d'une voix forte, vous
» avez tous mérité la mort. Pris en flagrant délit,
» il n'y a point de procès à vous faire. Vous
» princes, vous n'avez pour le moment rien à
«craindre; c'est au roi seul qu'il appartient de
» vous punir . Pour vous, capitaines, votre
» arrêt de mort est prononcé, disposez-vous à
» mourir». Ces derniers tombent en vain aux pieds de la Trimouille qui demeure inexorable. Ils sont confessés, et exécutés deux heures après.

On trouve cette anecdote à la suite de l'histoire de Charles VIII par Jaligny. Quoiqu'il en soit, je ne prétends pas ici en garantir la vérité. Son mariage avec Gabriëlle de Bourbon avait précédé cette bataille, il fut l'ouvrage de la régente qui s'y employa d'une manière à n'être pas refusée.

En 1493, la Trimouille suit Charles VIII à Naples; il se trouve près de lui à Fornoue. On voulait abandonner la grosse artillerie; la Trimouille, à force de travail, parvient à lui faire franchir des montagnes escarpées; l'ardeur du soleil l'avait rendu noir comme un more; le roi d'abord ne le reconnut pas. — Mon cousin, vous avez fait, dans ces derniers jours, plus qu'Annibal; il n'avait pas d'artillerie, et son passage des Alpes est au-dessous de celui que vous venez de faire.

Le lendemain, quarante mille Italiens attaquent huit mille Françaises; la Trimouille commande l'arrière-garde et se signale par mille exploits; le roi de France est vainqueur.

Charles VIII meurt; le même duc d'Orléans qu'il a pris à Saint-Aubin monte sur le trône; la Trimouille redoute sa haine, mais le généreux Louis XII lui écrit qu'un roi de France ne venge pas les querelles d'un duc d'Orléans, il vole à son service et consacre jusqu'à la dernière goutte de son sang à un prince si généreux.

Le voilà en Italie avec une armée. Son premier exploit est de prendre Milan et d'arrêter l'usurpateur Ludovic Sforce et le cardinal Ascagne son frère. Ils sont conduits en France et renfermés dans le château de Loches. La Trimouille est nommé gouverneur de la Bourgogne.

Il est désigné pour commander l'armée destinée à reconquérir le royaume de Naples; une maladie dangereuse le retient dans le Milanais; il revient à son château de Thouars pour s'y rétablir. Il y trouva sa dame adorée de ses vassaux et uniquement occupée à soulager les malheureux et à faire du bien. C'était, dit Bouchet, une dame pleine de religion, sobre, chaste, sans fierté, sans morgue, et persuadée qu'un grand n'est comme les autres hommes que cendre et poussière; que la grandeur n'a qu'un seul avantage, celui de mettre à même de faire plus d'heureux. Sa matinée était en partie consacrée aux exercices de la dévotion; l'étude remplissait le reste du temps qui n'était employé ni à ses œuvres charitables ni aux devoirs de son rang. Les hommes de lettres étaient en faveur auprès d'elle, pourvu qu'ils fussent à la fois religieux et savans. Elle disait que chez eux la noblesse était personnelle: ce que l'on ne voyait pas toujours ailleurs. Les ignorans même titrés n'avaient accès à sa cour que dans les heures consacrées à la représentation. Elle estimait ceux qui du reste avaient du mérite, mais elle ne les admettait que rarement dans sa société particulière. Le jeune Charles, son fils, prince de Talmont, élevé par une telle mère, était devenu un des jeunes seigneurs les plus intéressans du royaume. Il réunissait à la fois le mérite du guerrier et celui de l'homme de lettres. Nul ne maniait avec plus de grace une épée ou une lance, nul ne faisait de plus jolies épîtres et de plus gentils rondeaux. Ce prince fut marié très-jeune à Louise de Coëtivy, dont la mère était du sang royal.

Dès que la Trimouille eut recouvré la santé, il partit pour l'Italie. On le voit à Agnadel couvrir Louis XII de son corps et contribuer puissamment à la victoire. On le trouve ensuite dans le Milanais occupé à repousser les Suisses qui s'étaient déclarés sans motifs les ennemis du roi de France. Forcé de combattre à Novarre par l'indiscipline de ses officiers, il fait des prodiges de valeur à la tête de l'avant-garde, et enfonce et disperse un corps de sept mille Suisses; dix mille ennemis surviennent au moment de la bataille. Les troupes italiennes qui faisaient partie de l'armée française lâchent le pied. La Trimouille fait sa retraite en perdant son artillerie . Un nouveau chagrin l'accable; il perd le cardinal Jean de la Trimouille, son frère, qu'une fièvre putride emporte à Milan. C'est le même qui avait donné au chapitre du château de Thouars le morceau du bois de la vraie croix, qui a été dérobé ou détruit en 1793.

La Trimouille est à Dijon; quarante mille Suisses viennent l'y assiéger. La place n'était pas tenable; il n'avait pas deux mille hommes pour la défendre. Cette invasion était d'autant plus redoutable, que la France attaquée de toutes parts, n'avait pas même un camp volant à opposer à ces nouveaux ennemis. La Trimouille, qui ne peut les combattre, fait un traité avec eux. Ces bons Helvétiens, plus braves soldats qu'habiles politiques, recoivent un peu d'argent, beaucoup de promesses, et se retirent dans leur pays. Le roi désavoue la Trimouille, mais le danger est passé, la France est sauvée.

Le bon Louis XII descend au tombeau en 1514; un roi, brillant de jeunesse et de valeur, lui succède, le chevaleresque François I.er L'année suivante, il est dans le Milanais avec une armée; la Trimouille est à ses côtés. Les Suisses, enorgueillis par la victoire de Novarre, osent attaquer un roi de France en personne; ils sont battus et écrasés à la journée de Marignan, que Trivulce a appelée un combat de géans. La Trimouille y perd le prince de Talmont, son fils, criblé de blessures mortelles. Le roi, la cour et tous les graves pleurèrent la perte de ce jeune héros, qui promettait d'égaler et même de surpasser un jour son père.

La Trimouille désolé revient à Thouars pour adoucir le chagrin de son épouse inconsolable, Gabriëlle de Bourbon fait de vains efforts pour arracher de son cœur le trait fatal qui la déchire, Elle succombe enfin sous le poids de sa douleur et meurt le 30 novembre 1516; Thouars perd la plus illustre de ses vicomtesses.

François I.er rappelle la Trimouille à la cour, et, trois ans après, lui fait épouser Charlotte d'Albret, duchesse de Valentinois. Il est nommé gouverneur de la Picardie attaquée par une armée formidable d'Anglais et d'Espagnols commandée par le duc de Suffoleck et le comte de Bure. Il bat en détail les ennemis, leur coupe les vivres, et sauve la province .

En 1524, le connétable de Bourbon, persécuté par une femme altière dont il a méprisé la beauté et refusé la main, est sorti de France et s'est déclaré l'ennemi de son roi. A la tête d'une armée espagnole il assiége Marseille. François I.er vole au secours de la Provence, la Trimouille est à ses côtés. Bourbon prend la fuite et se retire en Italie; le roi l'y poursuit. Il fait le siége de Pavie. L'armée espagnole reçoit de nombreux renforts et reprend l'offensive. La Trimouille, Chabanes, Lescun, d'Amboise,

Tonnerre, d'Ars et tous les vieux capitaines conseillent au roi de lever le siége et de se retirer; Bonnivet seul veut qu'on livre bataille; Bonnivet est écouté ; un favori sans talens militaires l'emporte sur tout ce que la France a d'illustres guerriers. Le combat s'engage, les Français poussent d'abord l'ennemi avec vigueur, le roi est à leur tête et fait des prodiges de valeur. Bientôt après un grand nombre d'Arquebusiers allemands ont tué ou démonté la plupart des chevaliers français. —
«Ah! chevalier Bayard, s'écrie le roi, que
» vous me faites faute!» Bonnivet, accablé de

reproches, se lance au milieu des ennemis et y trouve la mort. Saint-Paul, Saluces, Nevers, le prince de Talmont, Lescun, Chabot, Montmorenci, Bonneval, le bâtard de Savoie, sont blessés et pris; les autres capitaines français sont étendus morts sur le champ de bataille. La Trimouille blessé couvre le roi de son corps; enfin atteint d'un coup mortel, il tombe aux pieds de son maître; le roi est forcé de rendre son épée, tout est perdu hormis l'honneur. La Trimouille était âgé de soixante-cinq ans.

CHAPITRE XXVIII.

Poésies.

Après avoir parlé des savans et des hommes de lettres que Thouars a vu naître, je dois au lecteur un échantillon de leur savoir faire, tant en prose qu'en vers. Je me bornerai à donner ici quelques pièces de poésie fugitives. Je terminerai cet ouvrage par la transcription d'un discours oratoire, composé par un Thouarçais, qui a remportée en 1802, le prix proposé par l'Athénée de Niort, sur cette question: Quel est l'état des sciences et des arts dans le département des Deux-Sèvres? Ce prix fut décerné par l'Athénée à l'unanimité des voix.

Les dangers du bel Esprit. (Epigramme).

Damis a tant de goût qu'il en est importun.
— Fi! de ces mots usés! plus de rime commune.
Ce mot commun l'irrite, l'importune,
Au point que tous ses vers manquent de sens commun.

Sur un nouveau Riche. (Epigramme).

Certain fat, enrichi, sur la place commune,
Me trouve hier au soir. — Ami, parle, as-tu vu

Mon palais, mes chevaux, mes laquais? qu'en dis-tu?
— Je dis que la vertu rougit de la fortune.

A une jolie Dame qui me faisait admirer sa maison. (Epigramme).

Philis que sa fraîcheur semble égaler aux Graces,

Dans son superbe hôtel me promenait le soir.

— Voyez-vous ces tableaux, ces lambris et ces glaces?

— Retirez-vous. — Pourquoi? Vous m'empêchez de voir.

La Coquette mécontente. (Epigramme).

Que je suis mal coiffée! ah! c'est à faire peur,

Disait hier, Doris, de très-mauvaise humeur.

Qu'on me cherche partout une adroite suivante.......

On court, on est en quête.... Alison se présente.

— Que savez-vous? — Madame, en un seul tour de main,

En une heure au plus tard, voyez si je suis leste,

Je vous place un postiche et recrépis un teint;

D'un visage terni, je fais valoir le reste;

Je vous pose une mouche et passe au fer un tour....

— Fi de l'impertinente! Ailleurs cherchez emplette...

Quoi! je ne passerais qu'une heure à ma toilette....

Eh! que ferais-je donc tout le reste du jour!

        Le Parvenu (Epigramme imitée de Martial).

                «Vis te sexte colli, etc.»

J'aimais Paul; mais depuis qu'il est cousu d'écus,
Il exige un respect qui souvent m'humilie.
— Paul, s'il faut t'encenser, je ne t'aimerai plus,
Et ne verrai dans toi qu'un faquin qui s'oublie.

        A une Dame fardée. (Epigramme).

De votre teint, Doris, j'admire les couleurs;
Non jamais je n'ai vu de beauté plus parfaite......
Un soupçon néanmoins m'agite et m'inquiète;
Vos charmes sont-ils bien payés au parfumeur!

        Bon mot de Piron. (Epigramme).

Dans un de ces jardins où tout Paris abonde,
Piron près de Danchet se place un beau matin.
Danchet veut s'éloigner, Piron lui prend la main...
— Quoi! je te ferais fuir, toi que fuit tout le monde?

Sur une Femme avare.

Ah! ne soupez jamais chez l'avare Amisard:

Quel air froid et glacé ! quel accueil! quel teint blême!

Chaque morceau qu'on mange est un coup de poignard.....

Ah! madame, on dirait qu'on vous mange vous-même!

La Sténographie. (Epig. imitée de Martial).

«Currant verba licet, etc.»

En vîtesse Damis égale la parole;
Sa plume est plus vive qu'un trait;
La bouche s'ouvre, le son vole;
Tout est écrit, l'ouvrage est fait.

Ce qui rend une Maison belle. (Ep. imit. de Martial).

«Daphonas platanos, etc.»

Oui j'admire, Mondor, tes belles colonnades,
Ces lambris, ces balcons, ces riches balustrades,
Cette vaste antichambre et ces salons pompeux.
Leur éclat est frappant, il éblouit mes yeux....
Mais je n'aperçois point de feu dans la cuisine
Et je n'ai vu qu'un lit dans ton vaste palais;
On ne dort point chez toi, l'on n'y mange jamais....
Ah fi! mondor, la vilaine cassine.

Les deux Docteurs. (Epigramme).

Hier dans un café deux fameux médecins
Pleins d'envie et d'orgueil disputaient de science.
— Eh! qui peut t'inspirer une telle arrogance,
Toi qu'on a toujours mis au rang des assassins?
Ainsi parlait Purgon à Paul, pour le confondre.
Paul à l'instant répond: Mais de quoi guéris-tu?
— Je connais mon métier. — Ce n'est pas là répondre;
Connais-tu Gallien? L'as-tu seulement lu?
— Je guéris tous les maux du foie et de la rate,
La teigne, les vapeurs, l'asthme? les fluxions,
Goutte, gale, scorbut, rougeole, oppressions,
Le tout sans m'écarter du célèbre Hypocrate.
— Te voilà bien savant; apprends que je guéris
De la toux, du cancer, des vers, du rachitis....
— Je guéris de la mort. — Alte-là je te prie,
La palme m'appartient.... je guéris de la vie.

Le Véridique. (Epigramme).

    Les fripons gouvernent les sots,
    Dit Dorilas dans ses bons mots:
    Sur sa parole il faut l'en croire;
    C'est un membre du directoire.

        (Cette dernière Epig. est de M. Demége, de Thouars).

Vers adressés par M. Calixte de la Barre, à M.***
la veille de la Saint-Pierre, en 1802.

Céphas au ciel est patron de l'église,
Pierre est ici patron de l'amitié.
Mon cœur au sien dès l'enfance est lié ;
Souhaitons-lui la barbe longue et grise.

L'un est là haut tenant d'une main forte
Les larges clés du céleste lambris;
L'autre ici-bas se croit en paradis,
Quand l'amitié vient entr'ouvrir sa porte

D'un doux baiser on lui donne l'exemple;
On lui sourit et jamais à moitié :
Gloire au patron de la tendre amitié !
Et damné soit l'infidèle à son temple!

Du beau talent dont la France est charmée,
Nous aurions pu parler ici bien haut:
Laissons au temps à parler comme il faut;
Sans bruit le sage attend sa renommée.

Ces vers ont été composés par Mlle ***, de Thouars, qu'une mort inopinée a enlevée, en 1808, à ses parens, et qui était aussi connue par son amabilité que par ses talens.

Réponse faîte sur-le-champ par M.***, sur les mêmes rimes.

Oui, prenant à témoin le chef de notre église,
Reserrons, j'y consens, les nœuds de l'amitié ;
Avec toi pour toujours je veux être lié ;
Toujours je t'aimerai même avec barbe grise.

Va, crois-moi, l'amitié pour être et vive et forte,
Ami, n'a pas bosoin de palais, de lambris;
En s'aimant, cher Calixte, on trouve un paradis,
Dont mon patron en vain voudrait fermer la porte.

Aux amis de nos jours tous deux servons d'exemple,
Que ton cœur et le mien soient toujours de moitié ;
Sacrifions sans cesse à la tendre amitié ;
Et deviens à ton tour le patron de son temple.

En vain prétendrais-tu que la France est charmée
D'un talent que ton zèle élève ici trop haut:
Quand tu voudras, ami, me chanter comme il faut;
Parle-moi de ton cœur, et non de renommée.

L'Éducation à la mode. (Épigramme).

Lise me disait hier, ce qu'on m'a fait apprendre
A mon père a coûté dix mille francs et plus....

— Ah! Lise, si quelqu'un t'en offrait dix écus;
Le marché serait bon, tâche de le revendre.

Le Bonheur. (Épigramme imitée de Martial).

«Vitamque faciunt beatiorem, etc.»

Voici comment il faut vivre heureux ici bas;

    Des grandeurs et de l'opulence
    Eviter l'ennuyeux fracas;
    Beaucoup d'esprit, sans suffisance,
    Bon vin du cru, point de procès,
    Un bien laissé par ses ancêtres,
    De vrais amis, jamais de maîtres,
    Souper joyeux, mais sans excès;
    Un petit feu qui toujours dure,
    Paix du cœur, conscience pure,

Point de désirs outrés, jamais d'ambition,
Aucune flatterie, encor moins de courbettes;
Ne jamais recourir à la protection
Qui pour tout bien vous donne des sornettes;

    Peu de besoins; par la sobriété
    Savoir maintenir sa santé.
    De la gaîté, mais sans satire,

Bonne bibliothèque où l'on puisse s'instruire;

   Eviter tout accès d'humeur,
   Vivre sur-tout au sein de sa famille,
   Avoir une épouse gentille,
   Aimable et pleine de pudeur;

Donner à ses enfans des leçons de sagesse,
Les élever soi-même, et des vices du temps

        Savoir préserver leur jeunesse;

Autour de soi rendre heureux tous ses gens;
Eviter des voisins la langue tracassière,

   Rester obscur, satisfait de son sort;

     Enfin vivre d'une manière
   A ne jamais craindre la mort.
   A une Demoiselle qui jouait de la lyre.

   Quand vos doigts parcourent la lyre,
   Je sens de doux ravissemens;
   Je me tais, j'écoute et j'admire,
   De bonheur s'enivrent mes sens:
   Votre main n'a point sa pareille
   En adresse, en grâce, en fraîcheur;

Mais, tout en vous prêtant l'oreille,
Que je crains de perdre mon cœur!

    L'éclat d'un jeu savant et rare
Charme les auditeurs surpris;
En vain la raison leur dit gare!
Plus on entend, mieux on est pris:
Mais du reste, cette merveille
Ne m'étonne en nulle façon;
L'amour peut entrer par l'oreille,
Partout se glisse le fripon.
Vous qui de l'amoureux supplice
Craignez les effets dangereux;
Imitez le prudent Ulysse,
Fermez vos oreilles, vos yeux:
Restez attachés au navire,
Ou fuyez tous pleins de terreur;
Car si sa main touche la lyre,
Ses yeux touchent bien mieux le cœur.

CHAPITRE XXIX.

Sur cette Question: «Quel est l'état des Sciences et des Arts dans le département des Deux-Sèvres ?»

Epig. «Otium sine litteris mors est».

SÉNÈQUE.

S'il est vrai une la culture des sciences soit plus nuisible que profitable aux peuples; si, comme l'a prétendu le trop fameux Rousseau, l'ignorance et la pauvreté ont été, dans tous les siècles, la source et le type du bonheur des nations, certes on ne saurait révoquer en doute l'état de prospérité constante dont ont dû jouir, pendant une longue série de siècles, les habitans des bords des Deux-Sèvres. En effet, si l'on daigne parcourir les Annales de la monarchie française et les chroniques qui se sont occupées de l'histoire de cette partie de l'Aquitaine, on se convaincra que jusqu'au moment de la conquête des Romains, la Gaule entière, à l'exception de Marseille, colonie des Phocéens, n'offre dans son sein aucun monument qui puisse-faire supposer dans ses habitaus la moindre teinture des sciences et des arts . Elle est jusqu'à cette époque, sous le rapport des sciences, ensevelie sous le voile épais de l'ignorance qui couvrait alors cette belle partie de l'Europe.

En vain Clément d'Alexandrie ose avancer que les Gaulois ont précédé les Grecs dans la connaissance et la profession publique de la philosophie; ce témoignage destitué de preuves ne peut inspirer aucune confiance. La Gaule fut donc à demi-barbare jusqu'au moment où les Romains l'assujétirent; en tombant dans les fers, elle eut du moins cet avantage, s'il en est un qui puisse compenser la perte de la liberté, de recevoir de ses conquérans les premiers élémens des sciences et des arts.

Les Gaulois, dit Diodore de Sicile, ont l'esprit fin et délicat; la plupart d'entr'eux ont les plus heureuses dispositions pour les sciences. Avec un pareil fonds d'esprit et de talens, il n'est pas étonnant qu'ils aient si bien profité des leçons de leurs nouveaux maîtres; aussi leurs progrès dans les belles lettres et dans les arts furent-ils si rapides, que, dès le règne de Tibère, les enfans des meilleures familles romaines allaient étudier dans les Gaules l'éloquence et la poésie. Arles, Narbonne, Lyon, Nîmes, Bordeaux, virent bientôt accourir à leurs écoles la plus florissante jeunesse de l'Europe; Toulouse devint le centre des beaux arts et mérita le nom de Palladia, ville de Pallas. Autun eut des écoles menianes, aussi fameuses par la beauté des édifices que par le concours des étudians. Qui n'a lu ces vers délicats où Martial se félicite de ce que ses poésies sont entre les mains des dames de Vienne, de ce que les vieillards se les font lire, de ce que les jeunes gens et même les enfans veulent les apprendre par cœur? Un siècle après la conquête des Romains, on voit déjà la Gaule célèbre par ses savons et ses orateurs, fournir des poètes à l'Espagne, des jurisconsultes à l'isle d'Albion et des professeurs à Rome même.

Quoique les divers foyers de tant de lumières fussent alors concentrés dans les grandes villes des Gaules, on ne peut se refuser à croire que quelques rayons n'aient pénétré dans cette partie de l'Aquitaine que comprend aujourd'hui le département des Deux-Sèvres.

Quoiqu'il en soit, ces jours heureux furent de courte durée; une nuit épaisse fit bientôt disparaître ce faible crépuscule, et cette contrée sauvage n'entrevit, pendant quelques instants, l'aurore des sciences et des beaux-arts, que pour en perdre pendant des siècles jusqu'au souvenir. L'empire romain, assailli par une multitude de barbares, succomba enfin sous leurs efforts. Dans ce bouleversement général, l'Aquitaine partagea le sort des autres provinces de l'em pire.

Envahie, ravagée par diverses hordes d'Alains, de Suèves, de Huns, de Taïfales, de Pietes et de Visigots, elle devint par degrés aussi barbare que ses conquérans. Un joug de fer, des mœurs sauvages et un deuil universel firent bientôt disparaître de la Gaule les germes de politesse et de civilisation dont elle était redevable au commerce et à la domination des Romains; en proie à toutes les fureurs d'une guerre atroce, elle vit ses écoles incendiées, ses professeurs massacrés et ses monumeus démolis; en un mot, à cette époque à jamais désastreuse, Rome et les beaux arts parurent avoir été ensevelis dans un même tombeau. Le nom de Romain, qui pendant tant de siècles avait été si respecté dans l'Univers, devint alors le plus sanglant des outrages.

«Lorsque nous voulons insulter un ennemi,
»disait le fier Luitprand, et lui donner le plus
» vil des noms, nous l'appelons Romain: ce
» nom seul renferme tout ce que l'on peut ima-
» giner de bassesse, de lâcheté, d'avarice, de
» débauche, de mensonge; lui seul est l'assem-
» blage de tous les vices». Hoc solo idest quidquid luxuriae, quidquid mendacii, immò quidquid vitiorum est comprehendentes (Muratori script, ital., vol. 2).

Quelque corrompus que fussent alors les Romains, c'est moins leurs vices que leur amour pour les sciences qui leur attirèrent ces reproches des barbares. Ces peuples féroces et belliqueux ne connaissaient d'autre droit que celui de l'épée, et d'autre art que celui de la guerre. Les mots littérature et faiblesse, étude et lâcheté, étaient pour eux des termes synonymes. Les sciences, disaient-ils, ne tendent qu'à corrompre et à énerver les cimes; quiconque a tremblé sous la férule d'un pédagogue, n'osera jamais regarder de sang froid une lance ou une épée. (Procop. de bello Goth. lib. 1.er)

Il n'est pas étonnant que sous la domination de ces conquérans ignares, l'Aquitaine soit devenue un repaire de sauvages qui ne sentaient plus ni le mérite ni l'utilité des arts . Si les bornes de cette dissertation me permettaient de donner à ce tableau plus de développemens, je ferais voir par quelle suite d'événemens les dissentions intestines des vainqueurs, la guerre des Visigoths et des Francs, l'invasion des Sarrasins et l'établissement du régime féodal, ont agravé les malheurs de l'Aquitaine et éteint dans son sein jusqu'à la dernière étincelle du génie; mais forcé de me renfermer dans la question, je passe rapidement à l'époque mémorable où l'esprit humain, réveillé de sa profonde léthargie, commença à sentir ses forces et à diriger ses facultés naissantes vers les objets d'imagination et d'utilité.

Le douzième siècle vit naître cette révolution dans les esprits et dans les idées. Peu de temps après l'affranchissement des communes, sous le règne de Louis-le-Gros, les Français commencèrent à sentir le prix des avantages qui résultaient de l'agriculture, de l'ordre public, de la liberté civile, du commerce et des arts. Une lueur, faible d'abord, mais qui progressivement étendait ses rayons, vint enfin percer les ténèbres épaisses qui jusqu'alors avaient offusqué leurs regards; ils rougirent de leur ignorance, et leur esprit, dès ce moment, prit un nouvel essor. Je démontrerai, dans la seconde partie de ce discours, par quelles causes les progrès des sciences et des arts furent retardés dans leur origine, et par quelle fausse direction les esprits s'égarèrent dans la route qu'ils s'étaient proposés de parcourir.

Malgré les obstacles que rencontrèrent dès leur naissance la littérature et les beaux arts, l'ardeur avec laquelle la majorité des Français s'y livra, ne tarda pas à faire jaillir de toutes parts des torrens de lumière. Dans toutes les grandes villes, on fonda des universités, sur le modèle de celles qu'avait établies Charlemagne; les maîtres et les étudians furent encouragés dans la carrière par les plus honorables priviléges, et la science devint la source des honneurs et le chemin de la fortune.

Quelques siècles après cet heureux retour vers la civilisation, la France possédait déjà dans son sein des savans d'un mérite distingué. Le Poitou fut une des provinces qui se livra avec le plus d'ardeur à la culture des sciences, et qui, j'ose le dire, en retira le plus de fruit. L'université de Poitiers, fondée par Charles VII en 1431, fut une pépinière de littérateurs et de savans. Ses succès dans les belles-lettres lui attirèrent la considération des provinces voisines, et lui méritèrent, cet éloge flatteur de Scaliger:

«Si studium est animæ, veniunt à corpore vires;
» Galliaque à meritis poscit utrumque sibi,
» Hæc studiis, aliæ belli exercentur amore,
» Pictavium est animus, cætera corpus erunt».

C'est de cette université célèbre que sont sortis la plupart des savans dont le département des Deux-Sèvres s'honore. Corneille-Bertram avait puisé dans son sein cette ardeur inépuisable pour l'étude qui lui fit surmonter les épines attachées à l'étude des langues orientales: c'est sous la conduite des professeurs habiles qui la dirigeaient, que la Quintinie avait appris à admirer, dans Varron, Virgile et Columelle, ces détails intéressans sur la vie champêtre, dont il tira depuis un parti si avantageux pour les progrès de l'agriculture; qu'Isaac de Beausobre s'était formé ce style nerveux qui a fait le succès de son histoire du Manichéisme et de celle des Vaudois. En un mot tout ce que le département des Deux-Sèvres a produit de savans, de littérateurs et d'artistes, est redevable à cette mère commune, sinon du principe de leur talent, du moins de leur méthode, de leur goût, de leur érudition.

Depuis l'entrée des Poitevins dans la carrière des sciences, la littérature n'a cessé de faire de nouveaux progrès dans notre département.

C'est à son amour pour les belles-lettres, que la célèbre de Maintenon dut ses succès et sa gloire. Son style enchanteur et sa conversation séduisante firent oublier à un prince voluptueux les attraits de la charmante de Montespan. Pour la première fois peut-être, l'esprit fit oublier les graces, et le mérite littéraire occupa sur le trône la place de la beauté qu'il en avait fait descendre.

Jusqu'à l'époque de la révolution, le département des Deux-Sèvres n'a cessé de sentir la douce influence de la littérature et des arts. Je tirerai le rideau sur les horreurs qui ont souillé la révolution et qui ont dévasté notre territoire; il me suffira de dire qu'au milieu des fureurs du vandalisme, les littérateurs et les artistes des Deux-Sèvres ont été réduits à gémir dans le silence ou à s'exiler du théâtre sanglant de nos guerres civiles. Dispersés par l'ouragan révolutionnaire, ils seraient peut-être encore ignorés, si la voix d'un magistrat, digne par ses talens et son zèle d'être à la tête d'une administration, n'eût fait un appel aux hommes de lettres et ne les eût tirés de la stupeur où ils étaient plongés.

La société savante dont il a jeté les fondemens, en concentrant dans un même foyer toutes les lumières et tous les talens, a excité, dans les cœurs des amateurs des lettres, une noble émulation qui promet à ce département la moisson la plus abondante. Déjà plusieurs poètes, s'élevant sur les traces du célèbre Fontanes, leur compatriote, ont enrichi leur pays de plusieurs ouvrages en vers, où le talent et le goût se développent à chaque page. Un membre de la société vient récemment d'esquisser l'histoire de nos guerres civiles; un autre se propose de mettre incessamment au jour une histoire complète du Poitou; un naturaliste habile vient de donner au public la description détaillée des plantes de son pays; un savant artiste a dessiné le plan d'une salle de spectacle dont les diverses proportions sont admirées des connaisseurs; un peintre célèbre, connu par des tableaux admirés dans la capitale, s'occupe chaque jour à former des élèves dignes de marcher sur ses traces; une société d'agriculture composée d'hommes instruits par une longue expérience, s'occupe à perfectionner dans ce pays l'économie rurale. Ce département possède en outre des magistrats éclairés, des médecins habiles, des jurisconsultes dignes d'être les organes des lois: jamais, en un mot, cette partie du Poitou n'avait offert un tel concours de lumières et de talens. La main d'un nouveau Prométhée, en rallumant le flambeau presqu'éteint du génie, a excité dans tous les cœurs une noble émulation et a porté la vie dans toutes les branches de la littérature et des arts.

DEUXIÈME QUESTION.

Quelles sont les causes qui ont retardé la naissance des Arts et des Sciences dans quelques parties de ce même département ou qui se sont opposées à leurs progrès?

A l'époque de la renaissance des lettres, au moment où les peuples de l'Europe commencèrent à entrevoir les premiers rayons de la lumière et à soulever le voile épais qui jusqu'alors avait offusqué leurs yeux, on se livra de toutes parts à l'étude avec une ardeur inconsidérée. Les esprits égarés de la vraie route du savoir entreprirent d'abord de sonder les secrets de la nature; ils voulurent rechercher indiscrètement les causes, au lieu d'admirer tout simplement les effets. Poussés par une curiosité indiscrète, nos ancêtres, au lieu de s'engager avec précaution dans cette route épineuse et de suivre la marche indiquée par la nature, se lancèrent en imprudens dans les profondeurs de la métaphysique la plus abstraite et dans les ténèbres d'un monde idéal.

Depuis plusieurs siècles, les Grecs avaient défiguré la théologie et la philosophie au point qu'elles étaient devenues méconnaissables. Des discussions hardies sur des points qui seront toujours hors de la portée de l'esprit humain, des distinctions subtiles, des argumens frivoles, en avaient fait un système de futilités spéculatives et de controverses interminables.

D'un autre côté, les Arabes avaient dégradé la physique par les vaines subtilités dont leurs commentaires sont remplis. Leur traduction des ouvrages d'Aristote n'était autre chose qu'un assemblage informe de systèmes incohérens et qu'un tissu d'absurdités révoltantes. De semblables guides n'étaient propres qu'à égarer ceux qui suivaient leurs traces. Ce fut ainsi que nos devanciers, enchaînés par l'autorité, la réputation et l'exemple des Grecs et des Arabes, s'égarèrent avec eux dans le labyrinthe inextricable de leurs spéculations ridicules et épuisèrent l'ardeur de leur génie en courant après une vaine ombre.

Cette fausse direction donnée aux esprits ne fut pas la seule cause qui retarda en France les progrès des sciences et des arts. On doit y joindre deux autres motifs, la rareté du papier et celle des livres.

Les Romains écrivaient leurs ouvrages sur du parchemin ou sur l'écorce préparée du papyrus d'Egypte. Ce papyrus cessa d'être en usage, lorsque les Sarrasins, dans le septième siècle, curent fait la conquête de l'Egypte et eurent fermé toute communication entre l'Afrique et l'Europe. Ces derniers furent donc réduits au seul parchemin, et comme il était d'un grand prix, les livres devinrent fort rares et fort chers. La plupart des anciennes Chroniques sont écrites sur du parchemin d'où l'on a fait disparaître l'ancienne écriture pour en substituer une nouvelle.

D'après cette étrange méthode, il est à croire que plus d'un moine ignorant aura efface les ouvrages immortels de Tite-Live ou de Tacite pour les remplacer par quelques chroniques ridicules ou quelques statuts de son couvent.

Plusieurs faits servent à prouver combien les livres étaient alors peu communs. Un abbé de Ferrières, en 855, écrivait au pape et le priait de lui faire passer une copie de l'orateur de Cicéron: Car, disait-il, quoique nous en ayons quelques fragmens, cependant on n'en trouverait pas un seul exemplaire complet dans toute la, France, (Muratori, vol. 3, p. 835).

Une comtesse d'Anjou ne crut pas trop payer, dans ce même siècle, un exemplaire des Homélies d'Haimon, évêque d'Halberstad, en donnant deux cents moutons et plus de trois cents boisseaux de blé. (Monfaucon, Mémoire de l'Académie des Inscriptions, t. 9).

Sur la fin du onzième siècle, on inventa l'art de fabriquer le papier. Malgré les avantages que produisit cette inappréciable découverte, les livres restèrent long-temps à un prix excessif. Gabriel Naudé nous apprend qu'en 1470, Louis XI, voulant emprunter de la Faculté de Médecine de Paris les ouvrages de Rasès, médecin arabe, fut contraint par elle de déposer en gage une partie de sa vaisselle, et de donner caution que le livre serait rendu à la Faculté. Ce ne fut qu'un siècle après l'invention de l'imprimerie, que les livres commencèrent à devenir moins rares et consequemment moins chers; aussi cette époque est-elle une des plus remarquables qui aient été consignées dans les fastes de la littérature.

Tant que les hommes n'eurent ni papier pour transcrire leurs idées, ni livres pour leur servir de recherches et de modèles, il leur fut impossible de pénétrer dans le sanctuaire des sciences et des arts; mais dès qu'ils eurent une fois franchi ces obstacles, ils durent nécessairement prendre l'essor et parvenir progressivement à ce degré de perfection qui semble caractériser les monument littéraires du siècle de Louis XIV.

Outre les causes générales que je viens d'indiquer, il en est de particulières qui s'appliquent à la partie vendéenne du département des Deux-Sèvres.

Jusqu'à ce jour, cette contrée a été constamment négligée par les dépositaires de l'autorité. Plus occupés du soin d'embellir la capitale de leur province, que de faire fleurir loin d'eux le commerce et l'agriculture ou de propager l'instruction, ils ont nécessairement dû regarder ces bourgades comme la partie la moins importante de leur arrondissement. D'un autre côté, les guerres civiles et religieuses qui, dans le seizième siècle, désolèrent cette partie du Poitou, avaient laissé dans le cœur de ses habitans, je ne sais quelle langueur apathique et quelle indifférence prononcée pour tout ce qui tient aux facultés de l'esprit et de l'imagination.

Si l'on ajoute à ces motifs l'isolement force où se trouvent les habitans d'un amas de chaumières sans aucun centre commun, sans collèges et même sans écoles, sans grandes routes, sans canaux, sans aucun moyen de communication avec leurs voisins, on, cessera de s'étonner de l'espèce de barbarie où ce pays se trouve plongé comparativement aux cités populeuses qui l'environnent.

Aujourd'hui que les agens du Gouvernement commencent à profiter des fautes de leurs prédécesseurs, et qu'ils portent également leurs regards sur toutes les parties du territoire commis à leur administration, il est à croire que l'on daignera enfin s'occuper du sort de ces bourgades, et qu'on cherchera à les faire jouir de la douce influence de la littérature et des arts.

TROISIÈME QUESTION.

Quels sont les moyens les plus propres de raviver, dans ce département, les Sciences et les Arts?

Je considérerai l'instruction publique sous deux points de vue.

Comme institution morale, elle tend à civiliser les membres d'une société, à déraciner des préjugés nuisibles, des vices grossiers, à resserrer le nœud de la confraternité universelle, à rappeler l'homme enfin au joug salutaire de la vertu, en le pénétrant de tonte l'étendue de ses devoirs envers Dieu, ses semblables et lui-même.

Comme institution politique, ses effets sont d'accélérer le progrès des connaissances humaines, de propager des découvertes utiles, d'exciter dans tous les cœurs une noble émulation, d'attacher les pères de famille à l'Etat, de former des citoyens, des guerriers, des magistrats dignes de le servir et d'entretenir enfin par le lien commun de l'instruction le feu sacré du vrai patriotisme, sans lequel un Etat, dénué de forces vitales, se coutume et tombe bientôt en langueur.

La vérité de ces principes n'a jamais été contestée en France, et cependant jusqu'à ce jour nous n'avons point eu de plan complet et suivi d'enseignement public.

Avant la révolution, l'instruction était en quelque manière garottée par d'anciennes formes et de vieilles habitudes; sous la république, elle fut refondue sur des bases vicieuses; l'athéisme et l'immoralité des maîtres en corrompirent les sources; on s'attacha à former des savans plutôt que des hommes; en éclairant l'esprit, on négligea le cœur. La présomption des disciples les éleva bientôt sur les aîles d'Icare à un vol qu'ils étaient incapables de soutenir. A force de vouloir approfondir toutes les sciences, ils ont fini par ne rien savoir. La France fourmille aujourd'hui de légistes, de géomètres, de naturalistes et d'historiens qui n'ont qu'effleuré la superficie de ces diverses sciences, et dont la plupart ne sauraient écrire dix lignes correctement.

Avant d'organiser l'instruction publique, il est essentiel de se pénétrer de ces vérités importantes: Que le sanctuaire des sciences ne doit être ouvert qu'à un petit nombre d'initiés; que l'Etat a moins besoin de savans, que d'agriculteurs, de soldats, d'artisans, de magistrats et de commerçans; que cette manie scientifique a perdu Athènes et Rome, et qu'elle est le symptôme le moins équivoque de la décadence d'un empire; qu'enfin, autant il est avantageux de répandre dans un Etat les connaissances élémentaires qui sont reconnues pour être d'une utilité générale, autant il est dangereux de distraire les citoyens des occupations ordinaires de l'homme en société, pour leur présenter la séduisante amorce des lauriers littéraires, à la recherche desquels ils se consumeront vainement sans pouvoir jamais y atteindre.

Il résulte du plan que je viens de développer, que l'on doit s'attacher dans ce département à multiplier les écoles primaires et secondaires, et sur-tout ne jamais perdre de vue que de bons maîtres d'école doivent former la base d'un système complet d'instruction. Savoir lire et écrire sont des connaissances indispensables à tous les citoyens ce sont même, à proprement parler, les seules qui soient nécessaires à la majorité. On ne peut cependant se dissimuler que, dans la partie du nord des Deux-Sèvres, cette branche principale de l'instruction ne soit très-négligée. Quelques efforts que l'on fasse pour sur des bases convenables, je doute que l'on y parvienne, à moins que l'on n'adopte des mesures particulières à ce pays et que l'on n'affecte des revenus et un local à chaque instituteur.

Jusqu'à ce jour l'enseignement est confié à des paysans ignares qui n'attachent aucune importance à leurs fonctions, ne tiennent école que pendant l'hiver, et abandonnent leurs élèves dès que la belle saison leur permet de se livrer aux travaux de la campagne. De semblables instituteurs ne peuvent faire aucun bien; il faut donc les reformer, en choisir de nouveaux, attacher à leurs places de la considération, et sur-tout leur fixer des revenus qui les mettent à l'abri des besoins et les empêchent de déserter leurs écoles.

Les rétributions particulières, à quelque taux qu'on les élève, ne peuvent atteindre ce but. Le paysan ne sent pas assez le prix de l'instruction pour l'acheter. Il croit faire beaucoup, quand on la lui offre gratis, de se distraire, pendant quelques mois, des soins du labourage ou de la garde des troupeaux, pour aller écouter les leçons d'un instituteur. Cette apathie presque générale me parait l'obstacle le plus difficile à surmonter dans l'institution de l'enseignement public en cette contrée.

Après avoir organisé les écoles primaires, il faudra s'attacher à rétablir, dans la plupart des villes de ce département, les collèges que le vandalisme révolutionnaire a détruits. Des professeurs, probes, moraux et habiles, y apprendront aux élèves qui sortiront des écoles primaires, la langue latine qui sert d'introduction aux sciences et aux arts libéraux, la langue française sans laquelle on ne saurait exprimer ses pensées et donner de l'ordre à ses discours: quelques élémens d'arithmétique, de rhétorique et de logique, formeront le complément de ce cours d'enseignement, qui devra être basé sur les principes religieux, sans lesquels il n'est point de mœurs et de vertu. Il me paraît suffisant pour apprendre à tous les citoyens à remplir honorablement les diverses fonctions auxquelles ils sont appelés, à user convenablement de leur aisance et de leurs loisirs, à savoir condescendre enfin à ces égards mutuels que la bienséance exige et qui font le charme de la société.

Quant au petit nombre d'élèves que d'heureuses dispositions, une application constante, une émulation soutenue, appelleront à la culture des sciences et des beaux-arts, ils trouveront dans les lycées, dans les corps littéraires, dans l'entretien et les instructions des savans de la capitale, les moyens de perfectionner les connaissances qu'ils auront acquises, et de s'élever progressivement dans la carrière du génie. De retour dans leurs foyers, ils deviendront eux-mêmes des objets d'émulation, des modèles, des maîtres dont les veilles et les ouvrages serviront à accroître le foyer des lumières.

Ainsi la littérature et les arts ne cesseront de réchauffer ce département de leur bénigne influence. Moins d'athlètes peut-être se présenteront dans la carrière pour y disputer la palme des beaux-arts; mais au moins tous seront dignes de fixer les regards des spectateurs, d'être avoués d'Apollon et des Muses, et de consacrer dans des ouvrages immortels la gloire littéraire des Deux-Sèvres .

CONSPIRATION DE BERTON.

Son entreprise sur Thouars, le 24 Février 1822. Details. Suite de ce complot. Jugement de la Cour d'Assises de Poitiers.

ADORER Dieu en esprit et en vérité, être fidèle à son prince, respecter ses parens et ses magistrats, chérir ses semblables, être attaché à tous ses devoirs: tel est le résumé de la doctrine que la religion n'a cessé de prêcher à l'homme dès le berceau du genre humain. Depuis ce moment, le génie du mal n'a cessé de lui prêcher des maximes contraires. L'orgueil, qui avait été la cause de sa chûte, a été l'arme favorite dont il s'est servi pour pervertir une créature formée de boue, mais animée d'un souffle divin.

Ce fut cet orgueil qui perdit le premier homme et qui a fait de si funestes ravages dans l'esprit de ses descendans. Une fausse philosophie, fille de l'enfer, n'a cessé de semer l'ivraie partout où la Religion avait semé le bon grain. Nous ne parlerons pas des maux que causèrent aux anciens peuples une double doctrine et une ambition dévorante cachée sous le masque de la sagesse: ces maux sont trop loin de nous pour produire une grande impression sur notre esprit. Nous passerons rapidement aux sinistres effets de la philosophie du 18.eme siècle . Anéantir la religion, égorger les prêtres, noyer le dernier des rois dans le sang du dernier des nobles, ériger le sans-culotisme en Divinité, mettre sur le pavé des rues le trône souillé par les haillons du cynisme, faire transpirer le corps social en mettant à mort les trois quarts de la population, dissoudre les fondemens de la société et la recréer à l'iroquoise: tels sont les crimes des faux sages qui ont usurpé en Europe le nom de philosophes. Ces prétendus amis de la sagesse, avec des torches infernales à la main, voulaient, disaient-ils, nous conduire au bonheur commun; ils voulaient nous éclairer en nous faisant rentrer dans les sentiers ténébreux de la barbarie. Ils ont appelé siècle de raison et de lumières l'époque que la postérité nommera à plus juste titre le siècle de l'opprobre et de l'horreur.

La France est la première qui ait joué un rôle sur ce théâtre sanglant. Un long délire lui a fasciné les yeux et l'a tenue long-temps assise sur les crânes de ses enfans égorgés; revenue enfin des accès de sa rage et de sa folie, elle a rougi de ses fureurs et a dit anathème aux baladins politiques qui l'avaient saignée aux quatre membres sous le prétexte de la guérir. Le retour des Fils de Saint-Louis, qui avaient ramené avec eux la Religion exilée, ont paru compléter sa guérison. Elle est en effet en pleine convalescence, mais les symptômes de son ancienne maladie n'ont pas tons entierement disparu.

La philosophie, dans sa défaite, a conservé deux armes dangereuses dont elle frappe encore ses adversaires dans l'obscurité. Ces armes sont les dogmes absurdes de la souveraineté du peuple et de l'insurrection érigée en devoir. L'Hercule qui a renversé le monstre sous sa massue, n'a manqué ni de courage ni de sagesse; mais sa grandeur d'ame et sa bonté ont nui à l'intégrité de sa victoire. Il ne fallait plus qu'un coup pour écraser le monstre, et ce coup n'a pas été porté. D'un autre côté, les écuries d'Augias n'ont pas été convenablement nettoyées, et leurs exhalaisons mortifères se sont encore fait sentir dans une vaste étendue de terrain.

Pour parler sans figures, nous dirons que depuis la restauration, les jacobins, nouveaux encelades, se sont agités en tous sens pour se relever de leur chûte, ou du moins pour améliorer leur position. Des sociétés secrètes ont été formées par eux pour reconquérir le sceptre qu'on leur a arraché, et pour chasser de la France la religion et la légitimité. Ici on formait un club de chevaliers de la liberté ; là on organisait des bandes de carbonari. De fausses doctrines servaient de bases à ces réunions clandestines; des cotisations volontaires les alimentaient; le poignard était devenu non-seulement l'arme, mais la décoration de ces Titans tricolores. Malgré toute la vigilance de l'autorité, la contagion faisait chaque jour des progrès; les petites villes, moins surveillées y étaient plus exposées que les grandes cités aux atteintes de cette lèpre morale.

La ville de Thouars n'en a pas été exempte, et tout porte à croire que des étrangers y portèrent le poison dès l'année 1821. Il faut dire toutefois, pour l'honneur des habitants de Thouars, qu'aucun de ses propriétaires ni de ses personnages distingués, n'a pris part directement ni indirectement à cette œuvre d'iniquité.

Il paraît constant que les villes de Parthenay, Thenezais et plusieurs autres villes, renfermaient dans leurs murs quelques-uns de ces carbonari et de ces chevaliers de la liberté, dont nous avons parlé. Tous ces conjurés communiquaient entre eux, et avec la vente suprême ou le comité général directeur établi à Paris, qui, depuis la révolution de 1789, est devenu le cratère de tous les volcans de l'anarchie et le point de mire de toutes les factions.

Depuis long-temps on assurait, d'une manière assez positive, qu'il y avait à Thouars une espèce de club anti-monarchique qui communiquait avec quelques étrangers à têtes incandescentes des villes voisines. Lors de la première affaire de Saumur, il courut même un bruit que Thouars avait dû lever l'étendard de la révolte et donner la première impulsion à l'agression anarchique. On doit penser qne l'autorité fit son devoir; je ne prétends point inculper ici sa surveillance; mais soit qu'elle fût mal servie par ses agens, soit que l'impossibilité du succès d'une insurrection quelconque aux portes de la fidelle Vendée la tînt dans une sécurité parfaite, il paraît constant qu'elle ne sut rien des projets des factieux, ni du moment précis où ils se proposaient d'entrer en lice.

Tandis que les autorités constituées paraissent assoupies et plongées dans un profond sommeil, le crime, qui ne dort jamais, s'apprêtait à lever la hache contre l'auguste trône des Capets. Le général Berton, mandé de Paris, était venu en secret à Thouars pour se mettre à la tête de l'insurrection.

Thouars avait pour commandant de sa garde nationale, un sieur Pombas, franc-comtois, officier en retraite. Cet homme, lié avec les factieux, avait entraîné dans le complot quelques artisans et un ex-capitaine en retraite, homme de tête et d'esprit, nommé Rivereau, qui occupait alors la place de secrétaire de la municipalité. Cet officier avait donné, en 1814, des marques d'attachement à la cause sacrée de nos Rois; on ne peut concevoir comment un homme de ce caractère a pu se laisser entraîner dans un complot si odieux et si mal concerté.

Berton, arrivé à Thouars le 21 février, avait été loger chez un propriétaire nommé Saugé, ex-huissier à Niort, et qui n'habitait Thouars que depuis dix-huit mois. Il paraît probable que des conjurés de Parthenay vinrent l'y trouver, et qu'ils fixèrent le jour où l'insurrection devait éclater. Ici va commencer la journée des dupes.

Le 24 février 1822, premier dimanche de carême, le lieutenant Moreau, deux médecins, les sieurs Fradin, Ledein, un chirurgien, le sieur Rique, et quelques artisans de Parthenay et de Thenezais, partis dans la nuit, arrivèrent à la pointe du jour à la vue de Thouars. Ils font halte; ils ôtent les toiles qui couvrent leurs chapeaux et paraissent avec la cocarde tricolore; quelques-uns se dépouillent de leurs redingotes et mettent à découvert les babils uniformes dont ils sont vêtus. Les voilà rendus à la barrière du Pont-Neuf qu'ils se font ouvrir; ils sont dans la ville, sur la place Saint-Médard; treize hommes se sont emparés d'une ville que du Guesclin n'avait pu prendre avec une armée de quarante mille soldats . Berton avait avec lui un officier nommé Delon, déjà condamné à mort par un conseil de guerre pour avoir pris part à la première conspiration de Saumur. Dès quatre heures du matin, Berton et Delon, revêtus de leurs uniformes, s'étaient rendus chez Pombas, où plusieurs conjurés avaient passé la nuit. Tous marchent ensemble sur la place de Saint-Médard, où ils trouvent Moreau, sa troupe et une foule de curieux et d'oisifs. Là on annonça publiquement que le gouvernement du Roi était renversé, et qu'il ne fallait plus obéir qu'à un gouvernement provisoire dont on indiqua quelques-uns des chefs. Berton prend ensuite des mesures pour affermir son autorité ; à l'en croire, six mille hommes vont arriver par la route de Parthenay.

On craignait les gendarmes, dont le maréchal-des-logis le sieur Mairet, était connu par son dévouement à la cause royale. Delon et Pombas, suivis de quelques hommes armés, se portent à la caserne. Un ex-gendarme, nommé Saunion, frappe à la porte. — Qui est-là ? s'écrie le gendarme Bocquiaut. — Ouvrez. — Qui êtes-vous? — Ordonnance pressée de Montreuil.

La voix de Saunion fut reconnue par le maréchal-des-logis Mairet; il mit la tête à la fenêtre pour défendre d'ouvrir la porte, mais déjà elle était ouverte. L'imprudent Bocquiaut est saisi; on lui met une espingole sur la poitrine. Ses camarades sont arrêtés; on prétend même qu'ils furent couchés en joue et qu'ils auraient péri s'ils eussent opposé la moindre résistance. On somme ensuite le sieur Mairet de se rendre au général. — Quel général? — Berton. — Je ne le connais pas; aux armes! — Sa résistance est inutile; il voit ses gendarmes désarmés; il faut céder et se rendre prisonnier. Tous sont conduits sur la place Saint-Médard, devant le général qui paraissait accablé d'inquiétude. On lui avait promis qu'on lui amènerait de Parthenay trois cents hommes, il n'en voyait qu'une douzaine; les habitants de Thouars ne paraissaient point décidés à partir. On bat la générale, on sonne le tocsin; un très-petit nombre de paysans accourent plutôt par curiosité que par l'envie de suivre les rebelles. Berton est effrayé de se voir presque seul.

Cependant on arrête M. de la Ville-de-Baugé, ancien officier général dans les armées royales de la Vendée; on le conduit en prison chez Pombas; on va chez lui demander ses chevaux, et malgré la résistance de sa femme, on les emmène violemment.

M. l'abbé Jagaut, curé de Saint-Médard, était couché dans son lit. Tout-à-coup il voit entrer dans sa chambre des hommes armés. — — Que voulez-vous? — Venez parler au général. — Qui êtes vous? — Soldats de la liberté. — Quoi! c'est au nom de la liberté que vous me mettez en prison. — Marchons. — Vous n'avez aucun droit de me commander.

On va chercher le sieur Pombas; il arrive: le curé se lève, il est conduit devant le général, et de là en prison chez le sieur Pombas. Il y trouva M. de Baugé, et M. Guilbaut, juge au tribunal de Bressuire, très-connu par son attachement à l'auguste Famille qui nous gouverne. On chercha à faire croire à ces prisonniers que la même insurrection éclatait au même moment dans toute la France, mais l'air consterné de Delon et de quelques autres chefs, inspirait de la défiance et indiquait la mauvaise foi.

Il est remarquable que l'un des officiers, en s'adressant aux détenus, se moqua de la manière dout la police était faite. Il était en effet surprenant que, depuis trois mois, les conjurés pussent communiquer entre eux, s'envoyer des députations, se munir d'armes, de cartouches et d'habits uniformes, et partir de Parthenay pour prendre Thouars et Saumur, sans que la police en sût rien. Je ne prétends au reste inculper ici personne, ce n'est qu'une simple observation que je soumets au lecteur.

Cependant les conjurés parcourent la ville, en poussant des cris séditieux. MM. Allard, l'un ancien aide-de-camp de M. le marquis Henri de la Roche-Jaquelein, et l'autre sous-lieutenant dans le premier régiment des grenadiers de la garde, venaient d'échapper à Berton et à ses satellites, en passant par le bac de Saint-Jacques; plusieurs dames de la ville s'étaient évadées par le même chemin, lorsque le général envoya des gardes pour empêcher le passage du bac. Toutes les portes étaient gardées et fermées. Ceux qui se présentaient pouvaient entrer, mais nul ne pouvoit sortir. Cette précaution avait été prise par les conjurés par deux motifs; 1.° pour cacher leur petit nombre; 2.° pour empêcher que l'on avertit les Vendéens qui ne sont qu'à deux lieues au sud-ouest de Thouars, et dont on redoutait avec raison la noble énergie et le dévouement inébranlable à l'antique Monarchie et à la religion.

Un groupe de conjurés se porte chez l'armurier Gapy et y saisit quelques fusils; d'autres vont dans les églises s'emparer des drapeaux blancs, auxquels on ajoute des bandes bleues et rouges pour en faire des drapeaux tricolores.

Cependant un prétendu émissaire de la ville de Nantes, nommé l'Heureux, est sur la place St.-Médard où tous les rebelles sont rassemblés. Il lit deux proclamations, l'une adressée au peuple, et l'autre à l'armée. Les soldats français y sont appelés à venger la patrie et à replacer sur son pied d'estal l'antique statue de la liberté, que l'anarchie, en 1793, avait élevée à Paris sur les débris des institutions sociales et avait arrosée des larmes et du sang d'un Fils de Saint-Louis et de la plus saine partie de la nation française.

Il paraît certain qu'après la lectnre de ces adresses, on proclama de nouveau un gouvernement provisoire dont on indiqua les membres . Un

ouvrier de Thouars fit des observations critiques sur le plus fameux de ces souverains postiches; il avait servi sous ses ordres, dans le cours de la révolution. Cette critique fut assez mal accueillie. Je ne dois point oublier qu'une femme du peuple nommée P***, eut le courage de s'écrier: «Que faites-vous, insensés!
» vous ne voyez pas que ce sont des charlatans
» qui vous abusent?» On ne parut pas entendre ces injures, soit qu'on les dédaignât, soit que l'on craignît d'être obligé de les punir.

Le général donne des ordres et agit en proconsul. Le sieur Poulet est nommé, malgré lui, commandant de la place de Thouars; le sieur Sénéchault reçoit le brevet de juge de paix de Thenezais; on change le greffier et le maire de cette même ville.

Cependant le bruit se répand que la division vendéenne du canton de Saint-Varent est en mouvement et que sept cents royalistes marchent sur Thouars. Il est dix heures du matin. Le général donne le signal du départ pour Saumur. Les conjurés, les prisonniers, les gendarmes, sont sur la place de Lavau, extrà muros. Une foule de paysans curieux les environne, aucun d'eux ne veut prendre parti pour les rebelles. On requiert des charrettes où les prisonniers étaient sur le point de monter, lorsque le sieur Pihoué, maire de Thouars, s'adressant à Berton:
«Général, vous allez mettre le deuil dans notre
» ville, rendez-nous ces prisonniers, j'en réponds
» sur ma tête.» Sa demande lui est accordée, les prisonniers rentrent en ville, à l'exception du sieur Mairet, maréchal-des-logis, qui est emmené à Saumur. On se met en route, on part. Un général, six officiers, et quatre-vingts artisans, la plupart trompés et séduits, marchent sur Saumur, dans la folle intention de détrôner le Roi de France. Je passerai rapidement sur les évènemens qui eurent lieu à Saumur et à Montreuil, parce qu'ils sont étrangers au plan que je me suis tracé.

Si la police avait été mal faite à Thouars, on peut dire qu'elle avait été encore plus négligée ailleurs. Une bande armée, guidée par les drapeaux de la révolte, fait paisiblement le trajet de Thouars à Saumur, en plein jour, sur une grande route, sans que personne s'oppose à son passage, et sans qu'aucune autorité en soit avertie. On n'a rien vu, rien su, rien prévu.

A trois heures, les tricolores arrivent à Montreuil; la gendarmerie est sommée de les suivre. Le brigadier répond que ses gendarmes sont absens; de suite il en envoie un par un chemin de traverse, avec l'ordre de faire la plus grande diligence possible.

Ce messager arrive à Saumur à quatre heures et demie, deux heures avant les rebelles. Le sous-préfet, le maire, la gendarmerie, également alarmés, tiennent conseil; on s'empresse, on discute, on ne s'accorde pas. L'ennemi arrive au pont Fouchard; le maire de Saumur, accompagné de quarante gardes nationaux, leur ferme le passage; il est soutenu par un détachement de l'école d'équitation. Au lieu d'attaquer d'abord les rebelles, on parlemente; sept heures se passent en vains pourparlers. Les insurgés font halte au pont Fouchard, et se flattent de s'emparer de la ville par une capitulation verbale.

Enfin à deux heures du matin, le général Berton perd toute espérance, et fait sa retraite sur Montreuil; un piquet de cavalerie le poursuit sur la route de Doué ; ce fut sans doute par erreur. Berton se rend à Montreuil, de là à Brion, où il quitte son habit de général; il passe le Thoué sur le pont de Verine; à cinq heures du soir, il se trouve avec Moreau sur la route de Parthenay à Thouars, qui n'était éclairée par aucun détachement. Tout le reste de son armée de quatre-vingts hommes a pris la fuite dans tous les sens et ne songe plus qu'à, se cacher. Tout fol espoir est évanoui, les soldats de la liberté ne sont plus, même à leurs yeux, que des insensés, que des rebelles, que va poursuivre le glaive vengeur des lois.

Pendant que Berton marchait sur Montreuil, les royalistes vendéens, avertis enfin de la prise de Thouars, poussaient des cris de vive le Roi! et se rendaient chez leurs anciens chefs pour les exhorter à se mettre à leur tête. Il était alors midi. On savait que Thouars était évacué ; on craignait que l'exhaltation vendéenne ne causât quelque désordre; on voulait, avant d'attaquer, prévenir le sous-préfet de Bressuire et prendre ses ordres. M. de L***, l'un des officiers vendéens, envoie un messager à Bressuire. Ce dernier arrive à sa destination à trois heures et demie. Le sous-préfet prend de suite des mesures, rassemble des brigades de gendarmerie et se dispose à partir pour Thouars. Quarante chefs de paroisses vendéennes lui envoient des députations, et s'offrent de faire lever tous leurs gens en masse pour défendre le Roi. Tous s'agitent dans les paroisses, tous s'écrient: «Qu'il faut mourir ou » sauver la monarchie». Dans la nuit du dimanche au lundi, M. le sous-préfet est rendu à Thouars, où il prend de sages mesures pour prévenir le retour des insurgés. Il forme une garde nouvelle, peu nombreuse, mais pleine d'énergie. Thouars n'a plus rien à craindre des prétendus soldats de la liberté. Les juges arrivent, les prisons se remplissent, les parens des coupables sont dans la consternation; le procès s'instruit. On se convainc qu'aucun personnage distingué de Thouars n'a pris part à la révolte; que les coupables se réduisent à deux classes: la première, composée de quelques officiers en retraite, presque tous étrangers à la ville; la seconde, de quelques artisans, en partie séduits et entraînés. Depuis l'arrivée du sous-préfet à Thouars, cette ville a été rendue à la plus parfaite tranquillité.

Tel est le récit fidèle de cet étrange événement qui a produit une très-forte sensation sur la France, non par lui-même, mais par ses causes premières, qui remontent à un plan vaste, à une société désorganisatrice qui ne se propose rien moins que la ruine des trônes et le bouleversement entier de l'édifice social dans toute l'Europe. On s'est mal à propos récrié contre la maladresse des meneurs; on les a blâmés d'avoir levé l'étendard tricolore si près de la fidèle Vendée, qui eût infailliblement écrasé les rebelles, si elle avait pu les atteindre; mais on ne fait pas attention que le plan du comité directeur n'était pas de combattre la monarchie aux portes de la Vendée, ni de faire mesurer ses satellites avec ces vieux Français. Il lui fallait des armes, il en trouvait à Saumur où l'on avait entassé des fusils et des canons, on ne sait par quels motifs. De là on se serait porté sur la capitale, en cherchant à entraîner dans la révolte les départemens du centre. Ce projet sans doute ne pouvait réussir; le trône des Bourbons est désormais inébranlable; relevé sur ses bases antiques, soutenu par les deux colonnes de la religion et de la justice, il peut braver tous les orages des factions; mais enfin on ignore tous les moyens que les factieux ont à leur disposition; il n'est que trop certain que le colosse de la monarchie Capétienne ne peut être blessé qu'au coeur, et que, sous ce point de vue, les meneurs n'avaient peut-être pas pris d'aussi fausses mesures que l'on pense Espérons que tous leurs complots seront déjoués, mais ne nous endormons pas au sein de la victoire. Hercule sait que l'hydre a plusieurs têtes; il ne se reposera qu'après son entière destruction. Après s'être ainsi assuré d'une victoire complette, sa clémence et sa douceur auront un beau rôle à jouer; elles produiront sur les coeurs aigris l'effet d'un doux zéphir sur les flots irrités par une longue tempête; le calme succèdera à l'orage; tous les enfans d'Eole rentreront dans les cavernes sombres d'où le génie du mal les avait tirés.

Il me reste à donner le précis de la sentence que la cour d'assises de Poitiers a rendue contre les coupables, dans sa séance du 12 septembre 1822:

Berton, Caffé, Fradin, Sénéchault, Saugé et Jaglin, condamnés à la peine de mort. Onze autres ont été condamnés, par contumace, à la même peine. Quinze ont été condamnés à cinq ans de prison; quatre à trois ans; six à deux ans; dix à un an.

Berton a été exécuté à Poitiers, le 5 octobre 1822; Caffé s'est tué en prison le même jour; Fradin et Sénéchault ont obtenu une commutation de peine; Saugé et Jaglin ont été exécutés à Thouars, le 7 octobre: le premier a crié en mourant Vive la république! le second a crié Vive le Roi!

FIN.

CHANT GUERRIER,

En l'honneur de l'armée Française en Espagne, et de S. A. R. Mgr. le Duc d'Angoulême.

AIR: Fuyant ses villes consternées, etc.

Guerriers vengeurs de l'Ibérie!
Qui, sous un moderne Roland,
Venez d'arracher Ferdinand
Aux fers cruels de l'anarchie:
Venez jeter sur nos foyers
Quelques rayons de votre gloire;
Et le front couvert de lauriers
Entendre ce chant de victoire:

CHOEUR.

Invincibles héros! arbitres de la paix!

Dans nos cœurs attendris vous vivrez à jamais. bis:

Déjà l'Europe monarchique
Craignait les nouvelles fureurs
Des bataillons de zélateurs
D'une liberté satanique:
Sur ces tricolores soldats

Vos bras ont su lancer la foudre;
Sous vos coups de nouveaux Marats
Ont disparu réduits en poudre.

CHOEUR

Invincibles héros! etc.

    Cédez, siècle de Charlemagne!
Siècle des Ogiers, des Renauds!
Un seul échec à Roncevaux
Du joug français sauva l'Espagne:
Aujourd'hui cent tyrans vaincus
Sont tombés sous votre vaillance;
Tous les Espagnols éperdus
Chantent en chœur avec la France:

CHOEUR.

Invincibles héros, etc.

    Toi qu'à Cadix sembla défendre
Dieu protecteur de tes ayeux!
Tu parais plus grand à nos yeux
Que Cyrus, César, Alexandre:
Les noms de ces vainqueurs si fiers
Sont souillés de mille rapines,
Ils ont désolé l'Univers,
Tu viens d'en combler les ruines.

CHOEUR.

Invincible héros! arbitre de la paix!

Dans nos cœurs attendris tu vivras à jamais. bis.

  Revois ton Epouse adorée,
Remets l'olivier dans ses mains;
Tous deux consolez les humains
Par une paix si désirée:
J'entends déjà tes fiers guerriers
A qui tu causas tant d'alarmes,
Rentrés enfin dans leurs foyers,
Chanter en déposant les armes:

    CHOEUR.

Invincible héros! arbitre de la paix!

Dans nos cœurs attendris tu vivras à jamais. bis,

LISTE DES SOUSCRIPTEURS

A L'HISTOIRE DE THOUARS.

Pour plusieurs Exemplaires.

	Exempl.
S. A. R. Madame Duchesse d'Angoulême,	20.
Mgr. le Duc d'Orléans,	7.
M. le Duc de la Trimouille prince de Tarente,	21.
L'Hôtel-de-Ville de Thouars,	22.
M. le Préfet des Deux-Sèvres,	20.
M. le Préfet de la Vendée,	10.
M. le Supérieur du Séminaire de Bressuire,	5.
Mgr. l'Archevêque de Bordeaux, pair de France,	4.
M. Chauvin, juge de paix,	3.
M. Duplessis-Grénédan, Sous-préfet,	2.
M.me la Marquise de la Rochejaquelein,	2.
M. de Lusignan,	2.
M. Pihoué, de Thouars,	2.
M. Bret, ex-Sous-préfet à Melle,	2.

Pour un Exemplaire.

MESSIEURS.

Allard, entreposeur.

Anger, huissier.

Audebert (Jos.), notaire.

Audebert le jeune.

Audebert (Jacq.), chir.

Audebert, avocat à Parthenay.

Baillargeau, de St-Jacques.

Bodin (Denis).

Bodin (Jacques), président à la Cour royale.

Bonin du Plessis.

Boussy, curé.

Boussy, avocat.

Bouchard, pr. du Roi.

Boyez, de Point.

Bruneau, officier.

Ceyras, substitut.

Chailloux, officier.

Confex de Beauregard.

Cordier, avocat

Courty, recev. à Paris.

Doré, avocat.

Dubord, professeur.

Duhaume, percepteur.

Fleury-Rossignol, de Saumur.

Fouchier M.^{de} , de Thouars.

Garran-de-Balzan, juge- auditeur.

Georget, notaire.

Gimon, chirurgien.

Girard, d'Argenton.

Gueniveau-de-la-Raye.

Guilbault, juge.

Jagault, archi-prêtre.

Le Comte de Neuilly.

Le Comte de Vauxcelles.

Le Baron d'Oiron.

Le Chevalier d'Arbec.

Le Maignan.

Le curé de Cursay.

Le curé d'Oiron.

Le curé de Challais.

Le curé de Taizé.

Le curé de Chiché.

Le curé du Coudray.

Lambert, notaire.

Lenée (Mlle), de Chinon.

Lunet, praticien.

Lomdé M.^{de}, de Thouars.

Mgr. l'Evêque de Poitiers.

Mgr. l'Evêque de Gap.

Marchais, maire.

Ménardière, M.^{de}, de Bressuire.

Menoust, prêtre.

Millet, contrôleur.

Millot, d.ʳ des droits réun.

Moreau (René), greffier.

Mounier, pr. à Thouars.

Mounier M.ᵈᵉ , de Parthenay.

Martin, de Luzais.

Neuilly (de), de Choizé.

Page, marchand de fer.

Perreau, médecin.

Phelippon, propriétaire.

Piolans (de), de Magé.

Pontois, principal du collége de Thouars.

Pouit (Joseph).

Redon de Beaupreau (M.ˡˡᵉ)

René Mathieu, charp.ᵉʳ

Thoineau du Coudray.

Valois du Coudray.

Vandœnvre (de).

Vielban du Mureau.

      FIN DE LA LISTE DES SOUSCRIPTEURS.

[1] Beatus qui intelligit super egenum et pauperem. (Pseaume 40.)

[2] Je donnerai ici la liste alphabétique des principaux auteurs que j'ai consultés en écrivant l'Histoire de Thouars :

    Annales d'Aquitaine.

    Beraud-Bercastel (Histoire de l'Eglise).

    Cartulaires [3] de Saint-Laon, de Saint-Jouin, de Chambon.

    Chronique scandaleuse de Jean de Troye.

    Colomiez (Gallia Orientalis).

    Daniël (Histoire de France).

Denys de Sainte-Marthe (Gallia Christania).

    Diodore de Sicile (lib. 4).

    Dom Loubineau (Histoire de Bretagne).

    Drouyneau (Mem. Hist. de Thouars).

    Du Chesne (Histoire de France).

    Du Haillan (Histoire de France).

    Du Laure (Description de la France).

    Du Moustier (Histoire de Loudun).

    Froissard (Chronique).

    Gesta Guilelmi ducis.

    Guillaume-le-Breton (Histoire de Philip. Auguste).

    Guyard-de-Berville (Histoire de Duguesclin).

Godefroi (Histoire de Charles VIII).

La Haie (Origine des Poitevins).

Histoire d'Italie, par Saint-Marc.

Mémoires de Gomnines.

Mémoires du connétable de Richemont.

Mémoires de Duguesclin.

Nicole Gilles (Chronique de France).

Ordonnances de Louis XI (2.ᵉ vol. des).

Querela monach. Sancti Florentii.

Rabelais-Pentagruel.

Rapin-Thoiras (Histoire d'Angleterre).

Villaret (Histoire de France).

Vie et gestes du seigneur Louis-de-la-Trémouille, par Jean Bouchet.

3

Outre l'Histoire de Thouars, l'auteur a publié :

1.° La Charlatanisme philosophique dévoilé, imprimé à Paris eu 1806; 2 vol. in-8.°

2.° L'histoire des guerres de la Vendée, en 3 vol. in-8.°, imprimée à Paris en 1819.

3.° La Traduction de l'Aminte du Tasse, imprimée à Paris en 1802; 1 vol. in-12.

4.° Un Précis de l'Histoire de la Vendée, imprimé à Paris en 1802; 1 vol. in-8.°

Il se propose de publier incessamment:

1.° L'Histoire du règne de Louis XVI, depuis 1774 jusqu'au 21 janvier 1793; 4 vol. in-12.

2.° Le Tableau des mœurs de la cour de France, sous la deuxième dynastie des Valois, depuis François I.ᵉʳ jusqu'à la mort de Henri III; 3 vol. in-12.

3.° Le 2.ᵉ livre du Charlatanisme philosophique dévoilé, contenant la réfutation et l'histoire critique de Platon, de Voltaire, d'Aristote, de Spinosa, de Mirabaud, d'Helvetius, de Maupertuis, de Thalès, de Delille, d'Empédocle, de Robinet, etc. etc. etc.; 3 vol. in-8.°

4.° L'Espion Napolitain; 3 vol. in-12.

5.° La Traduction en vers des Epigrammes de Martial; 1 vol. in-12.

6.° Un Poëme; 1 vol. in-8.°

7.° Une Tragédie; 1 vol. in-18.

4

Le royaume des Pictes fut détruit, en Ecosse, l'an 839, 1173 ans après l'arrivée de ces peuples dans la Grande-Bretagne. Leur dernier souverain fut Drusken, qui fut vaincu et tué par Kennet II, roi d'Ecosse. Le vainqueur fit passer au fil de l'épée la meilleure partie de la nation des Pictes.

5

Je me bornerai à citer ici le monument que l'on voit à la Frébouchère, dans la Vendée, qui paraît remonter à une si haute antiquité, que la tradition est muette, et qu'on le croirait adhérent aux rochers sur lesquels il est placé.

Une voûte énorme, composée d'une seule pierre de vingt-six pieds de longueur, de seize de largeur et de deux d'épaisseur, dont le poids paraît excéder cent cinquante milliers, est soutenue par deux lignes

de pierres taillées en forme de prisme, de sept pieds de hauteur au-dessus du sol. Toutes ces pierres sont granitiques. On demande comment ces pierres auraient pu être taillées sans ciseaux, et comment cette masse énorme de cent cinquante milliers aurait pu être élevée sans leviers et sans poulies à une hauteur de sept pieds? Je renverrai le lecteur, pour cet article, au premier volume de mon histoire des guerres de la Vendée, en 3 volumes, imprimée à Paris en 1819.

6

C'est le moine Denis le Petit, mort en 540, auteur d'une collection des canons des Conciles, qui est l'auteur de l'ère vulgaire, c'est-à-dire, qui s'est avisé le premier de compter les années à dater de la naissance du divin Fondateur du Christianisme. (Voyez l'histoire d'Italie, par Saint-Marc, tome 1.ᵉʳ, page 59).

7

On voit encore à Vouillé, les restes du palais d'Alaric.

8

Ce prince s'appelait Aribert ou Charibert. Dagobert son frère lui avait donné, en appanage, le duché de Gascogne, en 628.

9

Il n'en resta qu'une branche collatérale, qui a long-temps possédé le comté d'Armagnac. Cette branche perdit beaucoup de son éclat, lors du supplice de Louis d'Armagnac, duc de Nemours, en 1477. Ses biens furent confisqués au profit de ses juges. Son frère, auquel on n'avait rien à reprocher, fut enfermé à la Bastille, où Philippe L'Huillier, gouverneur se plaisait par fois à lui faire arracher quelques dents, ou à lui faire donner cent coups de fouet par forme de passe-temps.

(Voyez l'histoire de France par Villaret et Garnier. Règne de Charles VIII).

10

Du Chesne (tome 4, page 849) prétend que le prince Poitevin était frère utérin de Raymond de St.-Gilles, et qu'il ne parut en Palestine que lors de la seconde croisade, quand Hugues-le-Grand et le comte de Blois, conduisirent, au secours de Godefroi roi de Jérusalem, une armée de 300,000 croisés Allemands, Français et Italiens, en 1100.

11

Cette ville tire son nom d'un seigneur Gaulois nommé Heros, qui bâtit un Castel sur l'emplacement où la ville a été depuis fondée. On la nomma Castel-Heros, d'où provient le mot Châtellerault Castellum-Heros.

12

Le duché de Guienne eut plus d'une fois à se plaindre de ses nouveaux maîtres. Le prince Noir, entr'autres, accabla les Gascons d'impôts, et les força de s'en plaindre au roi de France. Dans un transport de colère, il fit passer, en 1369, tous les habitans de Limoges au fil de l'épée. Tous ces malheureux prosternés à ses pieds ne purent l'attendrir: il avait usurpé la possession de cette ville sur Jeanne de Penthièvre, à qui elle appartenait d'après le traité de Guerrande.

Je ne dois point oublier qu'un chanoine de cette ville, l'abbé de Voyon, mauvais plaisant, a prétendu que le nom de Limoges venait de deux mots grecs, limos faim, ge terre, terre de faim, pays où l'on meurt de faim. Les Limousins prétendent que ce chanoine a voulu faire une épigramme.

(Voyez du Laure, Description de la France).

13

Ce brave connétable, l'honneur de la France, mourut en 1380, devant la ville de Chateau-Neuf de Randon. Voici l'épitaphe qu'un Poitevin lui a composée:

«Messir Bertrand Duguesclin est ici,
» Par sa valeur connétable de France,
» Soutien de sa patrie et de son roi chéri.
» Modèle de vertu, d'honneur et de vaillance,
» Il sut punir des Anglais l'insolence;
» Dans cent combats il fut toujours heureux;
» La mort, pour le frapper, n'eut pas besoin de lance;
» Français, pleurez sur les cendres d'un preux!»

14

Voyez Mémoires sur l'origine des Poitevins, par Jean de la Haye, page 24.

15

Voyez Nicole Gilles, dans sa Chronique de France, édition de Paris, 1621, page 58.

Il y a des auteurs qui placent le règne du Paramont ou roi Groffarios, peu de temps après la ruine de

Troie par les Grecs. Sans remonter aussi loin, on peut dire que l'Aquitaine a été civilisée d'assez bonne heure, sous le rapport des mœurs, et non des sciences. L'Angleterre a joui beaucoup plus tard de cet avantage. A l'époque de la fondation de Rome, elle n'était peuplée que de hordes sauvages, revêtues de peaux de bêtes et logées dans des huttes de terre. Ces barbares, qui se donnaient le nom de Cumris, immolaient, à leur déesse Audate, ceux qui faisaient naufrage sur leurs côtes. Leurs femmes se barbouillaient le visage avec du pastel, par le même motif qui engageait, il y a 40 ans, les Taïtiennes à se peindre le derrière en bleu. On voit partout la coquetterie assise auprès des berceaux des Sociétés.

Il y a loin sans doute de ces pauvres Cumris, à cette opulente nation Anglaise dont les vaisseaux sans nombre couvrent aujourd'hui toutes les mers, et dont la puissance colossale pèse sur les cinq parties du monde.

«Comment en un or pur
» Le plomb s'est-il changé ?»

Voyez Annales d'Aquit., et Hist. d'Angleterre, par Rapin Thoiras, tome 1.er

16

Ce roi n'a fait dans sa vie qu'une action de vigueur. En 844, il marcha contre Bernard, comte de Toulouse. Celui-ci, trop faible pour soutenir le choc d'une armée royale, obtient un sauf-conduit, et vient se jeter aux pieds du roi, qui tire un poignard et lui perce le cœur. Un pareil acte de fermeté n'est qu'un acte de scélératesse.

«Quelque grand que l'on soit,
» Le crime est toujours crime,»

Voyez l'His. d'Ital., par St.-Marc, tome 1.ᵉʳ ; p. 439.

17

Voyez Jean de la Haye, pag. 22.

18

On attribue la construction de ce palais au roi Henri II, époux d'Aliénor.
    Ce prince fut à la fois ambitieux et libertin. Il avait pour maxime: que le monde entier suffisait à peine à un grand homme. Il paraît avoir emprunté cette maxime de ce fou d'Alexandre que Boileau a logé aux petites maisons.
    Au nombre de ses maîtresses fut la célèbre Rosmonde, la plus belle femme. de son siècle. La jalouse Aliénor la persécuta avec tant d'acharnement, que pour la dérober à sa fureur, le roi fut contraint de renfermer la nouvelle Ino dans un labyrinthe à Woodstok. Cette protection ne put sauver la belle qui périt sous les poignards de Junon.
    Un mauvais plaisant grava sur son tombeau les deux vers suivans:
«Hîc jacet in tumbâ rosa mundi non rosa munda.
» Non redolet, sed olet quæ redolere solet.»
    Voyez Hist. d'Angleterre, par Rapin Thoiras, t. 2, pages 227 et 247.

19

On trouve dans divers historiens les seigneurs de cette maison appelés indifféremment la Trémouille ou la Trimouille. C'est le même nom, écrit d'une manière différente. Le vrai nom est la Trémouille. On croit les seigneurs de cette illustre maison descendans d'Albon, comte du Poitou.

20

Ces beaux jardins et ce parterre, formaient, avant la révolution, une promenade qui faisait l'admiration des étrangers. Aujourd'hui, quoique dépouillée de sa superbe orangerie, de presque tous ses arbres et de toutes ses fleurs, elle offre encore un aspect piquant par sa seule position et par son coup d'œil pittoresque. Thouars a en outre deux jolies promenades, l'une au centre de la ville, sur la place de Saint-Laon, et l'autre extrà muros, sur celle de Lavau, près la porte de Paris.

21

Quelques critiques ont prétendu que ce n'était qu'en style de palais, que l'on pouvait dire la duché-pairie. Voici ce que dit, à ce sujet, l'un de nos meilleurs dictionnaires, celui de Trevoux (Art. duché).

«Duché, substantif masculin et féminin, ducatus,
» une duché-pairie. Ce mot est plus souvent masculin
» que féminin, mais il est féminin quand il est joint
» à pairie. La raison est que le mot duché-pairie ne
» devant être considéré que comme un seul mot, c'est
» le dernier qui règle le genre.»

22

Un ingénieur m'a assuré que le pavé de la porte au Prévôt était à la hauteur de la pointe du clocher du château qui avait au moins vingt-huit mètres de hauteur. Ce fait peut donner un aperçu de l'inclinaison de la colline sur laquelle Thouars est bâti.

23

Ce pont-levis n'existe plus. La porte elle-même est dans un état de dégradation qui fait croire que l'on sera bientôt forcé de la démolir.

24

Le Thoué ne reçoit la Dive, que sur le territoire du département de Maine-et-Loire.

25

MM. Drouyneau de Thouars, Mathieu, ingénieur, et plusieurs autres, ont présenté divers plans pour rendre le Thoué navigable, de Thouars à Montreuil, où il porte bateau, hallable et flottable de Parthenay à Airvault et d'Airvault à Thouars M. Dupin, préfet des Deux-Sèvres, s'est aussi occupé de ce projet, dont l'exécution n'est rien moins que difficile.

La distance de Thouars à Montreuil n'est que de deux myriamètres; la dépense a été évaluée à 280,000^f.

Il faut couper vingt-cinq chaussées, y laisser un espace assez large pour le passage des bateaux, et y mettre des portes tournantes. Chaque propriétaire de moulin pourait être indemnisé par un droit que chaque bateau paierait en passant une chaussée. Ces propriétaires, du reste, seraient d'autant moins vexés, que le transport de marchandises ne pourrait se faire que pendant six mois, depuis le 1.er novembre jusqu'au 1.er mai, époque où la rivière occupe toute l'étendue de son lit.

Les frais de cet établissement devront être supportés proportionnellement par les villes et cantons de Parthenay, Saint-Loup, Airvault et Thouars, à moins qu'une société de capitalistes ne voulût se charger de l'entreprise. Quant aux avantages inappréciables que ces villes en retireraient, je m'en réfère à ce que j'en ai dit, dans mon Histoire des guerres de la Vendée, imprimée à Paris en 1819.

26

En voici les noms par ordre alphabétique:

Argenton Château. Argenton-l'Eglise. Assais. Aubiers (les). Availles.

Beaulieu. Bilazais. Boësse. Boussais. Borcq. Bouillé-St. -Paul. Bouillé-Loret. Boëmé. Bressuire. Bretignoles. Brie. Breuil-Chaussée. Breuil-Puigné. Breuil-d'Argenton. Brion. Boupère (le). Boissière (la).

Cersais. Champbroutet. Chanteloup. Chapelle-Gaudin. Chapelle-aux-Lys. Chapelle-St.-Etienne. Chapelle-St. -Laurent. Chiché. Cirières. Clazais. Coulonges. Combran. Cerisais. Courlay.

Etusson.

Faye-l'Abbesse. Fougereuse (la).

Geais. Genneton. Glenais.

Hameaux (les).

Jumeaux.

La Coudre. La Forêt-sur-Sèvre. Largeasse. La Meilleraie. La Ronde. Louzi. Luché. Luzais. La Flocelière.

Massais. Maulais. Mauzé. Missé. Montbrun. Montravers. Montigny. Moutiers. Moncontant.

Noireterre. Noirlieu. Noizé. Nueil-sous-les-Aubiers.

Oyron.

Pas-de-Jeu. Pierrefitte. Pin (le). Pommeraie (la). Pouzauges. Pouzauges (le vieux).

Rigny.

Saint-Amand. Saint-André. Saint-Aubin-du-Plain. St -Cyr-la-Lande. Saint-Clémentin. Saint-Jouin. Saint-Jouin-de-Milly. Saint-Jacques. Saint-Jean. Sainte- Gemme. Saint-Martin-de-Mâcon. Saint-Martin-de-Sanzais. Saint-Marsault. Saint-Macaire,

Saint-Marc. Saint-Mesmin. Saint-Paul. Saint-Porchaire. Sainte-Radégonde. St.-Sauveur. Soulièvre. Saint-Varent. Sainte-Verge. Sanzais.

Taizé. Terves. Thouars. Tourtenay. Ulcot.

Vandelnay. Voutegond.

TOTAL...... 106 paroisses.

Les sept douzièmes de ces paroisses ont fait partie de l'insurrection de la Vendée en 1793 et 1815; elles étaient comprises dans la division militaire de Châtillon et dans celles des Herbiers, d'Argenton et de Bressuire.

27

Le célèbre cardinal Adrien de Gouffier, a été doyen de ce chapitre.
Voyez Continuation de l'Histoire ecclésiastique de Fleury, depuis 1508, jusqu'en 1528, in-40, tom.26, page 227.

28

Cursais est un gros bourg, à deux lieues de Thouars, au nord-est de cette ville. Il est situé au bord du marais formé par la Dive, qui s'étend jusques près de St-Just.

Un savant du Loudunois a prétendu que la tour très-élevée que l'ont voit dans ce bourg, a été bâtie par Jules-César, et que le mot Cursais vient du latin cor Cæsaris.

Cette opinion est insoutenable.

Cursais, en latin Curzaum, paraît formé de deux mots Celtiques cur zaé, eau dormante; ce nom lui a été donné sans doute à cause de sa situation sur un marais.

29

Voyez l'Ouvrage qui a pour titre: De querelâ Monachorum Sancti-Florentii.

30

Abraham Ribier, abbé commendataire de St.-Laon, eut pour successeur Regnier Desmarais, secrétaire-perpétuel de l'académie française, mort en 1713, pour avoir trop mangé de melon. A Regnier, succéda Thomas Goulde, Irlandais, mort en 1734, après avoir résigné son abbaye à Edmond Goulde son parent. A ce dernier, mort en 1756, a succédé M. de Bussi, mort en 1790.

31

M. Senilles fut condamné à mort à Poitiers, en 1793, par une de ces commissions populaires, que des philosophes bourreaux beaux esprits avaient instituées pour faire transpirer le corps social et le rendre plus sain. L'échafaud était préparé et le geolier avait déjà dépouillé le prêtre infortuné, lorsque ce dernier apperçut, au fond de son cachot, une porte entr'ouverte. Il se lève, pousse la porte, et monte un escalier qui le conduit au plus haut étage de la prison. Il n'a que deux partis à prendre, ou de passer par une lucarne et de se précipiter du haut du toit, au risque de se tuer, ou de se cacher dans l'intérieur de la prison. Il prend le premier parti. Et, après s'être recommandé à la Providence, il se laisse glisser sur les ardoises. Il tombe, sans se blesser, sur un toit inférieur, de là sur un autre, et enfin dans la rue. Quoique froissé de sa chûte, il sort de la ville. La garde veut l'arrêter, il traverse un étang à la nage et gagne la campagne. Poursuivi par tous les limiers de la justice, et par plus de cinq cents soldats, il parvient à se sauver, après avoir failli cent fois tomber entre les mains de ses bourreaux. Déguisé en maçon, il gagne enfin une garde Vendéenne, dans la paroisse de Noirterre, près la ville de Bressuire. On l'arrête comme espion, on veut le fusiller; on lui avait déjà bandé les yeux, lorqu'un prêtre survient; il se fait connaître; on l'interroge en latin, il répond dans la même langue, ses bourreaux tombent à ses pieds; il est sauvé une seconde fois. Il a été depuis curé de St-Amand, de St.-Porchaire, et principal du collége de Bressuire. Il est mort en 1814. C'est lui-même qui a raconté son aventure à l'Auteur de cette Histoire.

32

En 1821 on a fait l'acquisition d'une cloche du poids de 1500 liv. M. Jagault se dispose, dans quelques années, à en acheter une autre.

33

Voyez le Manuscrit de M. Drouyneau, sur Thouars, page 78. Je ne voudrais pas garantir ce voyage de Louis XIII à Thouars, en 1621.

34

Depuis 1815, les dames de St.-Thomas ont quitté cet hôpital. Elles ont été remplacées par de religieuses de l'ordre de Ste.-Anne.

35

Voyez le Manuscrit de M. Drouyneau, sur Thouars, page 82.

36

La ville de Thouars, avant la révolution, avait dix églises; elle n'en a plus aujourd'hui que deux. Trois ont été démolies jusque dans leurs fondemens; trois ont été converties en grange, en remise ou en magasin; deux sont désertes et abandonnées aux ravages des intempéries de l'air et aux dégradations du temps.
    Dans ce nombre n'est point comprise la chapelle de l'hôpital, où l'on dit encore la messe.

37

Cette abbesse avait des talens; elle fut long-temps en correspondance avec une dame qui était alors miseau rang des plus beaux esprits. Marie-Madelaine-Gabrielle de Rochechouart, abbesse de Fontevraud, morte le 15 août 1704, à l'âge de cinquante-neuf ans, savait les langues Grecque, Latine, Espagnole, Italienne. Elle avait étudie avec fruit la philosophie, l'Ecriture Sainte, la théologie. On la voyait souvent, seule en son parterre, se promener en lisant en grec Homère ou Platon. Sa piété marcha toujours de pair avec sa science. Connue Socrate, elle répétait souvent qu'elle ne savait rien. Sa vie entière fut un modèle pour ses religieuses qui pleurèrent amèrement sa perte. On peut dire qu'elle fut regrettée de toute la France, où sa vertu et sa réputation s'étaient également étendues.

38

On l'a vue, dans les prés voisins de Thouars, arracher les racines avec son couteau et en faire sa nourriture. Je ne dois pas oublier que le docteur Guy de la Garde lui faisait passer toutes les semaines un pain de sept livres. Sa misère était d'abord ignorée, ce qui empêcha les personnes charitables de lui porter des secours. Sa détresse ne fut bien connue qu'après son décès.

39

Un sujet plus remarquable encore, par les services importans qu'il a rendus à la cause sacrée de nos rois, est le général baron de Crossard. Né à Poitiers, il vint faire ses classes à Thouars, d'où il sortit en 1784. Lieutenant dans la légion de Maille-bois à dix-neuf ans, il fut, en 1789, du nombre de ces Français qui ne voulurent point fléchir le genou devant le colosse de l'anarchie, il s'émigra. Depuis ce moment, jusqu'en 1814, il n'a cessé de combattre les ennemis des Bourbons, en Hollande, en Autriche, en Espagne, en Russie. Il était, lors de la prise de Paris, aide de camp de S. A. R. le grand-duc Constantin. Capitaine en Hollande, major en Autriche, colonel en Russie, maréchal-de-camp en France, il est décoré de douze ordres militaires, au nombre desquels sont la croix de St.-Louis, la croix de Marie-Thérèse, l'ordre de Ste.-Anne, etc. etc. On peut dire qu'il est rentré en France le cœur plein de nobles souvenirs, et la poitrine couverte de gloire.

40

Le prieuré de St.-Michel a été supprimé par une ordonnance du 1.er novembre 1776; il fut alors changé en un hôpital d'orphelins. La maison, appelée la Providence, n'y a été réunie que par des lettres patentes du 5 juin 1778. Les enfans de cette dernière maison, n'ont définitivement pris possession de St.-Michel, que le 13 août 1780. Ils s'y rendirent processionellement, et accompagnés du clergé, des magistrats et des plus notables habitans.

41

Il y avait anciennement à Thouars, comme dans toute la France, un grand nombre de Juifs. Ces usuriers ruinaient alors le peuple, mais les souverains pressaient, de temps en temps, ces éponges avec une extrême rigueur. On en pourra juger par ce trait: Jean-Sans-Terre, dans un pressant besoin d'argent, fit arrêter les principaux Juifs de Londres et leur demanda dix mille marcs d'argent. Ils refusèrent de payer cette somme; mais le prince faisant arracher, chaque matin, à chacun d'eux, une dent molaire, ils se décidèrent, au bout de sept jours d'un traitement si cruel, à payer la somme exigée.

«.... Quid non mortalia pectora cogis,
» Auri sacra fames!»

Voyez Histoire d'Angleterre, par Rapin Thoiras, tome 2, page 326.

42

Voyez le Mém. manuscrit de M. Drouyneau-de-Brie, pag 92.

43

Rabelais prétend que dans les mois d'octobre et de novembre, il naît à Thouars autant d'enfans, que dans les dix autres mois de l'année: on ne peut regarder cette assertion que comme une plaisanterie dénuée de fondement.
(Voyez Rabelais, Pentagruel, liv. 5, chap 29.)

44

Voyez l'Histoire de Loudun, par M. Dumoustier, page 65. Cette ville porte en latin le nom de Castrum Losdunum, et non celui de Jukodunum que lui ont donné mal-à-propos MM. Macrin et de Ste.-Marthe. Elle a encore, dans son sein, des Calvinistes, quoique leur temple ait été détruit en 1691, par l'ordre du roi Louis XIV.

Elle est la patrie de St.-Maixent, de St.-Jouin, de St.-Maximin, de St.-Adhelme, et de plusieurs savans, tels que MM. Salmon Macrin, de Ste.-Marthe, Urbain Chevreau, Théophraste, Renaudot, Israël Bouillaud, Urbain Grandier, si fameux par sa sorcellerie prétendue et par des malheurs réels.

Le Loudunois a été érigé en duché, par Henri III, en 1581, en faveur de Françoise de Rohan, dame de la Garnache, mais des lettres d'érection n'ont jamais été enregistrées au parlement.

45

Chaque pièce était de vingt aunes.

46

L'écu de six livres a singulièrement varié à Thouars depuis plusieurs années: quelques marchands font perdre 20 centimes par pièce: d'autres n'exigent aucun appoint; il en est qui lui font perdre 10 centimes.

Dans le champ de foire, aucun marchand de bœufs ni aucun maquignon, ne veulent donner d'appoints: ce qui fait un tort réel aux propriétaires. Le meilleur remède à cet abus serait de retirer ces pièces de la circulation, et de les faire refondre en pièces de 5 francs.

47

Cette classe est en très-petit nombre. On ne compte guère à Thouars que neuf maisons qui puissent être mise à ce rang. Je donnerai ici une note des principaux châteaux et des maisons remarquables des environs de Thouars, à une distance de 12 kilomètres, avec les noms de leurs possesseurs actuels:

NOMS DES CHATEAUX.	NOMS DES POSSESSEURS.
	MM.
Belleville.	De La Garde.
Bois-Baudron.	Poussineau de Vandœuv.
Boué (le).	Le Maignan.
Biard.	De Brossard.
Bourniseaux.	L'Auteur de cette histoire
Boucœur.	Veuve Menoust.
Beauvais.	Perraut.
Brosse (la).	De Lusignan.
Châtillon.	M.me De Maussabré.
Ferrol.	Haquet-de-Ferrol.
Forêt (la).	De Paligny.
Glénais.	Bertrand.
Laroche-Lusais.	De Lorgères.
Leplessis-Tristan.	De la Chapelle.
Lusais.	D'Houdan.
Majé.	De Piolans.
Marsais.	Loury.
Moiré.	De Tusseau.
Oiron.	Le baron d'Oiron.
Preuil.	De Lamarque.
Pierrefitte.	De Buort.
Rigny.	Le comte De Neuilly.
Rochefou.	Gueniveau-de-la-Raye.
Sainte-Verge.	Idem.
Varannes.	Orré.

Il y a en outre plusieurs châteaux qui ont été vendus en détail par les propriétaires, tel que celui de Thiors; il y en a d'autres qui appartenaient à des émigrés, et que la nation à vendus, tels que ceux de Louzi, de la Gosselinière, de Monfermier, de Rigny Montbrun, etc. etc. La plupart de ces derniers châteaux ont été plus ou moins dégradés et leurs dépendances plus ou moins morcelées.

48

On n'entend parler ici que des revenus de la duché-pairie de Thouars.

49

Le boisseau de Thouars pesait en froment, vingt livres poids de marc.

50

Dans les douzième, trezième et quatorzième siècles, la quintaine était en France un exercice militaire auquel étaient obligés tous ceux qui aspiraient à l'ordre de la chevalerie. Cet exercice ne ressemblait que très-indirectement à celui dont on vient de parler, et n'avait lieu que sur terre.

On posait sur une place un buste en marbre ou en bois doré, qui tournait sur un pivot. L'aspirant devait le frapper de sa lance au milieu, et alors il était immobile. S'il frappait le buste de côté, ce dernier tournait, et le mal-adroit était puni soit par les huées des spectateurs ou par un léger coup de baguette que lui donnait le maître qui présidait à cet exercice.

51

(Voyez les Mémoires manuscrits de M. Drouyneau, page 108).

Thouarsen 1740, avec un revenu de 1600 liv., avait sur ses dépenses un excédant de 631; sa population était alors cependant le double de celle que l'on y voit aujourd'hui. Le budget de ses recettes monte à présent à plus de 10,000 fr. 5 ses dépenses en excèdent 8000. Il n'est pas difficile de se convaincre que c'est à la révolution que sont dues l'augmentation de son revenu et celle de sa dépense, dont une partie s'applique à des articles qui lui sont étrangers.

52

Le lecteur observera sans doute qu'en 1740, la ville de Thouars avait dépensé 300 liv. pour l'enlèvement des boues, et qu'en 1815 elle retirait de ces mêmes boues un bénéfice net de 52 fr., ce qui forme, de la perte au gain, une différence de 352 fr. Elle n'a pu devoir ce bénéfice qu'au progrès de l'agriculture qui nous a enfin appris qu'une grande récolte suppose toujours une grande dépende, et qu'elle est presque toujours proportionnée à la quantité et à la qualité des engrais avec lesquels les guérets sont fumés. Tout porte à croire que dans vingt ans, les boues de la ville auront une valeur décuple de celle qu'elles ont aujourd'hui.

53

Le mot maire vient du mot latin major. Sous Louis XII, dans quelques provinces, les maires se nommaient maïeurs.

(Voyez la collection des Mémoires particuliers de l'Histoire de France, tome 21 page 198.)

54

Ce même oiseau revient vers le 9 octobre. C'est un adage commun et très-ancien:

> Qu'à la Saint-Denis
> La becasse est au pays.

55

Voyez l'Origine des Poitevins, par de la Haie, chapitre 17.

56

Les armoiries sont plus anciennes que ne le pensent ceux qui n'en font pas remonter la découverte au-delà du dixième siècle.

Diodore de Sicile attribue aux Égyptiens l'invention des armoiries. Petra Santa en rapporte l'origine aux

Assyriens. Quinte-Curce, Xénophon, Philostrate, parlent du blason royal des Mèdes, et des armoiries de Cyrus, de Xerxès, de Darius, etc. etc.

Un auteur prétend qu'Alexandre-le-Grand régla les armoiries et institua les hérauts d'armes.

Le père Monet parle des armoiries des empereurs romains.

Chassanée affirme comme un fait positif, que Charlemagne et ses pairs avaient des armoiries et des devises particulières.

Ce qui démontre que les aimoiries sont plus anciennes qu'on ne le pense, c'est que les divers émaux connus aujourd'hui sous le nom de gueules, d'azur, de sinople, d'argent, etc. etc., ne sont autre chose que les anciennes couleurs des factions du Cirque.

Quant aux lys, on convient aujourd'hui assez généralement qu'ils étaient connus comme devise royale, sous les rois Carlovingiens. Dans le neuvième siècle, les rois Saxons, en Angleterre, portaient six fleurs de lys sur leur couronne.

(Voyez Histoire d'Angleterre, par Rapin Thoiras.)

57

Voyez Gesta Guillemi ducis.
Vital, livre 44; Malmerb., livre 3; Hist. de France. par Daniel, tome 2, page 467.

58

Voyez Denis de Ste.-Marthe (Gallia Christiana).

59

Voyez les Cartulaires de St.-Laon et de St.-Jouin.

60

C'est Henri II qui a fait bâtir à Thouars, le palais dont nous avons parlé. Ainsi que je l'ai rap porté, Richard-Cœur-de-Lion, Jean Sans-Terre, Henri III, y ont fait tour-à-tour une assez longue résidence. Les vicomtes de Thouars, qui leur ont été long-temps très-attachés, étaient regardés comme leurs lieutenans-généraux en Poitou. Ce palais a été en partie ruiné, lors du siége de Thouars, par le connétable du Guesclin, en 1372.

61

Voyez Annales d'Aquitaine, page 145.

62

Voyez Annales d'Aquitaine. (Ubi suprà).

63

Voyez Hist. de France, par Du Haillau.

64

Voyez Hist. de François Duchesne, tome 5.

65

Voyez Hist. de Bretagne, par Dom Loubineau.

66

Voyez François Duchesne. (Ubi suprà).
 La ville de Loudun avait été donnée, dans le 10.e siècle, au comte d'Anjou, Geoffroi-Grise-Gonnelle, par Guillaume-Fier-à-Bras, comte de Poitou. Ce n'était alors qu'un simple château, connu sous le nom de Castrum Lodunum,

67

Mauléon ou Moléon, vient de Mons leonis. Cette ville n'a pris le nom de Châtillon qu'en 1736, époque où elle fut érigée, par Louis XV, en duché-pairie, en faveur de M. de Châtillon, qui était alors gouverneur du dauphin.

68

Voyez Annales d'Aquit., chap. 7, p. 167.

69

Voyez François Duchesne, tome 5, Annales d'Aquit., page 169.

70

Ce prince est le même qui fut roi de France, sous le nom de Jean-le-Bon.

71

Voyez le cartulaire de Saint-Laon.

72

Voyez la collection univ. des Mém. sur l'Hist. de france, tome 3, p. 260.

73

Ce mot salique paraît dérivé des Francs Saliens, ainsi nommés de la rivière Sala, sur les bords de laquelle ils-habitaient en Allemagne. (Voyez Linnée de Jure. Imp. Rom. lib. $1.^{er}$, c. 2).

74

Que de grands événemens produits par de petites causes! Deux florissans royaumes vont s'épuiser d'hommes et d'argent, parce qu'une reine vient de mettre au monde une fille au lieu d'un garçon.

75

Cette fiévre démagogique exerça ses fureurs, pendant presque tout le cours du $14.^e$ siècle, dans plusieurs parties de l'Europe, en même temps que la peste noire.
    En 1381, cent soixante mille rebelles, sous la conduite de Wat-Tyler, couvreur, et de Littester, cabaretier, se portèrent sur la ville de Londres, dans l'intention de massacrer tous les gentilshommes. Ils avaient écrit sur leurs bannières ces mots séditieux: «Quand Adam béchait et qu'Eve filait, où étaient les gentilshommes?» Les membres distingués du tiers-état parurent indifférens à cette querelle, qui semblait ne pas les regarder; mais lorsqu'ils virent ces paysans furieux massacrer indifféremment les nobles, les financiers, les juges, les médecins, les avocats, les procureurs, les bourgeois notables, ils commencèrent à se tourner du côté du roi et de l'autorité légitime. La sédition fut appaisée par un coup de vigueur: le maire de Londres fendit la tête, d'un coup de hache, à Wat-Tyler, quoiqu'il fut alors à la tête de soixante mille séditieux. Ces derniers demeurèrent immobiles, et finirent par implorer leur pardon. Tant est vraie cette maxime: Qu'une populace mutinée est un tyran qui fait tout trembler, dès qu'il cesse de trembler lui-même. Les déclamations de l'hérésiarque Wiclef avaient tourné la cervelle de ces misérables. «Tantum irreligio potuit suadere malorum». (Voyez Hist. d'Anglet., par Rapin-Thoiras, pages 290, 291 et 294).

76

Voyez Hist. de du Guesclin, par Guyard de Berville, tome 2, liv. 5, p. 206.

77

Voyez Guyard de Berville, Hist. de du Guesclin, tome 2, page 243.

Ce même Guy de la Trimouille, lors du mariage de Jean de Bourgogne et de Marguerite de Hainaut, en 1384, le jour des noces, servit à table, avec l'amiral et Guillaume de Namur, les nouveaux époux et le roi Charles VI. Ces trois chevaliers servans étaient montés sur de hauts destriers. On ne peut trop concevoir aujourd'hui comment un roi pourrait être servi à table par des cavaliers. Il fallait que les salles fussent alors très-élevées, que les chevaux fussent dociles, et qu'il y eût des valets de pied prompts à saisir les plats destinés au banquet. Il faut avouer que nos ancêtres étaient singuliers jusque dans leurs plaisirs.

Guy épousa? en 1446, la princesse douairière de Montpensier, nièce du roi Charles V. Porte-oriflamme, et premier chambellan de Charles VI, il suivit, en 1396, le comte de Nevers en Hongrie, et combattit le sultan Bajazet à la bataille de Nicopolis. A la mort d'Olivier de Clisson, il refusa l'épée de connétable que le roi lui offrit. Aucun des enfans qu'il eut de Marie de Sulli, sa femme, ne lui a survécu.

C'est de Georges, son neveu, comte de Guines, favori de Charles VII, et le plus bel homme de son siècle, que descendent les ducs de Thouars héritiers de la maison d'Amboise.

(Voyez collection des Mémoires particuliers sur l'Hist. de France, tome 6, page 442).

78

La tentative que va faire Edouard sera son dernier coup de vigueur.

Ce prince était devenu l'amant passionné de la jeune Alix Pierse, qui le traitait avec tout le mépris qu'inspire un vieillard amoureux. La friponne abusait d'une manière étrange de son crédit: elle allait dans les cours de justice, se plaçait à côté des juges et leur dictait l'arrêt qu'ils devaient rendre. Elle s'appropria ou dissipa la meilleure partie des trésors de son amant, qui l'avait nommée la Dame du Soleil. Sa rapacité fut portée au point qu'elle arracha au prince expirant le dernier de ses bijoux qu'il avait au doigt, et l'abandonna ensuite à ses valets.

Edouard doit être mis au rang des héros qui ont vécu trop d'un jour; il n'avait pas assez médité sur ces vers d'Ovide:

«Turpe senex miles, turpe senilis amor».

(Voyez Rapin Thoiras, tome 111, p. 250 et 254).

79

Ce fut la partie du parlement de Paris retirée à Poitiers qui rendit cet arrêt inique. Louis d'Amboise fut condamné pour avoir cherché à arrêter le seigneur de la Trimouille, et pour avoir en cela commis un crime de lèse-majesté. On prononça la confiscation de ses biens et la peine de mort, mais on eut honte d'exécuter cette dernière partie de la sentence.

80

Voyez Hist. de France, par Villaret, tome 14, page 477.

81

Il y a dans le Poitou plusieurs familles qui portent le nom de Chabot. Celles qui sortent réellement des anciens comtes de Jarnac, se distinguent facilement par la seule inspection de leurs armes parlantes, qui sont trois chabots sur un fonds d'argent.

82

Voyez le Manuscrit de M. Drouyneau sur l'Histoire de Thouars, page 46. Je ne parle ici que d'après lui, et je laisse au lecteur à juger si ce n'est pas là un conte fait à plaisir.

«Senon è vero è bene trovato».

83

Il lui donna d'abord quarante mille francs; il lui fit remettre ensuite quatre mille écus d'or confisqués sur Jean de Beaune, marchand à Tours. Commines se maria, en 1472, avec Hélène de Jambes, issue des Chabot du Poitou. Sa fille unique, Jeanne, épousa, en 1504, le comte de Penthièvre, allié à presque toutes les maisons souveraines de l'Europe.

84

Voyez 2.ᵉ vol. des Ordonnances de Louis XI). fol. 126.

85

Voyez Ubi suprà, fol. 148.

86

Louis XI fit, en cette même année, un voyage à Thouars, où il tomba malade, dans l'hôtel qu'il habitait rue du Château. Voici ce que dit Commines à ce sujet:
 «Le roi fut bien deux heures qu'on le croyoit
» mort; il étoit dans une galerie couché sur une
» paillasse. M. du Bouchage et moi, le vouâmes à
» Saint-Claude; aussitôt la parole lui revint, et sur
» l'heure il fut mieux. Il fut chez moi, à Argenton;
» là il séjourna un mois, et y fut fort malade; de
» là il fut à Thouars, d'où il partit pour aller à
» Saint-Claude, où il avoit été voué, comme vous
» l'avez ouï».

Louis XI craignait tellement la mort, qu'il ne voulait pas que l'on prononçât ce mot devant lui. En 1483 étant à l'agonie, il dit à Coittier, son médecins «Si je suis plus mal, dites-moi, parlez peu, j'enten-
» drai ce que cela voudra dire». Le médecin le voyant sur le point d'expirer lui dit: «Sire, vous
» voilà prêt à mourir, élevez votre ame à Dieu. —
«Je ne suis pas si malade que vous pensez», Il mourut une heure après avoir dit ces paroles.

87

Le premier de ce nom connu dans l'histoire est Pierre de la Trimouille, qui vivait au milieu du onzième siècle, en l'an 1048. Il était, assure-t-on, arrière petit-fils d'Albon, comte de Poitou en 776.

88

Ces quatre rois sont Louis XI, Charles VIII, Louis XII et François 1er. Le premier de ces rois était, comme le dit Jean de Troye, dans sa Chronique scand aleuse, un grand justicier. Il raconte dans cette chronique (page 64), que le bourreau de Paris, le 14 août 1465, étant occupé à fouetter dans un carrefour un bourgeois de cette ville, nommé Casin Chollet, qui avait répandu une fausse nouvelle, Louis XI vint à passer; le bourreau s'arrêta à la vue du roi: mais ce dernier, au lieu d'accorder la grâce du patient, s'écria: «Battez fort, n'épargnez pas » car il a mérité pis».

89

Preux vient du mot probus) d'où il suit que la probité et la valeur devaient se trouver également dans le guerrier décoré du nom de preux,

90

Ce fut ce galant monarque qui le premier appela les dames à la cour pour y faire leur résidence. On lui représenta vainement les dangers d'une pareille innovation. — cc Sachez, répondit-il avec
» humeur, qu'une cour sans femmes est un printemps
» sans roses». (Voyez les Mém. de Martin du Bellay, p. 345).

91

Voyez Hist. de France, par Garnier, tome 23, page 182.

92

Louis de la Trimouille n'avait cessé depuis vingt ans de solliciter l'établissement d'un parlement à Poitiers. François Ier s'était engagé, a-t-on dit, à donner des lettres patentes pour cette fondation, moyennant cinquante mille écus qu'on lui avait promis, s'il accordait cette demande aux Poitevins. En 1523, l'édit fut sur le point de paraître, mais le parlement de Paris fit de si vives remontrances, que le roi renonça à l'exécution de ce dessein. (Voyez Hist. de Louis de la Trimouille, par Jean Bouchet).

93

Voyez les Mémoires manusc. de M. Drouyneau, p. 66.

94

Le vainqueur de Moncontour, le duc d'Anjou, vint asseoir son camp au bourg de St.-Généroux, à deux lieues de Thouars. On prétend que, dans le conseil qui fut tenu le lendemain; quelques généraux catholiques proposèrent de s'assurer de Thouars et d'y mettre une garnison; mais un officier prudent observa qu'il n'était pas sûr que le vicomte en voulût ouvrir les portes; qu'il faudrait alors faire le siége de cette place, qui retiendrait l'armée victorieuse devant ses murs pendant tout le reste de la campagne, et dont la prise était fort incertaine.

Le duc d'Anjou n'eut pas de peine à se rendre à cet avis. Le vicomte était catholique; on pouvait l'aigrir et le forcer à se jeter ouvertement dans le parti des calvinistes. Il résolut de marcher sur les traces de l'armée fugitive, et se rendit à Parthenay, qu'il emporta sans coup férir.

95

Il paraît qu'il y avait alors deux châteaux; savoir, l'ancien, auprès du couvert des Cordeliers, et le nouveau, qui avait été bâti dans le quatorzième siècle par le vicomte Louis, à peu près dans l'emplacement qu'occupe celui qui existe maintenant. Marie de la Tour, dans le dix-septième siècle, a fait démolir en même temps ces deux châteaux, pour construire de leurs débris le magnifique édifice qui est son ouvrage. Avant cette construction les ducs et les duchesses habitaient alternativement les deux anciens bâtimens. Il est du moins certain que la salle des bains existait dans celui qui occupait l'emplacement du presbytère de Saint-Médard. L'anecdote que je vais rapporter de la duchesse Barbantine ne peut s'expliquer d'un autre local que de celui qui existait auprès au couvent des Cordeliers.

96

Quelques personnes ont cru que les moines dont la dame se plaignit, habitaient le roc St.-Nicolas; mais depuis plus de quatre-vingts ans il n'y avait plus de moines dans ce prieuré.

97

La reine-mère, Anne d'Autriche, lui donna en outre une somme de quarante mille livres et un droit de dix sous par pipe de vin passant sous les ponts de Laval et de Taillebourg; mais les habitans de Laval se plaignirent avec tant d'amertume de cette vexation, que, par arrêt du conseil, ce droit, ainsi qu'un autre sur les toiles, furent abolis en 1657.

98

Il faut lire Bournezeaux au lieu de Bourniseaux. Cette dernière terre ne fut vendue qu'après la mort de Marie de la Tour, en 1698. Elle était possédée alors par la dame Charlotte du Bellay, veuve du chevalier de Fouquet. Elle fut achetée par le sieur Henri Berthre de la Rue, conseiller du roi, et receveur des tailles de l'élection de Thouars, bisaïeul de l'auteur de cette Histoire. Gilles Berthre, fils de Henri, a occupé, en 1735, la place de gentilhomme de la fauconnerie du roi.

99

En vendant cette baronnie, Marie de la Tour reçut, en forme de pot-de-vin, un collier de perles de la valeur de neuf mille livres.

100

M. Servien fit en outre accorder au duc un droit de quatre sous par pièce de toile fabriquée à Laval. Cette concession ne fut point gratuite; le duc, en 1636, avait levé, à ses dépens, deux mille hommes de pied pour le service du roi; ce fut pour le payer de sa dépense que ce droit lui fut accordé.

101

Ceux qui voudraient des détails sur les Royalistes qui ont porté ce nom, peuvent consulter l'intéressant ouvrage de madame Adèle du Chemin, lequel a pour titre: Origine des Chouans.

102

Sa tête fut placée sur une pique au haut de son château, avec celle d'un fidèle serviteur, Enjubaut de la Roche, son intendant. Le représentant avait agi comme le sultan des Turcs, qui d'un signe, fait tomber des têtes, et les fait clouer aux portes du sérail. On peut dire que le despotisme de ce dernier est mille fois plus supportable que ne l'était en 1793 celui des prétendus amis de la liberté et de l'égalité. Si la Providence n'eût mis un frein à leurs fureurs,

> «L'Univers eût péri sous leurs sanglantes mains».

103

Thouars et sa banlieue ont fourni plusieurs officiers à l'armée catholique et royale, dans les trois campagnes de 1793, 1799 et 1815. Je donnerai ici la liste de ces officiers.

MESSIEURS:

De la Ville-de-Baugé.

Le Maignan, père et fils.

Trotouin.

De la Garde (deux frères).

Auguste Berthre de Bourniseaux, garde-du-corps.

P.r Thonnar-du-Temple.

Roquet-Desvannes.

Delaville père et fils; (de Rigny).

Jagaut (Baptiste).

Jagaut (Pierre), officier civil.

De la Roche-de-Luzais (trois frères).

Le Roux-de-la-Chenaie.

Orré-Digueur.

Redon-de-Puy-Jourdain.

Reveau-de-Saint-Varent.

Vielban-de-Fleuri.

Piet-de-Beaurepaire.

Ogeron-de-Ligron.

104

Ce fut à cette même époque que le district de Thouars, excité par une motion des clubistes, envoya cinquante ouvriers dans la commune de Boussais, au château de M. le marquis de Préaux-Châtillon, pour y démolir une tour superbe, dont l'aspect blessait les yeux des fougueux amis de l'égalité.

Ce monument, l'un des plus curieux qui fût alors dans tout le Poitou, avait la forme d'un cône parfait. Il renfermait vingt chambres ou appartemens. De l'extrémité supérieure, l'on apercevait, à l'œil nu, Thouars, Parthenay, Bressuire, Airvault, Moncontour, Loudun, Argenton, Oiron. A l'aide d'une lunette d'approche on découvrait Poitiers. Son axe, ou sa hauteur, à partir des fondemens, était de quarante-huit mètres, le contour de sa base était de trente-deux mètres, ce qui donne au cône une solidité de trois cent quatre-vingt-quatre mètres.

Cette tour avait cinq cent soixante-quinze ans d'antiquité.

Je ne connais dans tout le Poitou qu'un monument semblable; c'est la tour de Melzéar, près de Melle, bâtie par le sieur Pierre Frottier, et qui a appartenu au vicomte d'Aubusson; je crois que cette dernière tour est moins élevée et moins grosse d'un tiers que celle dont je viens de parler.

On eut mille peines à démolir la tour de Châtillon, et l'on fut contraint de la laisser à une hauteur de dix mètres, parce qu'il était devenu impossible d'en continuer la démolition. Le dommage causé aux meubles et à la charpente a été estimé une somme de 30,000 francs.

Le marquis de Préaux-Châtillon, consumé de chagrins, n'a survécu que peu de temps à la destruction de son château. La mort enleva bientôt après, aux pauvres du voisinage un consolateur et un appui, au roi un serviteur fidèle, et à l'auteur de cette Histoire, un oncle dont le souvenir lui sera toujours cher, et qui l'honorait de son estime et de son amitié.

La maison de Préaux-Châtillon est l'une des plus anciennes du Poitou. Sous Charles VII, on voit dans l'histoire, un marquis de Préaux-Châtillon, commander une armée royale.

(Voyez l'Honneur français, par M. de Sacy).

105

M. de Champvallier n'était pas le seul garde du Roi qui fit partie du quatrième corps:
On y comptait MM. de Lusignan, Montois, et Auguste Berthre de Bourniseaux, ce dernier fait partie des gardes-du-corps de la compagnie de Luxembourg.

106

Voyez les détails de cette affaire, dans mon Histoire des guerres de la Vendée, tome 3, page 106 et suivantes.

107

J'en donnerai ici les noms, en suivant l'ordre alphabétique,

MESSIEURS:

Auberi (d').

Baugé (de).

Berthre de Bourniseaux.

Boisgautier.

Braud.

Bridier.

Bodin (Denis).

Chassereau.

Chauvin-Chabot.

Chaillou.

Coyteux.

Demége.

D'Hansaux.

D'Hondan.

De la Garde.

De la Missardière.

Fouchier (de).

Frogier.

Gaillard.

Jagaut.

Jounault.

Loury.

Marillet.

Mounier.

Noyraut du Châtellier.

Orré-Giraudière.

Orré du Plessis.

Paillon.

Phelippon.

Pihoué.

Redon de Beaupreau,

Richoux.

Rousseau.

Tibaud.

Vanjeu (de).

Vielban l'ainé.

Vielban du Mureau.

Il faut joindre à ces notables les fonctionnaires publics dont j'ai donné les noms.

108

Le sieur Gillet a inventé une nouvelle arme: c'est une lance volante mue et dirigée par deux grosses fusées. Le préfet des Deux-Sèvres et plusieurs officiers, en présence desquels l'inventeur a fait une expérience à Niort, en 1813, ont cru que cette arme pouvait être perfectionnée, et qu'elle serait surtout redoutable à des masses de cavalerie, qu'elle mettrait en désordre, tant par la lance que par le feu d'artifice qui épouvanterait les chevaux. Le sieur Gillet n'a reçu jusqu'à ce jour que de très-faibles encouragemens.

109

Les notaires de la banlieue sont: à Oiron, MM. Violeau et Bertheloteau; à Saint-Martin-de-Sanzais, M. Tolosé ; à Luzais, M. Cornillean; à Brion, M. Bruneau; à Saint-Varent, M. Lambert. Ce dernier a les minutes de Pouit, Butet et Cadoux.

110

La première de ces sociétés, composée des notables de la ville, encourage de tout son pouvoir les projets qui présentent quelqu'utilité. Je dois dire ici avec reconnaissance que tous ses membres, à l'exception d'un seul, ont souscrit avec empressement pour hâter la publication de l'Histoire de Thouars.

111

Dans la révolution, quelques-unes de ces dames ont déployé un grand caractère et une fermeté héroïque. Je citerai ici en exemple mademoiselle Rosalie Redon de Beaupreau, qui, de son propre mouvement, suivit, en 1794, son père en prison, pour lui aider à porter le poids de ses fers. Ni les remontrances paternelles, ni les larmes de sa famille, ni les maladies qu'elle essuya, ne purent la détourner de son généreux projet. Nouvelle Sombreuil, elle eût bu comme elle un verre de sang pour sauver son père. Tant de grandeur d'ame n'est point restée sans récompense. Le ciel permit que M. de Redon fût oublié dans sa prison par ses bourreaux. Après quinze mois de détention, mademoiselle Rosalie rentra dans Thouars, avec l'auteur de ses jours, aux acclamations de tous ceux de ses concitoyens qui surent apprécier l'héroïsme de sa piété filiale.

112

Dans le carême de 1823, cinq missionnaires aussi pieux que zélés, MM. Lambert, vicaire-général du diocèse, Montant, Pouiller, Garnier et Dusaussoir, venus de Poitiers, ont fait à Thouars une mission qui a produit des fruits abondans, et dont cette ville ressentira long-temps les plus heureux effets. On ne sait ce qu'on doit le plus admirer du zèle ou des talens de ces doctes missionnaires.

113

Thouars a des vins blancs délicieux que l'on boit en petits verres même dans les grandes villes. Je citerai entr'autres le vin de Mont, que les étrangers préfèrent aux vins du Languedoc. En 1808, je me trouvai à une fête chez M. de la S***, où il y avait plus de quarante étrangers. On y but des prétendus vins de Champagne, de Bourgogne, de Bordeaux, de Saint-Emilion, etc. etc.; celui qui fut jugé le plus agréable, fut le vin de Mont. Le Champagne lui avait coûté 3 fr. la bouteille, celui de Mont lui revenait à six sous.
   «Voilà de vos arrêts, messieurs, les gens de goût». (PIRON).

114

Il est digne de remarque que tout le pays vendéen ou insurgé parle ce même patois et que l'insurrection en 1793 ne s'est pas étendue un quart de lieue au-delà des paroisses où on le parlait: ce qui me porte à croire que ce peuple, dont le langage est particulier, a une origine différente de celle de ses voisins, et qu'il est descendu des nations scythiques.

115

Au nombre des jurisconsultes éclairés que Thouars a perdus depuis la suppression de son tribunal, on compte MM. Jacques Bodin, président de l'une des chambres de la cour royale de Poitiers; Guilbaut, juge à Bressuire; de la Garde, procureur du Roi à Bourbon-Vendée, etc.

116

On vient enfin de se décider (en 1822), à faire passer à Thouars la grande route de Rouen à Bordeaux, et à établir des voitures publiques de Saumur à Niort. On se propose de construire en outre, 1.° la route de Thouars à Fontenay, en passant par Bressuire; 2.° le pont projeté depuis si long-temps sur le Thoué, près de la Madelaine. On ne tardera point à établir une poste aux chevaux à Thouars, et l'on paraît s'occuper sérieusement de la navigation du Thoué.

117

Il serait aussi fort utile de faire construire, dans les divers quartiers, des lieux d'aisance publics; ce qui rendrait à certaines rues la propreté et la salubrité, et cesserait d'en faire des cloaques impurs et pestilentiels.

118

On trouve aussi à Thouars un médecin vétérinaire, sorti de l'école d'Alfort, et qui jouit de l'estime générale, M. Leblanc.

119

La fontaine de Billazais n'est qu'à la distance d'un kilomètre du bourg d'Oiron.
Le château d'Oiron était la maison de plaisance de l'amiral Gouffier de Bonnivet, dont la faveur a causé tant de malheurs à la France, et ent'autres la perte de la bataille de Pavie. François Ier allait assez souvent à Oiron, visiter son favori. On voit encore dans ce château l'appartement que ce roi y occupait. Il conserve un reste de magnificence. Ce château apparttient aujourd'hui à M. Fournier, baron d'Oiron.

120

Bertram voyait avait plaisir ses amis et remplissait volontiers tous les devoirs de la société, mais il détestait cette foule d'oisifs qui, errans de rue en rue et de maison en maison, accablés du fardeau de n'avoir rien à faire, sont partout ennuyés et partout ennuyeux. Il disait que le cabinet mystérieux de l'homme de lettres était un asile inviolable qui devait le dérober à l'indiscrétion des profanes et aux graves riens de ce bas monde.

121

Le général qui défendit Paris contre le duc de Bourgogne et ses alliés, était né à Thouars. Ce fut le célèbre Joachim Rouaut, seigneur de Boismesnard, maréchal de France, le vainqueur du fameux Talbot qu'il défit à la journée de Castillon. Il rendit mille services à Louis XI, qui, trompé par de faux rapports, le fit arrêter en 1476 et le fit condamner à la perte de ses biens.
Quelques auteurs ont écrit que la famille Rouaut était dans le principe originaire de la Picardie.

122

Cette princesse joignait à de grandes qualités une superstition puérile. Elle croyait pieusement pouvoir s'absoudre elle-même, cinquante fois par
an, non compris les dimanches, de toute espèce de
péchés. (Voyez Godefroi, hist. de Charles VIII,
in-folio, p. 598).

123

Ce duc de Bretagne fut un prince faible, mené par un tailleur qui était devenu son favori. Dom Loubineau prétend qu'il eut un attachement puérile pour un corbeau blanc. Existe-t-il des corbeaux blancs? Est-ce une mauvaise plaisanterie qu'a voulu faire dom Loubineau? (Voyez son hist. de Bretagne, tom. 1.er, p. 790).

124

Le duc d'Orléans avait épousé par crainte la princesse Jeanne, très-vertueuse mais très-laide. Louis XI, son père, en lui donnant la main pour la mener à l'autel, dit à Commines, à l'oreille: «Je ne » la croyais pa si laide».

125

Martin du Bellay prétend, dans ses Mémoires, page 17, que Jean-Jacques Trivulce fut la cause indirecte de la perte de cette bataille.

Le même dit que des soldats italiens fendirent le ventre à des prisonniers français et y firent manger de l'avoine à leurs chevaux. (Collect. gén. tome 18, page 212).

126

Si l'on en croit Martin du Bellay, les Anglais et les Français ne se faisaient aucun quartier. Les prisonniers étaient écorchés vifs, ou du moins mis à mort, (Voyez la collection des Mémoires particuliers de l'Histoire de France, tome 21, p. 287).

127

A cette question, l'Athénée de Niort, dans son programme, en avait joint deux autres. Il y avait donc ainsi trois questions à traiter; elles étaient posées dans l'ordre suivant:

Prémière question. Quel est l'état des sciences et des arts dans le département des Deux-Sèvres?

Deuxième question. Quelles sont les causes qui ont retardé la naissance des arts et des sciences dans quelques parties de ce même département, ou qui se sont opposées à leurs progrès?

Troisième question. Quels sont les moyens les plus propres à raviver dans ce département les sciences et les arts?

128

On ne parle ici que des arts libéraux et non de ceux mécaniques. (Voyez ce que j'ai dit à ce sujet dans. mon Avant-propos). Tout porte à croire que ces prismes, ces pyramides, ces espèces de temples antiques, ont été des monumens funéraires dont les constructions remontent peut-être à des siècles antérieurs à la fondation de Rome. On peut croire qu'ils sont l'ouvrage d'un peuple oriental. Il est du moins certain que les Juifs construisaient anciennement sur un pareil plan, les tombeaux de leurs plus illustres familles. Voici ce qu'on lit à ce sujet dans les Machabées (livre 1.er, chap. 13): «Simon Ma-
» chabée fit élever, sur le sépulcre de son père et de
» ses frères, un haut édifice que l'on voyait de loin,
» dont toutes les pierres étaient polies devant et der-
» rière. Il fit dresser sept pyramides, dont l'une
» répondait à l'antre: une à son père, une à sa
» mère, et quatre à ses frères, etc.» Voilà bien des rapports avec le monument dont j'ai parlé daus mon Avant-propos.

129

Quelques-uns de ces peuples barbares étaient antropophages; les Pictes, entr'autres, aimaient à se nourrir de cadavres humains; ils préféraient, à la chair des hommes, celle des femmes, et regardaient leurs mamelles sanglantes comme le plus délicieux des mets. (Voyez Hist. de l'Eglise par Béraud-Bercastel, tome 3, page 358). Il faut avouer que les Poitevins ont eu, en ces barbares, de vilains ancêtres.

130

Le prix remporté par l'auteur de ce discours, consiste dans une médaille en or, de 150 fr.

131

Le plus grand des torts que nous ont fait les philosophes modernes, c'est d'avoir désenchanté l'esprit et tari toutes les sources de l'imagination, en substituant à l'idée si consolante du bon Dieu, le principe aride et destructeur du matérialisme, et en faisant de l'homme une bête irraisonnable.
    Après s'être révoltés contre Dieu, ils n'ont plus voulu souffrir de rois sur la terre. Le voile heureusement commence à se déchirer; on va bientôt les voir dans toute leur laideur.
    «Ces fats-là nous ont fait regretter les pédans».

132

Qui pourrait conserver des ressentimens au fond de son cœur, lorsque la Fille de Louis XVI a daigné pardonner à ses tyrans sans-culottes et aux bourreaux de sa famille? On peut dire que cet Ange de paix a réconcilié l'ancienne France et la nouvelle. Aucune princesse du sang de Saint-Louis n'a jamais essuyé d'aussi longs malheurs et ne s'est trouvée dans une position si accablante que la sienne. Aussi peut-on dire qu'aucune d'elles n'a jamais déployé tant de vertu et d'héroïsme. La postérité la mettra un jour à côté de Marie-Thérèse, son aïeule, la plus illustre des reines de l'Europe; et de même que cette dernière fait la gloire de la maison d'Autriche, l'orpheline du Temple fera à jamais l'honneur de la famille des Bourbons dont elle orne aujourd'hui la cour.

133

Ces deux dogmes sont également réprouvés par la religion chrétienne, qui nous apprend que les rois sont sur la terre les lieutenans de Dieu «Per me reges regnant... Qui resistit, potestati resistit, Deo...» Il est évident d'ailleurs que la puissance des rois dérive de l'autorité paternelle des patriarches anti-diluviens: or ne serait-il pas absurde d'avancer qu'Adam n'était que le mandataire de ses enfans, et que ces derniers étaient les souverains de leur père.

134

Le connétable du Guesclin ne prit Thouars, en 1372, qu'après un long siége et par composition, ainsi que je l'ai raconté précédemment.

135

Il paraît que le comité directeur ne savait encore au juste quel gouvernement il donnerait à la France. C'est sans doute un trait de folie, que de croire que le peuple francais, gouverné par un Roi ferme, prudent, et entouré d'un ministère aussi sage qu'éclairé, pourrait se résoudre à quitter le sentier de la légitimité, pour se lancer en aveugle dans le labyrinthe de l'anarchie.
Les meneurs démagogues sont trop connus pour inspirer désormais la moindre confiance. Est-il un seul Français qui ne puisse dire:
«J'ai trop, à mes dépens, appris à les connaître».

Table des matières

Sans nom	4
PRÉFACE.	6
AVANT-PROPOS.	9
CHAPITRE I.er	22
CHAPITRE II.	26
CHAPITRE III.	31
CHAPITRE IV.	39
CHAPITRE V.	42
CHAPITRE VI.	44
CHAPITRE VII.	49
CHAPITRE VIII.	58
CHAPITRE IX.	61
CHAPITRE X.	65
CHAPITRE XI.	69
CHAPITRE XII.	73
CHAPITRE XIII.	76
CHAPITRE XIII.	79
CHAPITRE XIV.	80
CHAPITRE XV.	83
CHAPITRE XVI.	85
CHAPITRE XVII.	90
CHAPITRE XVIII.	93

CHAPITRE XIX.	96
CHAPITRE XX.	100
CHAPITRE XXI.	103
CHAPITRE XXII.	122
CHAPITRE XXIII.	131
CHAPITRE XXIV.	164
CHAPITRE XXV.	180
CHAPITRE XXVI.	187
CHAPITRE XXVII.	191
CHAPITRE XXVIII.	205
CHAPITRE XXIX.	215
CONSPIRATION DE BERTON.	229
CHANT GUERRIER,	241